类案争点与法律适用丛书

民间借贷纠纷争点整理与法律适用

尹 波 / 主编

人民法院出版社

图书在版编目（CIP）数据

民间借贷纠纷争点整理与法律适用 / 尹波主编.
北京：人民法院出版社，2025. 5. -- （类案争点与法律适用丛书）. -- ISBN 978-7-5109-4465-9
Ⅰ. D925.105
中国国家版本馆CIP数据核字第2025EX1083号

民间借贷纠纷争点整理与法律适用

尹　波　主编

策划编辑	韦钦平
责任编辑	巩　雪
执行编辑	沈洁雯
封面设计	尹苗苗　李俊凯
出版发行	人民法院出版社
地　　址	北京市东城区东交民巷27号（100745）
电　　话	（010）67550667（责任编辑）　67550558（发行部查询） 　　　　　65223677（读者服务部）
客服QQ	2092078039
网　　址	http://www.courtbook.com.cn
E - mail	courtpress@sohu.com
印　　刷	三河市国英印务有限公司
经　　销	新华书店
开　　本	787毫米×1092毫米　1/16
字　　数	253千字
印　　张	14.75
版　　次	2025年5月第1版　2025年5月第1次印刷
书　　号	ISBN 978-7-5109-4465-9
定　　价	59.00元

版权所有　侵权必究

类案争点与法律适用丛书
编辑委员会

主　任：杨临萍

成　员（按姓氏笔画）：

　　　　王　丹　王　灯　尹　波　李玉生

　　　　李晓云　李赛敏　杨昌顺　杨　诚

　　　　杨晓蓉　肖国耀　张　艳　陈现杰

　　　　胡志超　郭修江　唐学兵　谢　勇

编辑部

主　任：韦钦平

副主任：李安尼

成　员（按姓氏笔画）：

　　　　王会君　王　怡　石肖然　巩　雪　刘晓宁

　　　　祁若冰　阮梦凡　杜玉兰　吴行政　何海燕

　　　　沈洁雯　张　艺　张　怡　张雪男　陈丹瑶

　　　　周利航　赵芳慧　赵　锋　梅亚琴　梁　帅

　　　　蔡　鹏

民间借贷纠纷争点整理与法律适用编辑委员会

主　编：尹　波

副主编：孟　静

委　员（按姓氏笔画）：

万云霞　王姣姣　邓林春　刘　涛　苏炳豪

李如玲　吴梓仪　何海燕　张美婷　张　璇

张　璐　陈　锐　岳希凝　周　宇　荀舒靖

姚　丹　郭孟娴　曾惠祥　蒲　婕　蔡　芸

编写说明

习近平总书记强调，全面依法治国是国家治理的一场深刻革命，关系党执政兴国，关系人民幸福安康，关系党和国家长治久安。[①]在以习近平同志为核心的党中央坚强领导下，新时代中国特色社会主义法治建设发生历史性变革、取得历史性成就。党的二十届三中全会审议通过《中共中央关于进一步全面深化改革 推进中国式现代化的决定》，对完善中国特色社会主义法治体系作出重大部署，要求健全公正执法司法体制机制，深化和规范司法公开，落实和完善司法责任制，改进法治宣传教育，完善以实践为导

[①] 《高举中国特色社会主义伟大旗帜 为全面建设社会主义现代化国家而团结奋斗——在中国共产党第二十次全国代表大会上的报告（2022年10月16日）》，载《人民日报》2022年10月26日，第1版。

向的法学院校教育培养机制。

人民法院始终坚持以习近平新时代中国特色社会主义思想为指导，深入践行习近平法治思想，全面贯彻落实党的二十大和二十届三中全会精神，深刻领悟"两个确立"的决定性意义，增强"四个意识"、坚定"四个自信"、做到"两个维护"，做深做实为大局服务、为人民司法，推动司法审判工作高质量发展，为中国式现代化提供有力司法服务和保障。人民法院出版社紧紧围绕贯彻落实习近平法治思想，落实最高人民法院工作要求，从服务审判执行工作、服务法治中国建设的实践需求出发，立足新闻出版宣传工作职责，策划组织编写了《类案争点与法律适用丛书》（以下简称《丛书》），旨在为办理类似案件提供系统方法论和法律适用指引，促进公正司法、定分止争。《丛书》具有以下几个特点：

一是深入践行习近平法治思想，积极回应人民关切。人民法院是党领导下的国家审判机关，始终把维护人民群众合法权益作为司法审判工作的根本出发点和落脚点，着力解决好"为了谁、依靠谁、我是谁"这一根本问题。《丛书》围绕婚姻家庭、劳动争议、房屋买卖、道路交通等民生关注热点重点，梳理归纳司法实践中的难点堵点问题，将习近平法治思想贯穿具体个案释法说理全过程各环节，充分展现司法审判公正、高效化解各类矛盾风险、切实维护人民群众合法权益的生动实践。

二是聚焦类案法律适用，推动法律统一正确实施。公正司法是维护社会公平正义的最后一道防线。通过公正司法维护社会公平正义，是新时代党领导人民推进全面依法治国、建设社会主义法治国家的必然要求，这对全国法院法官司法能力和水平提出新的要求。《丛书》依托法答网、人民法院案例库、多元解纷案例库、"法信"等司法资源，数智法律知识服务平台汇集的大量典型案例、法律适用问题答问，聚焦类案审判实践中的常见争点、疑难复杂问题、新型问题等，以最高人民法院裁判观点为基础标准，系统化梳理类案争点，深入剖析类案法律适用产生分歧的原因，切实为类案法律适用提供统一的裁判尺度和指导参考，以期正确适用法律，规范法官自由裁量权，确保司法裁判的公正性。

三是指导提升审判能力水平，有效服务定分止争工作。定分是依法办案，止争是化解矛盾；定分是解决案件，止争是解决问题；"定分"重在"止争"。人民法院要做实善于从政治上看、精于从法治上办，就需要在案件审理时充分听取当事人诉求，明确争议焦点，明晰请求权基础规范；在此基础上，运用科学有效的审判方法，进一步分析基础规范的构成要件及要件事实，最后准确适用法律。《丛书》梳理归纳了相关案由下各类情形的请求权及其请求权基础规范，为类案裁判提供了相对明晰的法律适用规范指引以及审理重点与方法步骤，为司法审判提质增效提供了方法论支撑。

《丛书》的付梓出版，得益于最高人民法院各有关审判业务庭的精心指导，得益于一线资深法官的默默付出，凝聚着全体编撰人员的心血和智慧。作为类案争点与法律适用方面的创新之作，一方面囿于认识水平、时空条件等因素，另一方面新类型案件层出不穷，《丛书》有关内容或还有不足之处。借此机会，衷心希望《丛书》的编辑出版能够助力提升全国法官的审判能力和水平，积极服务公正司法定分止争、促进矛盾纠纷源头预防实质化解等人民法院中心工作，为做实为大局服务、为人民司法，建设更高水平的社会主义法治国家、推进中国式现代化贡献智慧和力量。

《类案争点与法律适用丛书》编委会

2025 年 1 月

前 言

"金融要为实体经济服务，满足经济社会发展和人民群众需要。"[①]党的十八大以来，习近平总书记多次就金融事业发展的重大理论和实践问题作出重要论述。在2023年10月30日至31日于北京举行的中央金融工作会议上，习近平总书记高度概括了走好中国特色金融发展之路的"八个坚持"，其中一个重要方面，就是要"坚持把金融服务实体经济作为根本宗旨"。

据统计，我国市场经济主体除个体工商户外，约有四千万家企业，而中小微企业占比超过九成，提供城镇就业岗位的有80%以上，创造的最终产品和社会服务相当于国内生产总值的60%，上缴税利占比达50%。由于中小微企业缺少相应的抵押品，向银行申请贷款的能力受限，这些企业中的大多数或融资来源的大部分只能是民间借贷市场。确保民间借贷市场健康有序发展，对于推动民营经济健康发展，持续增强各类市场主体的发展动力和活力，发挥其促进科技进步、繁荣市场经济、便利人民生活、参与国际竞争的积极作用具有重要意义。

2015年8月，为贯彻落实党的十八届三中全会关于金融体制改革的相关要求，最高人民法院首次颁布了《最高人民法院关于审理民间借贷案件适用

[①] 习近平：《深化金融供给侧结构性改革 增强金融服务实体经济能力》，载《人民日报》2019年2月24日，第1版。

法律若干问题的规定》。该司法解释的实施，既规范了民间借贷行为，统一了法律适用标准，又解决了大量民间借贷纠纷案件中的实体与程序问题，受到国内外媒体的广泛关注和高度肯定。社会各界普遍认为，该司法解释顺应了中国经济发展的趋势，符合中国金融改革方向，落实了党的十八届三中全会关于金融体制改革的相关部署，对于加快民间借贷阳光化进程意义深远。后随着经济社会的发展变化，民间借贷出现了一些新情况、新问题。最高人民法院在开展长期、广泛调研的基础上，根据审判实践需要，结合《民法典》的颁布及社会生活实际情况，先后于2020年8月、2020年12月两次对该解释作出修正：不断调低民间借贷利率的司法保护上限，降低企业通过民间借贷市场融资的财务成本；改变对企业间借贷行为"一刀切"的态度，有效缓解中小微企业"融资难""融资贵"难题；增加"职业放贷人"的规定，打击非法金融业务，维护正常金融秩序，为经济社会发展提供更加有力的司法服务和保障。

　　为准确理解与适用《最高人民法院关于审理民间借贷案件适用法律若干问题的规定》，统一民间借贷相关问题的裁判尺度，顺应时代发展之势，满足人民群众对法院审判工作的新要求、新期盼，本书紧紧围绕民间借贷纠纷中的争点、疑点、难点、重点问题展开。全书分为三章十六节，对夫妻共债、债的加入、担保、涉公司行为、名为其他法律关系实为借贷、虚假诉讼等问题进行了回应，既可以作为广大一线法官、律师、法律实务工作者等法律专业群体办理民间借贷纠纷案件的"工具书"，也可以成为普通百姓增长法律知识、防范民间借贷风险的"宣传册"。

　　全书呈现以下几个特点：一是体系严密，既对民间借贷纠纷的审理全貌作出整体把握，又对民间借贷纠纷的审理要点和疑难问题进行深入分析；二是重点突出，将民间借贷纠纷审理中的疑难复杂问题独立成章，逐项分析；三是内容全面，既有实践案例又有理论分析，既有裁判说理又有法条指引；四是案例丰富，选取的案例既有指导性案例、地方法院选取的典型案例，又有全国各级法院的一审、二审案件。

为做好本书的编写工作，昆明两级法院组建法官顾问团队和写作专班，经过近一年时间的编写、整理、讨论、修改，终于定稿，充分体现了昆明两级法院的专业素养与协作精神。在此过程中，感谢最高人民法院民事审判第一庭及李赛敏法官在百忙之中对书稿进行了细致认真的审读，对不准确的表述进行了修改，删除个别观点有待商榷的案例分析，提出了许多具体的修改建议，使书稿内容得以准确完善。本书汇聚了诸多领导及法官的经验和智慧，在此，我们一并表示感谢，希冀对法学、法律工作者和法考考生有所启发和帮助。由于水平有限，书中难免存在不足之处，敬请各位同仁、读者批评指正。

编　者

2025 年 3 月

凡 例

一、本书中法律文件名称一般用简称,例如《中华人民共和国民法典》简称《民法典》。

二、本书中下列司法解释及司法指导性文件一般也使用简称:

文件全称	简称	相关信息
《最高人民法院关于审理民间借贷案件适用法律若干问题的规定》	《民间借贷司法解释》	发文字号:法释〔2015〕18号 公布日期:2015年8月6日 施行日期:2015年9月1日 第一次修正施行日期:2020年8月20日 第二次修正施行日期:2021年1月1日
《最高人民法院关于适用〈中华人民共和国民法典〉合同编通则若干问题的解释》	《民法典合同编通则解释》	发文字号:法释〔2023〕13号 公布日期:2023年12月4日 施行日期:2023年12月5日
《最高人民法院关于适用〈中华人民共和国民法典〉有关担保制度的解释》	《民法典担保制度解释》	发文字号:法释〔2020〕28号 公布日期:2020年12月31日 施行日期:2021年1月1日
《最高人民法院关于适用〈中华人民共和国担保法〉若干问题的解释》	《担保法解释》	发文字号:法释〔2000〕44号 公布日期:2000年12月8日 施行日期:2000年12月13日 失效日期:2021年1月1日

续表

文件全称	简称	相关信息
《最高人民法院关于适用〈中华人民共和国民事诉讼法〉的解释》	《民事诉讼法解释》	发文字号：法释〔2015〕5号 公布日期：2015年1月30日 施行日期：2015年2月4日 第一次修正施行日期：2021年1月1日 第二次修正施行日期：2022年4月10日
《最高人民法院关于审理建设工程施工合同纠纷案件适用法律问题的解释（一）》	《建工合同司法解释（一）》	发文字号：法释〔2020〕25号 公布日期：2020年12月29日 施行日期：2021年1月1日
《最高人民法院关于在审理经济纠纷案件中涉及经济犯罪嫌疑若干问题的规定》	《经济纠纷司法解释》	发文字号：法释〔1998〕7号 公布日期：1998年4月21日 施行日期：1998年4月29日 修正施行日期：2021年1月1日
《最高人民法院关于适用〈中华人民共和国刑事诉讼法〉的解释》	《刑事诉讼法解释》	发文字号：法释〔2021〕1号 公布日期：2021年1月26日 施行日期：2021年3月1日
《全国法院民商事审判工作会议纪要》	《民商事审判会议纪要》	发文字号：法〔2019〕254号 公布日期：2019年11月8日 施行日期：2019年11月8日

目 录

第一章　民间借贷纠纷概述 / 001

第一节　民间借贷纠纷审理现状和趋势 / 001
一、审理现状 / 001
二、审理趋势 / 002

第二节　民间借贷纠纷的基本特点 / 004
一、当事人举证不完备 / 004
二、基础法律关系多变 / 005
三、高额利息及费用隐蔽化 / 005
四、刑民交叉问题突出 / 006

第三节　民间借贷纠纷的审理原则 / 007
一、尊重意思自治，适度司法干预 / 007
二、鼓励金融创新，防范法律风险 / 007
三、审慎突破合同相对性 / 007
四、妥善处理刑民交叉问题 / 008

第四节　民间借贷纠纷的审查要素 / 008
一、立案审查 / 008
二、原告诉请的审查 / 013
三、被告抗辩的审查 / 020

第二章　民间借贷纠纷争点整理与认定 / 038

第一节　民间借贷合同成立与生效的争点与认定 / 038

一、借贷主体的争点与认定 / 038

争点 1：债权凭证上所载债权人与债权凭证持有人不一致情况下实际债权人的认定 / 039

争点 2：非银行业金融机构从事借贷活动是否适用《民间借贷司法解释》/ 039

争点 3：债权凭证上未记载出借人情况下实际出借人的认定 / 040

争点 4：借条上的签字捺印并非本人时，如何认定借款主体 / 041

争点 5：法定代表人在借条上签字捺印时，如何认定借款主体 / 041

争点 6：民间借贷债务是夫妻共同债务及夫或妻一方个人债务的认定 / 041

争点 7：虚假诉讼的认定 / 042

争点 8：职业放贷人的认定 / 043

二、民间借贷合同成立与生效的争点与认定 / 043

争点 9：仅提供款项交付凭证未提供借贷合意凭证时，如何认定借贷关系的成立 / 044

争点 10：在借款人为夫妻一方，出借人为夫或妻一方父母，出借人以该债务为夫妻双方共同借款为由主张权利的情况下，如何认定夫妻双方的借贷合意 / 045

争点 11：民间借贷资金收取账户与出具借条的主体不一致时，如何确定借贷主体 / 045

争点 12：只有银行转账时，如何认定民间借贷关系 / 047

争点 13：当事人只有借条，称将借条载明的借贷款项以现金形式交付给了借款人，借款人抗辩没有收到借款的情况下如何认定款项交付事实 / 048

争点 14：民间借贷是否存在大额现金交易支付的认定 / 048

三、民间借贷债权转让的争点与认定 / 048

争点 15：是否通知债务人的认定 / 049

争点 16：通知方式的认定 / 049

争点 17：通知时间的认定 / 049

争点 18：是否为虚构债权转让的认定 / 050
四、其他法律关系的识别认定 / 051
争点 19：合伙法律关系与民间借贷法律关系的区分与认定 / 051
争点 20：买卖合同法律关系与民间借贷法律关系的区分与认定 / 051
争点 21：公司员工在内部《付（转）款申请单》上签字并备注为借款，公司实际收到付款人支付的款项后，公司与付款人之间是否已缔结民间借贷法律关系 / 052
争点 22：保理合同法律关系与民间借贷法律关系的区别及认定 / 053
争点 23：委托理财关系与民间借贷法律关系的区别与认定 / 056

第二节　民间借贷合同无效或可撤销的争点与认定 / 056
一、民间借贷合同无效的争点与认定 / 056
争点 1：借款是否为出借人套取的金融借款的认定 / 057
争点 2：借款是否为出借人向其他营利法人借贷、向本单位职工集资、向公众非法吸收等方式获取的认定 / 057
争点 3：借款人是否为职业放贷人的认定 / 058
争点 4：出借人是否知道或应当知道借款用于违法犯罪活动的认定 / 058
争点 5：合同无效的法律后果的认定 / 058
二、民间借贷合同可撤销的争点与认定 / 061
争点 6：当事人订立合同时意思表示是否真实的认定 / 061
争点 7：合同成立时是否显失公平的认定 / 062
争点 8：撤销权的行使是否超过法律规定的期限的认定 / 062
争点 9：合同被撤销的法律后果的认定 / 063

第三节　民间借贷合同履行的争点与认定 / 064
一、借款金额的争点与认定 / 064
争点 1：债权凭证上载明的借款金额如何认定 / 065
争点 2：利息预先在本金中扣除问题的处理 / 065
争点 3：预先在本金中扣除利息及其他费用的，本金如何认定 / 066
争点 4：前期借款本息结算后又重新出具债权凭证时，本金如何认定 / 067
争点 5：未约定利息或约定不明问题的处理 / 068

争点6：民间借贷利率上限规定的理解与适用 / 071

争点7：对于计算利息时间效力方面的认定 / 072

争点8：对逾期利息问题的处理 / 073

争点9：对于其他费用的认定 / 074

争点10：律师费、诉讼费、鉴定费、财产保全责任险保费如何认定 / 075

争点11：逾期利息、违约金、其他费用并存问题的处理 / 075

二、还款的争点与认定 / 076

争点12：还款期限如何认定 / 076

争点13：借款人提前还款问题的处理 / 077

争点14：提前偿还借款的利息及其他费用如何认定 / 077

争点15：偿还借款中抵充顺序问题的处理 / 078

争点16：当事人之间未约定借款期限，出借人后续多次催告还款，诉讼时效从何时起算问题的处理 / 079

争点17：向出借人配偶还款的效力的认定 / 081

争点18：第三人还款效力的认定 / 082

争点19：非自然人主体还款效力的认定 / 084

第四节 民间借贷合同解除的争点与认定 / 085

一、约定解除的争点与认定 / 086

争点1：合意解除情况下，双方当事人的解除合意如何认定 / 086

争点2：如何认定当事人约定的解除条件是否成就 / 087

二、法定解除的争点与认定 / 090

争点3：因不可抗力致使不能实现合同目的情况下，如何认定合同目的是因不可抗力无法实现 / 090

争点4：在履行期限届满之前，当事人一方明确表示或者以自己的行为表明不履行主要债务时，如何认定当事人的行为是表明不履行主要债务 / 090

争点5：当事人一方迟延履行债务或者有其他违约行为致使不能实现合同目的情况下，如何认定延迟履行债务或其他违约行为足以导致合同目的不能实现 / 093

第三章　民间借贷纠纷审理中的疑难复杂问题 / 097

第一节　民间借贷中民刑交叉的认定及裁判规则 / 097
一、民间借贷民刑交叉案件的审理难点及"同一事实"的认定 / 097
问题1："同一事实"标准的理解与运用 / 097
问题2：民间借贷民刑交叉案件的审理难点 / 100
二、民间借贷行为本身涉嫌刑事犯罪的处理 / 100
三、与民间借贷行为虽有关联但不是同一事实的涉嫌刑事犯罪线索、材料的处理 / 102
四、民间借贷民刑交叉案件中先判决的既判力问题 / 103
问题3：民事判决生效后才发现所涉民间借贷行为涉嫌犯罪的处理 / 103
问题4：生效刑事判决对所涉民间借贷合同效力的认定 / 105
问题5：刑事判决追缴或退赔后是否还能提起民事诉讼 / 109

第二节　虚假民间借贷诉讼的认定及裁判规则 / 113
问题1：虚假民间借贷诉讼类型的认定 / 113
问题2：对虚假民间借贷诉讼问题的处理 / 117

第三节　名为其他法律关系实为借贷关系的认定及裁判规则 / 120
一、名为房屋买卖，实为借贷 / 121
问题1：如何区分房屋买卖合同与借款合同 / 121
二、名为融资型买卖，实为借贷 / 123
问题2：如何区分融资性买卖与民间借贷 / 123
三、名为房屋租赁，实为借贷 / 126
问题3：如何区分房屋租赁与民间借贷 / 126
四、名为合伙，实为借贷 / 128
问题4：如何区分合伙关系与民间借贷 / 128
五、名为委托理财，实为借贷 / 130
问题5：如何区分委托理财与民间借贷 / 130
六、名为典当，实为借贷 / 133
问题6：如何区分典当与民间借贷 / 133

七、名为保理，实为借贷 / 136
　问题 7：如何区分保理与民间借贷 / 136

第四节　民间借贷与其他法律关系所发生的款项区分与裁判规则 / 139

一、夫妻之间借款的认定 / 139
　问题 1：夫妻之间借款是否构成民间借贷 / 139
二、恋爱关系中借款的认定 / 140
　问题 2：恋爱期间男女互相借款是否构成民间借贷 / 140
三、父母为子女支付购房款的性质认定 / 142
　问题 3：父母为子女支付购房款是否构成民间借贷 / 142
四、建设工程"垫资款"的认定 / 144
　问题 4：建设工程"垫资"行为是否构成民间借贷 / 144
五、"合作投资款"的性质认定 / 146
　问题 5："合作投资"是否构成民间借贷 / 146

第五节　民间借贷中的债务清偿 / 148

一、债务人向第三人履行债务的情形 / 148
二、债务人或第三人履行债务的情形 / 156
三、债务抵销 / 161
四、以物抵债 / 165
　问题 1：债务履行期限届满前达成的以物抵债协议的法律效果 / 169
　问题 2：债务履行期限届满后达成的以物抵债协议的法律效果 / 170
　问题 3：第三人参与签订的以物抵债协议的法律效果 / 171

第六节　夫妻共债的认定及裁判规则 / 173

一、夫妻共债的含义与类型 / 173
二、夫妻共同债务范围的认定 / 178
　问题 1：举债方通过配偶名下账户走账是否可以认定夫妻二人具有"共债合意" / 187
　问题 2：夫妻一方婚前所负债务，配偶一方因此获益的，是否属于夫妻共同债务 / 190

第七节 债的加入的认定和裁判规则 / 192
一、债的加入的构成要件 / 192
二、债的加入的注意事项 / 194
三、裁判规则 / 195

第八节 民间借贷中担保问题的认定和裁判规则（含非典型性担保）/ 199
一、民间借贷中担保问题的认定 / 199
二、担保问题中的注意事项 / 202
三、裁判规则 / 206

附：民间借贷纠纷请求权、抗辩（权）基础备考表 / 209

第一章 民间借贷纠纷概述

第一节 民间借贷纠纷审理现状和趋势

民间借贷是除以贷款业务为业的金融机构以外的其他民事主体之间订立的，以资金的出借及本金、利息返还为主要权利义务内容的民事法律行为。长期以来，民间借贷作为多层次借贷市场的重要组成部分，凭借其形式灵活、手续简便、融资快捷等特点，为人民群众的生产生活带来了诸多便利，满足了社会多元化融资需求，一定程度上也缓解了中小微企业融资难的问题。与此同时，高利率、不规范的民间借贷行为，也导致大量民间借贷纠纷涌入法院，且呈现案情日益复杂、案件审理难度日益增大的特点，亟须法院总结裁判经验、统一裁判思路，维护民间借贷市场的健康有序发展。

一、审理现状

（一）案件总量大且涉案标的额高

2020年以来，我国民间借贷纠纷案件总数达435万余起。其中，2022年全国法院共审结113万件民间借贷纠纷案件，案件数量排行第一，远超金融借款纠纷案件4倍以上，呈现民间借贷纠纷案件总量大、增长快的特点。同时，民间借贷纠纷案件所涉标的额较大，2022年全国法院标的额为50万元以上的民间借贷案件有21 925件、1000万元以上的有833件。

（二）虚假诉讼频发

作为资金融通的重要渠道，民间借贷有效补充了金融市场资金融通的空白领域。但在此过程中，民事行为主体由于受到资金利润的诱惑，易滋生虚假诉讼案件，甚至衍生为非法吸纳民间资金类犯罪行为。[1] 在大量虚假诉讼案件中，当事人为达到非法目的，将借贷资金转账至借款人账户后，又在短时间内从借款人账户转出并经多次流转最终回到出借人账户，形成资金流转的闭合循环，而出借人仅凭转账凭证起诉主张归还借款，以期骗取人民法院生效裁判文书，实现其非法目的。

（三）存在引发群体性诉讼风险

随着我国经济社会的发展以及民间资本的日益雄厚，传统的借贷方式已无法满足现实需要。以房地产业、煤炭等资金密集型企业为例，有的企业从正规金融渠道融资困难，为解决资金需求问题，通过各种方式吸纳民间资本，甚至向社会不特定人群非法高息揽储，产生巨大的兑付压力。一旦企业无法承担高利之重，资金链断裂，便无法偿还借款本息，造成群体性诉讼频发，严重影响社会稳定。[2]

（四）争议焦点多且定性难度大

民间借贷案件通常涉及借贷人、放贷人、担保人、抵押人甚至放贷人背后的高利贷团体或公司等多名主体，借贷双方签订的合同及确定的形式存在明显差异，涉及公司的案件还会涉及公司的经营状况和盈利分红等问题，案情较为复杂。加之部分民间借贷案件中，双方当事人的法律意识不足，未能保留并向法院提供有效证据，增加了案件的审理难度，导致民间借贷案件呈现争议焦点多、定性难度大的特点。

二、审理趋势

（一）明确界分民间借贷主体的范围

根据《民间借贷司法解释》第1条的规定，民间借贷为"自然人、法人和非法人组织之间进行资金融通的行为"。同时明确，"经金融监管部门批准设立的从事贷款业务的金融机构及其分支机构，因发放贷款等相关金融业务

---

[1] 刘伟岩：《在虚假诉讼案件中关于民间借贷的甄别与应对方式》，载《法制博览》2023年第17期。

[2] 河北省高级人民法院课题组：《审理民间借贷纠纷案件相关问题研究——以河北法院系统为样本》，载《法律适用》2015年第7期。

引发的纠纷"不适用该解释。该规定从称谓的形式上及借贷行为主体的适用范围上，对民间借贷行为与国家金融监管机构的金融业务进行了界分。实务中，对银行业金融机构依法从事贷款业务引发的纠纷不属于民间借贷纠纷，没有认识上的分歧，但该类纠纷仍应与非银行业金融机构从事借贷活动引发的纠纷区别对待。

（二）注重审查民间借贷的借款合意

借贷合意是双方当事人对于借款这一事实的共同认可，是对于民间借贷合同这一基础关系的认定。《民法典》第679条改变了原《合同法》第210条的表述，将出借人交付款项的效果由导致合同生效变为合同成立，明确了自然人之间借贷合同属于实践合同，其成立包括两个要素：一是出借人和借款人形成了借贷合意；二是出借人完成了款项的交付。实践中，由于民间借贷主体法律意识淡薄、交易手续不完备或借贷双方存在特殊关系，很多借款人仅能证明借款交付却无法出示双方借贷合意成立的相关证据。在此种情况下，法院往往根据借款金额、实际交付、借贷双方经济能力、财产变动情况、交易习惯等因素审慎查明借贷合意的有无，准确运用举证责任制度，进而确认双方当事人的权利与义务。

（三）重点审查民间借贷的借款事实

民间借贷案件中，出借人一般提交借款合同、借据欠条等债权凭证，以证明双方存在借贷关系。法官在审理案件时常结合《民间借贷司法解释》第15条、第16条规定，对借款合同、借据、欠条等债权凭证及银行流水等款项交付凭证的真实性、合法性、关联性进行审查。实践中，多趋向于审查：款项来源是否为合法收入的自有资金；交付款项数额与债权凭证约定数额是否一致；以及结合交易习惯、经济能力、财产变化情况、当事人关系、当事人陈述等因素综合判断借贷的真实情况。

（四）严格审查新型电子证据

作为综合性的新证据形式，新型电子证据通常缺乏完整性，用语不够准确规范，存在模糊性和不确定性，且具有易被篡改的特点。因此，在民间借贷案件中，法官侧重于审查电子证据的真实性问题，如核查短信、聊天记录截图的原始载体、微信主体实名认证等情况。鉴于目前民间借贷案件审理中新型电子证据的认定存在困难，导致司法实践中对于是否采纳此类证据的做法不一。

（五）合理运用"穿透式"审判思维

"穿透式"概念最早应金融领域监管需求而生，实质重于形式的认定标准后为民商事审判所吸收。[①]2019年最高人民法院在全国法院民商事审判工作会议上指出，在审理融资租赁、保理、信托等涉及多方当事人的多个交易纠纷案件中，要树立"穿透式"审判思维。此后，"穿透式"审查的运用就从金融监管领域向金融司法领域扩张。随着各级法院对《民法典》第146条的深入理解和熟练应用，"穿透式"审判思维也不断从金融纠纷向一般民商事纠纷渗透。近年来，大量民营企业的融资合同被穿透认定为民间借贷合同，穿透审理的审查规则、穿透后的法律效果已有实践规律可循。

第二节 民间借贷纠纷的基本特点

一、当事人举证不完备

民间借贷是自然人、法人和非法人组织之间进行资金融通的行为。出借人就民间借贷向人民法院提起诉讼时，应当提供借据、收据、欠条等债权凭证以及其他能够证明借贷法律关系存在的证据。然而部分出借人由于法律防控风险意识淡薄，或者碍于与借款人之间的社会关系，未签订书面借据；部分借贷当事人书写借据时仅涉及借款事实，而对借款利率、借款期限、逾期利息及款项交付方式等未约定或约定不明；部分出借人以现金取款的方式交付借款款项，向法院提交的银行流水还有双方当事人的其他资金来往，借款与其他资金转账难以区分……个案中相关证据不完备现象突出，造成对借贷

[①] 谷昔伟：《穿透式审判思维在民商事案件中的运用与界限》，载《山东法官培训学院学报（山东审判）》2022年第4期。

事实认定困难。亦有双方当事人以民间借贷形式为表象进行虚假诉讼，干扰法院正常审判工作，比如涉及离婚、继承、分割合伙财产的案件，一方当事人凭空虚拟出借人和借据，据此主张另一方承担本不存在的债务，以达到多分共同财产的目的。

二、基础法律关系多变

实践中常有从其他法律关系转化而来的民间借贷关系，较为常见的情况有如下几种：一是因买卖、合伙、联营、租赁等交易行为产生欠款。买卖合同法律关系双方当事人因买受人无法支付应结货款时，可能会与出卖人签订借款协议确认欠付货款。出卖人由货款债权人转变为借贷关系中的出借人，在借款协议中约定借贷违约责任或者高额利息加重买受人原交易法律关系的违约责任。二是名为买卖实为借贷担保。该借款类型在司法实践中已广泛存在，特别是房地产开发或承建企业在资金紧张的情况下，常会以自己开发的房屋作为抵押担保，向外借款。三是以金融创新之名为借贷之实。有的民间借贷以金融创新为名，规避政策监督，与商品买卖合同、网络借贷等交织在一起进行企业间融资活动。在有的融资租赁中，只有租金往来，没有租赁物交付，以贸易合同之名，行资金拆借之实，形色各异的金融创新混淆了不同金融业务与借贷关系的界限，给监管以及法律纠纷处理带来难题。[①] 四是以民间借贷形式掩盖非法目的。例如，在赌博、贩毒、涉黑涉恶等违法行为过程中，出借人及其团伙使用非法手段不断增加借款人的赌债，为使不正当的借款合法化，出借人及其团伙便要求债务人出具欠条或者借条。

三、高额利息及费用隐蔽化

《民间借贷司法解释》对民间借贷利率设有限制性规定，对超过部分利息不予支持。[②] 为收取高额利息，有的出借人采取多种手段规避：一是收取"断

[①] 最高人民法院民事审判第一庭编：《民事审判指导与参考》（总第81辑），人民法院出版社2020年版，第461页。

[②] 《民间借贷司法解释》第25条规定："出借人请求借款人按照合同约定利率支付利息的，人民法院应予支持，但是双方约定的利率超过合同成立时一年期贷款市场报价利率四倍的除外。前款所称'一年期贷款市场报价利率'，是指中国人民银行授权全国银行间同业拆借中心自2019年8月20日起每月发布的一年期贷款市场报价利率。"

头息"，即当事人间约定将借款利息预先在本金中扣除，或者约定在资金出借前就开始计算利息，资金出借时再从本金中扣除。二是"利滚利"[1]，即将高额利息作为本金由出借人重新出具借据。三是"虚记本金"，即出借人在借据等债权凭证上多记本金。四是"阴阳借条"，即债权人预先准备两份借条，一份载明的是真实约定的利息用于资金结算，另一份载明的是符合法律规定的利息用于诉讼。上述做法给民间借贷案件的本金、利息查明问题带来难题。

另外，在网络平台作为出借人的民间借贷纠纷案件中，网签的借贷合同条款复杂、收费项目烦琐，在审判实践中，出借人还会借助虚假房屋买卖合同、委托理财合同、合伙入股、"留白借条"等隐蔽手段以实现高利转贷甚至是非法集资的犯罪目的。

四、刑民交叉问题突出

在民间借贷中会出现借款人恶意违约或者携款潜逃以逃避还款责任的问题。有些平台机构则会披着高息融资的外衣，在背后进行集资诈骗、非法吸收公众存款、非法经营等犯罪活动，因此出现由同一法律事实或者相互交叉的两个法律事实引发的、一定程度上交织在一起的民事案件和刑事案件，即刑民交叉问题。[2] 此类案件涉及面广、涉案金额巨大、受害群体庞大，当被告人的资金链断裂无法归还本金，被公安机关采取强制措施后更加无法拿出财产以弥补出借人群体损失，作为出借人的被害人会情绪激动，进而造成群体事件，尤其是此类案件多涉及老年人，影响社会稳定。对于此类案件诉讼模式的选择，即选择民事诉讼程序还是刑事诉讼程序，已成为实践中急需解决的难题。

---

[1] 《民间借贷司法解释》第 27 条第 1 款规定："借贷双方对前期借款本息结算后将利息计入后期借款本金并重新出具债权凭证，如果前期利率没有超过合同成立时一年期贷款市场报价利率四倍，重新出具的债权凭证载明的金额可认定为后期借款本金。超过部分的利息，不应认定为后期借款本金。"

[2] 最高人民法院民事审判第一庭编著：《最高人民法院新民间借贷司法解释理解与适用》，人民法院出版社 2021 年版，第 270 页。

第三节　民间借贷纠纷的审理原则

一、尊重意思自治，适度司法干预

处理民间借贷纠纷应以尊重意思自治、契约自由为原则。民间借贷为私法自治的范畴，对于自然人之间的借贷，通常源发于熟人关系，且资金使用目的通常围绕日常生活展开，借贷双方可以就借款期限、利息计算、逾期利息、合同解除进行自愿协商，并自愿承受相应的法律后果。由此建立起来的民间借贷法律关系往往不涉及第三人的利益，只要行为没有逾越法律的边界，则应更多地尊重当事人的自主安排。只有恪守自愿原则，才能充分发挥民间借贷在融通资金、激活市场方面的积极作用。同时，民间借贷作为民事主体从事的民事活动，不得违反法律、行政法规的强制性规定，不得违背公共秩序和善良风俗。对于频繁从事民间借贷活动的非金融机构，出于维护金融市场稳定性的考虑，应对其从事的借贷活动加以规范，司法应予以适度干预。[1]

二、鼓励金融创新，防范法律风险

民间借贷的实践形态灵活多元，衍生出大量新型金融业务形态。对于新业态的民间借贷类型，司法机关在审判过程中须依法支持，同时严守法律风险底线，总体上保持相应的灵活度和容忍度。司法服务互联网金融发展，应当注意：一是要支持互联网金融为实体经济服务；二是要依法保护投资者的合法权益；三是要打击利用互联网实施诈骗、非法吸收公众存款等违法犯罪活动；四是要维护金融的稳定性，防止出现系统性风险。[2]

三、审慎突破合同相对性

在民间借贷领域，为保持款项流转和借贷主体的一致性，尊重合同相对性原则亦是案件审理的基本原则之一。然而客观上，由于历史原因，我国的民营经济在经济发展过程中，民营企业的财产与民营企业主的财产往往相互

---

[1] 茆荣华主编：《上海法院类案办案要件指南》（第3册），人民法院出版社2021年版，第6页。
[2] 茆荣华主编：《上海法院类案办案要件指南》（第3册），人民法院出版社2021年版，第6页。

混淆，以企业名义借款和以个人名义借款的情况均时有发生，对"合同相对性"问题"一刀切"并不利于公正合法地厘清财产关系，保护借贷双方的合法权益，因此，实践中应在充分尊重合同相对性的同时，根据法律规定审慎突破。

四、妥善处理刑民交叉问题

在处理刑民交叉问题上，我国长期适用的是"先刑后民"的司法原则，但为妥善处理案件、避免案件审理周期过长，应根据案件具体情况适用"刑民并行"或"先刑后民"，不宜一概而论。"刑民并行"的适用前提是刑事案件和民事案件的审理程序相互之间没有影响，结果上也不会出现矛盾，刑事案件的承担不影响其应承担的民事责任，反之亦然。如刑事案件与民间借贷纠纷案件虽有关联但不是同一事实的情况。"先刑后民"的适用前提是出现刑民交叉时，需要根据刑事案件处理的情况对民事案件作出适当处理，或者在刑事程序中附带审理民事案件。如民间借贷行为本身涉嫌非法集资等犯罪，或民间借贷纠纷的基本事实必须以刑事案件的审理结果为依据的。

第四节　民间借贷纠纷的审查要素

一、立案审查

（一）对出借人的审查

【审查要点】

1. 主体范围的审查

民间借贷的出借主体主要为自然人、法人或非法人组织。经金融监管部门批准设立的从事贷款业务的金融机构及其分支机构，发放贷款等相关金融业务所形成的借贷关系，不属于民间借贷。

2. 出借人与持有人不一致的审查

原则上，债权凭证或者借款合同所载的出借人为债权人，若债权人主张借贷事实系委托出借等情形的，依委托关系等相关证据认定实际出借人；出借人转让债权的，应当通知借款人，未经通知的，该转让对借款人不发生法律效力。

借条载明的出借人名称与真实名称不符的，出借人应提供证据证明写错的名字是债权人本人。如借条名字是借款人的曾用名，可以通过所在派出所、居委会出具证明；如有证人在借款现场，可以让证人作证；没有证人，借款人又不承认借贷关系的，出借人可以申请笔迹鉴定，以证明借条的真实性，并通过证人证言等方式确定两个名字为同一人。

3. 借条未记载出借人的审查

债权凭证或者借款合同未记载出借人的，一般可以推定债权凭证或者借款合同的持有人为权利人；借款人抗辩持有人并非真正债权人的，由借款人举证，同时要结合其他证据予以综合考量。

4. 借条出借人签名系曾用名的审查

债权凭证或者借款合同记载的出借人系债权人之曾用名的，债权人提供证据证明借条签名人与其系同一人，一般可以推定借条的持有人为权利人。

5. 职业放贷人的审查

同一出借人在一定期间内多次反复从事有偿民间借贷行为的，一般可以认定为职业放贷人，审查时应重点审查借款行为是否具有反复性、经常性，以及借款目的是否具有经营性。

6. 通过P2P网络借款平台、小额贷款公司等平台或机构借款的审查

借款人通过P2P网络借款平台借款的，重点审查出借资金是否来源于真实的出借人，借款平台是否有吸收公众存款的行为；通过小额贷款公司借款的，重点审查是否具有经监管部门批准的放贷资质，出借的资金来源是否符合相关监管要求。

【规范指引】

《民间借贷司法解释》第1条、第2条。

（二）对借款人的审查

【审查要点】

1. 借款人主张借条上的签字、捺印并非本人所为的审查

借款人主张债权凭证或者借款合同上的签字、捺印并非本人所为的，由其承担相应证明责任，并综合考虑出具借条情形及当事人行为的合理性、借款实际由谁取得及其用途、各当事人之间的关系及当事人对相关情况是否知情等，明确实际借款人。一般而言，主张债权凭证或者借款合同上的签字、捺印并非本人所为的借款人需申请笔迹鉴定或进行积极举证，若放弃举证则需承担举证不利后果。

2. 第三人在借条上签名的审查

第三人紧随在借款人名字后在债权凭证或者借款合同上签名，但未表明其保证人身份或者承担保证责任，出借人据此主张第三人应为共同借款人的，由签名人承担举证责任。第三人仅在其中签字或者盖章，但其中表明了签字或者盖章人是保证人，或者通过其他条款或事实能够推定出其为保证人的，则应当对借款承担担保责任。第三人以"见证人""经手人"身份在借条上签字，一般应作为证人，而非保证人。

3. 借款人系法定代表人或非法人组织负责人的审查

法人的法定代表人或非法人组织的负责人以单位名义出具借条或签订借款合同的，除法律对其职权有特别规定的情形外应认定单位为借款人。法人的法定代表人或非法人组织的负责人以个人名义出借借条或签订借款额合同的，所借款项用于单位生产经营的，出借人可请求单位与个人共同承担责任。

【规范指引】

《民间借贷司法解释》第20条、第22条。

（三）对担保人的审查

【审查要点】

1. 担保范围的审查

担保范围一般包括主债权及利息、违约金、损害赔偿金和实现债权的费用。担保合同有约定的，按照约定；无约定的或者约定不明确的，应当对全部债务承担担保责任。担保人承担的担保责任范围不应当大于主债务，当事人约定的担保责任的范围大于主债务的，如针对担保责任约定专门的违约责

任、担保责任的数额高于主债务、担保责任约定的利息高于主债务利息、担保责任的履行期先于主债务履行期届满等，应认定大于主债务部分的约定无效。

2. 对保证人的审查

一是主体资格的审查。保证人是具有代为清偿债务能力的法人、其他组织或者自然人。未经国务院批准的国家机关、学校、医院等以公益为目的的事业单位、社会团体、企业法人的分支机构、职能部门不得作为保证人。

二是保证人身份确认的审查。债权凭证或者借款合同中表明了签字或者盖章人是保证人，或者通过其他条款或事实能够推定出其为保证人的，担保人应当对借款承担担保责任。他人在借据、收据、欠条等债权凭证或者借款合同上签名或盖章，但未标明其保证人身份或未明确承担保证责任，或通过其他事实不能推定其为保证人的，不应认定保证人身份。借贷双方通过网络贷款平台形成借贷关系，网络贷款平台的提供者仅提供媒介服务，当事人请求其承担担保责任的，人民法院不予支持。

三是一般保证责任的审查。债务人不能履行债务时，由保证人承担保证责任。若出借人仅起诉借款人，法院可不追加保证人为共同被告；若出借人仅起诉保证人，法院应依法追加借款人为共同被告。

四是连带责任保证的审查。借款凭证或借款额合同需明确约定承担连带责任保证。若出借人仅起诉借款人，法院可不追加保证人为共同被告；若出借人仅起诉一般保证人，法院应驳回起诉。

五是保证责任不明确的审查。当事人在保证合同中对保证方式没有约定或者约定不明确的，按照一般保证承担保证责任。

3. 对抵押人的审查

一是抵押权成立的审查。抵押人是指通过向债权人提供一定的财物作为抵押从而担保债务能够履行的债务人或者债务人以外的第三人。抵押人以动产如船舶、车辆、机器设备、原材料等设立抵押的，抵押权在签署抵押合同生效后设立，债权人享有优先受偿权，但没有登记不能对抗善意第三人。抵押人以不动产如房屋等设立抵押的，抵押权必须经过抵押登记才能设立。

二是以共有财产设立抵押的审查。抵押人以其共有财产中享有的份额为借贷债务设定抵押的，抵押有效；其以共有财产设定抵押，未经其他共有人同意的，抵押无效，但其他共有人知道或者应当知道而未提出异议的视为同意，抵押有效。

【规范指引】

《民法典》第683条、第686条、第687条、第688条;《民间借贷司法解释》第4条、第20条、第21条;《民法典合同编通则解释》第30条;《民法典担保制度解释》第26条、第37条、第43条、第46条、第47条。

（四）对管辖权的审查

【审查要点】

1. 无管辖约定的审查

借款合同或借款凭证中未就管辖地进行约定的，应由被告住所地或者合同履行地法院管辖，立案审查时应注意被告住所地或者合同履行地是否在本院辖区。

2. 有管辖约定的审查

借款合同或借款凭证中有管辖约定的，首先应审查该约定有无违反级别管辖及专属管辖的规定；其次应审查协议管辖是否采用书面形式，是否是双方当事人的书面意思表示，以及是否选择了与本案争议有实际联系地点的法院。管辖协议约定由一方当事人住所地人民法院管辖，协议签订后当事人住所地变更的，应由签订管辖协议时的住所地人民法院管辖，但当事人另有约定的除外；管辖协议就合同履行地未作约定或约定不明确时，应审双方是否具有补充协议，若无补充协议的，按合同相关条款或交易习惯确定；按合同相关条款或交易习惯无法确定的，以接受货币一方的所在地为合同履行地。

3. 管辖异议的审查

当事人提出管辖异议的，应审查该异议是否在提交答辩状期间提出，且应注重对当事人滥用管辖权异议的审查。

【规范指引】

《民事诉讼法》第35条;《民间借贷司法解释》第3条;《民事诉讼法解释》第18条、第35条、第223条。

（五）对多份债权凭证一并起诉的审查

【审查要点】

对于一方当事人就多份借贷债权凭证一并起诉的，法院一般应按照"一案一诉"的常态予以登记立案。对于当事人以多笔资金转账凭证一并起诉，但无借条或借款合同的，法院首先应审查是否有其他关于借贷合意的证据，比如是否进行过对账结算，或者是否为一次借款分笔转账。如果没有统一的借贷合意，对于多笔大额转账，一般也应"一案一诉"，便于审理过程中对借贷合意形成的审查。对于诉讼标的共同或是同一种类，债权人、债务人都是唯一且相同，担保情况和管辖也一致的案件，人民法院可以决定合并审理或按原告的合并起诉请求一并受理。但当事人一方为二人以上时，即使符合其余合并审理条件，人民法院在决定合并审理前，也应征得当事人的同意。

【规范指引】

《民事诉讼法解释》第208条。

二、原告诉请的审查

（一）借款本金的审查

【审查要点】

1. 本金数额认定的一般原则

借据、收据、欠条等债权凭证载明的借款金额，一般认定为本金数额。此外，人民法院应当依据当事人提供的债权凭证，结合借贷金额、款项交付、当事人的经济能力、当地或者当事人之间的交易方式、交易习惯、当事人的财产变动情况以及证人证言等事实和因素，综合判断借据等债权凭证载明的金额是否为实际本金。

2. 借款利息转本金的认定

借贷双方对前期借款本息结算后将利息计入后期借款本金并重新出具债权凭证，如果前期利率没有超过合同成立时一年期贷款市场报价利率四倍，重新出具的债权凭证载明的金额可认定为后期借款本金。超过部分的利息，不应认定为后期借款本金。

3. 借款利息不得预先在本金中扣除

对于借据中约定的借款金额与出借人实际交付的金额不一致的情形，经审查属于在交付本金时预先扣除利息的，应当按照实际交付数额认定借款本金并计算利息。

4. 借款本金给付方式的审查

对于以银行转账支付借款本金的，应审查银行流水明细；以现金给付的，则应结合交易习惯、财产变动情况或证人证言着重审查现金的给付时间、给付地点、给付数额。借据载明的绝大部分金额通过转账支付，出借人主张剩余部分系采用现金交付或已对本金进行过归还,但未提供相应证据证明的,对其主张不予支持。

【规范指引】

《民法典》第670条、第675条;《民间借贷司法解释》第26条。

(二)借款利息、逾期利息、违约金或者其他费用的审查

【审查要点】

1. 借款利息的审查

没有约定借贷利息或借贷利息约定不明的,借贷双方没有约定借贷利息,出借人主张支付利息的,不予支持。自然人之间对借款利息约定不明,出借人主张支付利息的,不予支持。除自然人之间的借贷外,借贷双方对借款利息约定不明,出借人主张利息的,应当结合民间借贷合同的内容,并根据当地或者当事人的交易方式、交易习惯、市场报价利率等因素确定利息。

出借人请求借款人按照合同约定利率支付利息,应予支持,但双方约定的利息超过按照双方合同成立时一年期贷款市场报价利率[①]的四倍计算的整个借款期间利息之和的除外。

对于一审受理的民间借贷纠纷案件,借贷合同成立于2020年8月20日之前,当事人请求适用当时的司法解释计算自合同成立到2020年8月19日的利息部分的,人民法院应予支持;对于自2020年8月20日到借款返还之日的利息部分,适用起诉时《民间借贷司法解释》规定的利率保护标准计算。

2. 逾期利息的审查

借贷双方对逾期利率有约定的,从其约定,但是以不超过合同成立时一年期贷款市场报价利率的四倍为限。借贷双方约定了借款期限内的利率但未约定逾期利率的,出借人可以主张借款人自逾期还款之日起按照借期内的利率支付资金占用期间的利息。借贷双方既未约定借期内的利率,也未约定逾期利率的,出借人可以主张借款人自逾期还款之日起参照当时一年期贷款市场报价利率标准计算的利息承担逾期还款违约责任。

3. 违约金的审查

出借人与借款人既约定了逾期利率,又约定了违约金或者其他费用,出

[①] 一年期贷款市场报价利率,是指中国人民银行授权全国银行间同业拆借中心自2019年8月20日起每月发布的一年期贷款市场报价利率。

借人可以选择主张逾期利息、违约金或者其他费用，也可以一并主张，但总计不得超过合同成立时一年期贷款市场报价利率的四倍；借贷双方只约定逾期利率而未约定违约金时，出借人不得主张违约金。

4.其他费用的审查

为防止出借人以费用名义额外计收利息，进而规避民间借贷利率的司法保护上限，"其他费用"应理解为借款人为获得借款而支付的其他成本，应与利率的性质基本相同，包括但不限于咨询费、管理费等各种除借款本金之外实际支付的费用。对于实践中争议较大的担保费问题，由于"其他费用"已经明确为出借人向借款人实际收取的费用，应视担保费是否最终由出借人实际收取作出认定。

【规范指引】

《民法典》第577条、第585条、第678条；《民间借贷司法解释》第25条、第27条、第28条、第29条、第31条。

（三）实现债权费用的审查

【审查要点】

债权人主张实现债权的费用应当出现在债务人违约的情形下，实现债权的费用实质上是一种损害赔偿责任，是守约方在出现违约情形后采取合同约定以外的措施实现债权时产生的费用。借款人不履行义务时，债权人采用合法途径实现债权，如采取诉讼、仲裁等方式解决争议时产生的诉讼费、鉴定费、评估费、律师费等费用，属于实现债权的费用。出借人通过非法手段实现债权所产生的费用不属于上述范围，并且如果使用非法手段对债务人造成损害的还应承担赔偿责任。一般而言，诉讼、仲裁程序中涉及的由公权力决定的费用可以认定为实现债权的费用，但其他涉及实现债权费用的必要性，则应由当事人充分举证。司法实践中，不应轻易支持债权人尚未实际发生的费用。

【规范指引】

《民事诉讼法解释》第102条、第112条、第194条。

（四）要求共同借款人承担还款责任的审查

【审查要点】

1. 共同借款人身份的审查

对于债权凭证或借款合同明确载明两名以上债务人系共同借款人，且债务人已签字确认的，应认定共同借款人身份。对于债权凭证或借款合同未载明借款人身份，但当事人在其中签名的，人民法院应结合债权凭证或借款合同的主体、内容及借贷双方款项往来情况等具体事实来确定当事人在借贷关系中的身份情况。法人的法定代表人或者非法人组织的负责人以单位名义与出借人签订民间借贷合同，有证据证明所借款项系法定代表人或者负责人个人使用，出借人请求将法定代表人或者负责人列为共同被告或者第三人的，人民法院应予准许。

2. 共同借款人承担还款责任的限度

债权人可以向任一个借款人主张全部或部分债权，但主张不得超过债权总额。共同借款人内部，可以按照相互约定分担责任，已承担超过自己应担份额的共同借款人可以向其他未承担或未足额承担相应责任的共同借款人主张给付义务。

【规范指引】

《民间借贷司法解释》第2条、第22条。

（五）要求承担担保责任的审查

【审查要点】

1. 要求保证人承担保证责任的审查

人民法院审查担保人保证责任时，应着重审查借贷双方是否存在串通、骗取保证人保证的情况，以及出借人有无采取欺诈、胁迫等手段，使保证人在违背真实意思情况下提供保证。

同一借贷债务有两个以上保证人的，保证人应当按照保证合同约定的保证份额承担保证责任。没有约定保证份额的，债权人可以请求任何一个保证人在其保证范围内承担保证责任。已经承担保证责任的保证人，有权向债务人追偿，或者要求承担连带责任的其他保证人清偿其应承担的份额。

债权人起诉保证人作为共同被告的案件，应着重审查债权凭证或者保证合同是否约定保证期间。未约定保证期间的，债权人有权在还款届满之日起6

个月内要求保证人承担保证责任；约定保证期间的，只要确定为保证人的真实意思表示，则应尊重当事人间对保证期间长度的意思自治。

2. 要求实现担保物权的审查

不动产抵押合同有效成立后，未办理抵押登记手续的，抵押权未有效设立，但债权人可以请求抵押人办理抵押登记手续。因抵押人怠于履行办理登记义务、抵押物灭失以及抵押物转让他人等原因不能办理抵押登记的，抵押人应该以抵押合同成立时抵押物的价值为限承担相应责任。债权人怠于履行不动产抵押登记协助义务，导致抵押权不能实现的，可以减轻抵押人的责任。

3. 要求公司承担担保责任的审查

法定代表人未经授权擅自以公司名义为他人提供担保的，构成越权代表。债权人善意的，担保合同有效；反之，合同无效。公司提供担保的，债权人主张担保合同有效，应当提供证据证明其在订立合同时对公司机关决议进行了形式审查。一般情况下，为公司股东或者实际控制人提供关联担保的，债权人应当提供证据证明其在订立担保合同时对股东（大）会决议进行了形式审查；为公司股东或者实际控制人以外的人提供非关联担保，债权人应当提供证据证明其在订立担保合同时对董事会决议或股东（大）会决议进行了形式审查；债权人未审查相关公司决议，直接与公司签订担保合同的，可推定债权人非善意，债权人不得主张该公司承担担保责任。

存在以下不需要机关决议的例外情况时，即便债权人知道或者应当知道没有公司机关决议，也应当认定担保合同符合公司的真实意思，债权人可据担保合同向其主张担保责任：第一，金融机构开立保函或者担保公司提供担保；第二，公司为其全资子公司开展经营活动提供担保（上市公司对外提供担保的，不适用此项）；第三，担保合同由单独或者共同持有公司三分之二以上对担保事项有表决权的股东签字同意（上市公司对外提供担保的，不适用此项）；第四，一人有限责任公司为其股东提供担保；第五，金融机构的分支机构在其营业执照记载的经营范围内开立保函，或者经有权从事担保业务的上级机构授权开立保函的。

若公司决议属于伪造、变造的情况，债权人已对担保人的签章、担保债务的性质、具体内容、担保期限等尽到必要形式审查义务时，债权人可根据表见代表的规定请求公司承担担保责任。

【规范指引】

《民法典》第 394 条、第 425 条、第 691 条、第 692 条、第 699 条；《民

法典担保制度解释》第 3 条、第 7 条、第 8 条、第 9 条、第 10 条、第 11 条、第 25 条、第 26 条、第 29 条、第 32 条、第 33 条。

（六）要求认定借款为夫妻共同债务的审查

【审查要点】

通过夫妻双方共同签名或者夫妻一方事后追认等方式作出共同意思表示而所负的债务，以及夫妻一方在婚姻关系存续期间以个人名义为家庭日常生活需要所负的债务，属于夫妻共同债务。

夫妻一方在婚姻关系存续期间以个人名义超出家庭日常生活需要所负的债务，不属于夫妻共同债务；但是，债权人能够证明该债务用于夫妻共同生活、共同生产经营或者基于夫妻双方共同意思表示的除外。一般情况下，夫妻共同生活包括夫妻为履行经济扶养、生活照顾、精神抚慰义务而进行共同消费或者积累夫妻共同财产等情形；夫妻共同生产经营包括夫妻共同决定生产经营事项、一方授权另一方决定生产经营事项或者夫妻另一方在生产经营中受益等情形。

【规范指引】

《民法典》第 1064 条。

（七）虚假诉讼的审查

【审查要点】

1. 虚假诉讼的判断

人民法院审理民间借贷纠纷案件时发现有下列情形之一的，应当严格审查借贷发生的原因、时间、地点、款项来源、交付方式、款项流向以及借贷双方的关系、经济状况等事实，综合判断是否属于虚假民事诉讼：（1）出借人明显不具备出借能力；（2）出借人起诉所依据的事实和理由明显不符合常理；（3）出借人不能提交债权凭证或者提交的债权凭证存在伪造的可能；（4）当事人双方在一定期限内多次参加民间借贷诉讼；（5）当事人无正当理由拒不到庭参加诉讼，委托代理人对借贷事实陈述不清或者其陈述前后矛盾；（6）当事人双方对借贷事实的发生没有任何争议或者诉辩明显不符合常理；（7）借款人的配偶或者合伙人、案外人的其他债权人提出有事实依据的异议；（8）当事人在其他纠纷中存在低价转让财产的情形；（9）当事人不正当放弃权利；（10）其他可能存在虚假民间借贷诉讼的情形。

2. 虚假诉讼的处理

人民法院审查发现民间借贷属于虚假民间借贷诉讼，原告申请撤诉的，人民法院不予准许，并应根据《民事诉讼法》第115条之规定，判决驳回其请求。

诉讼参与人或其他人恶意制造、参与虚假诉讼，人民法院应依照《民事诉讼法》第114条、第115条之规定，依法予以罚款、拘留，构成犯罪的应移送有管辖权的司法机关追究刑事责任。

单位恶意制造、参与虚假诉讼的，人民法院应当对该单位进行罚款，并可以对其主要负责人或者直接责任人员予以罚款、拘留，构成犯罪的应当移送有管辖权的司法机关追究刑事责任。

【规范指引】

《民事诉讼法》第114条、第115条；《民间借贷司法解释》第18条、第19条。

（八）其他诉请的审查

【审查要点】

1. 以被告提前还款为由，主张违约责任的诉讼请求审查

此情形原则上提前还款不构成违约。如果当事人在合同中约定了提前还款需要承担责任的，则要分情况处理：如果约定需要赔偿损失的，则要慎重认定出借人是否因提前还款受有损失，并由出借人进行举证证明；如果出借人因为借款人提前归还借款获得收益的，则损失认定须扣除收益部分；如果双方当事人约定了提前还款违约金的，可以结合出借人的实际损失对违约金进行调整。

2. 变更诉讼请求的审查

对于分期还款的借款合同，借款人未能按期履行还款义务陷入预期违约状态时，出借人仅就逾期部分的债权提起诉讼，但未就剩余借期内的借款主张权利的，法院可提醒当事人是否变更诉讼请求，如增加主张解除合同并要求偿还未到期借款的诉讼请求。

3. 借款期限未到，要求提前偿还本金的审查

借款期限未届满的情况下，出借人起诉要求借款人提前归还借款，仅在满足特定条件时，才会获得法院的支持。如果在履行期限届至前，出借人有确切证据证明，在合同履行期届至时，借款人将不履行或不能履行债务，且

拒绝为履行债务提供相应担保的违约情况下，出借人有权要求借款人提前履行。如果借款人未按照约定的借款用途使用借款的，出借人有权提前收回借款。法院应当着重审查出借人提供的证实借款人在履行期限届满时不能履行或不履行债务的证据，以及审查出借人是否履行通知义务。若出借人通知后，借款人仍不提供适当担保也未恢复履行能力的情况下，出借人才可起诉借款人提前还本。

【规范指引】

《民法典》第 673 条、第 675 条、第 677 条。

三、被告抗辩的审查

（一）对借贷主体的抗辩审查

1. 被告抗辩原告并非出借人的审查

【审查要点】

当被告抗辩称原告并非出借人时，应当着重审查如下案件事实：（1）原告是否持有借款协议、借条等债权凭证或者收据等款项交付凭证；（2）债权凭证或款项交付凭证有无提及出借人，出借人有无签字；（3）有无银行流水、转账记录等原告向被告交付借款的证据，如系原告指示他人向被告付款，有无相应证明；（4）被告是否曾向原告还款或支付利息，如系指示他人向原告还款或支付利息，有无相应证明；（5）原告是否具有出借能力；（6）出借款项的资金来源等。

【规范指引】

《民法典》第 667 条；《民间借贷司法解释》第 2 条。

2. 被告抗辩称其并非借款人的审查

【审查要点】

当被告抗辩称其并非借款人时，应当着重审查如下案件事实：（1）借款协议、借条等债权凭证或者收据等款项交付凭证有无提及借款人，借款人有无签字；（2）有无银行流水、转账记录等原告向被告交付借款的证据，如系他人指示被告收款，有无相应证明；（3）被告是否曾向原告还款或支付利息，如系他人指示被告向原告还款或支付利息，有无相应证明；（4）原告是否向被告主张过还款，双方是否就还款事宜进行过协商；（5）案涉借款的实际用途。

【规范指引】

《民法典》第667条;《民间借贷司法解释》第2条。

3. 被告抗辩称其并非共同借款人的审查

【审查要点】

当被告抗辩称其并非共同借款人时,应当着重审查如下案件事实:(1)借款协议、借条等债权凭证上有无载明共同借款人;被告有无在债权凭证上签字,如有签字,是否具有合理解释。(2)被告有无出具过其他具有代为偿还、债务加入意思表示的凭证,或者以其他方式明确表示过自愿作为共同借款人承担责任。(3)被告是否以共同借款人的身份向原告还款或支付利息。(4)原告是否要求被告承担过共同还款责任,双方是否就还款事宜进行过协商。(5)被告与出借人、借款人的关系。(6)案涉借款的实际用途。

【规范指引】

《民法典》第552条。

4. 被告抗辩称其并非担保人的审查

【审查要点】

当被告抗辩称其并非担保人时,应当着重审查如下案件事实:(1)借款协议、借条等债权凭证上有无载明担保人,被告有无在债权凭证上签字,如有签字,是否具有合理解释;(2)被告有无出具过其他具有担保意思表示的凭证,或者以其他方式明确表示过自愿承担担保责任;(3)依据法律规定需办理担保登记的,有无办理登记;(4)担保是否超过保证期间或担保期限;(5)被告是否作为担保人向原告偿还过借款本金或利息;(6)原告、被告各方是否曾要求被告承担担保责任,原告、被告各方是否就担保责任承担事宜与被告进行过协商;(7)出借人、借款人与被告的关系。

【规范指引】

《民法典》第402条、第403条、第419条、第429条、第692条;《民间借贷司法解释》第20条。

5. 被告抗辩网络贷款平台不承担责任的审查

【审查要点】

当网络贷款平台抗辩称其不应当承担责任时,应当着重审查如下案件事实:(1)网络贷款平台的网页宣传、广告等对平台服务的相关描述;(2)网络贷款平台与出借人、借款人签订的相关协议中就平台服务内容的约定,以及出借人与借款人签订的借款协议有无关于担保责任的约定;(3)网络贷款平台实际为出借人、借款人提供服务的内容；（4）网络贷款平台的收费标准及依据；（5）网络贷款平台对借款人的资质审查以及信息披露是否符合规定，有无故意隐瞒影响合同订立有关的重要事实或者提供虚假信息的情形。

【规范指引】

《民间借贷司法解释》第 21 条。

6. 被告抗辩原告系职业放贷人的审查

【审查要点】

当被告抗辩称原告系职业放贷人时，应当着重审查如下案件事实：（1）借条等债权凭证由何人制作提供，是否为格式模板；（2）原告是否具有出借能力，出借资金是否系自有资金；（3）实际交付的借款是否预扣利息、管理费等；（4）原告发放借款是否以营利为目的，比如约定的利息、违约金、管理费等是否过高；（5）原告、被告的关系及认识时间；（6）除本案所涉借款外，原告还有无其他借贷关系；（7）原告有无在一段时间内多次向社会不特定的多人提供借款，或者与不特定的多人产生民间借贷纠纷案件；（8）原告是否存在以暴力方式催讨借款的事实。

【规范指引】

《民间借贷司法解释》第 13 条。

7. 被告作为法人或非法人组织抗辩其法定代表人或负责人为借款人的审查

【审查要点】

当被告抗辩称借款系法定代表人、负责人个人借款时，应当着重审查如下案件事实：（1）借款协议是否约定借款人，是否加盖公司公章；（2）借款是否转入公司账户，是否用于公司生产经营；（3）公司是否偿还过借款或支付过利息；（4）出借人是否为善意相对人，即法定代表人或负责人的行为在外观上是否足以被认定为职务行为。

【规范指引】

《民间借贷司法解释》第 22 条。

（二）对借贷合意的抗辩审查

1. 被告抗辩未形成合意的审查

【审查要点】

当被告抗辩称原告提供的借条、收据等债权凭证系伪造时，在原告初步举证证明债权凭证有被告签字及被告签字的真实性后，原则上应当由被告就债权凭证系伪造的事实继续举证或申请鉴定。此外，还应当着重审查如下案件事实，并结合查明的案件事实综合判断：（1）债权凭证的形成过程，债权凭证是否是空白合同、格式合同等，债权凭证签订的时间、地点及见证人等具体细节；（2）在借款的磋商过程中，有无双方就案涉借款事实协商的电话、短信、微信、电子邮件等相关证明；（3）有无银行流水、转账记录等向被告交付借款的证据；（4）被告是否向原告归还借款或支付利息。

当被告抗辩称原告提供的转账凭证系基于其他法律关系时，应当着重审查如下案件事实：（1）债权凭证有无对借款用途、借款金额、借款期限的约定；（2）有无书面合同或能证明存在其他法律关系的证据；（3）在案涉款项的磋商过程中，有无双方就款项往来事实协商的电话、短信、微信、电子邮件等相关证明；（4）款项交付后的资金流向；（5）原告、被告之间的关系，双方的资金往来情况及历史交易情况；（6）原告、被告各自的工作及收入情况，双方是否具有从事相关职业或者参与类似交易的经验。

当被告抗辩称签署借条等债权凭证系当时基于转移财产、逃避债务或规避法律等其他目的时，应当着重审查如下案件事实：（1）有无银行流水、转账记录等证明款项交付的证据；（2）在款项交付的磋商过程中，有无双方就案涉款项交付事实协商的电话、短信、微信、电子邮件等相关证明；（3）双方是否约定过高的利息、违约金、管理费等；（4）原告、被告之间的关系及认识的时间；（5）债权凭证形成时被告有无借款需求，原告有无出借款项的能力；（6）款项交付前的资金来源，以及款项交付后的资金流向。

【规范指引】

《民间借贷司法解释》第14条、第16条。

2. 被告抗辩意思表示瑕疵的审查

【审查要点】

民间借贷中较为常见的意思表示瑕疵的情形主要包括以下两种：第一，一方或者第三人以欺诈手段，使对方在违背真实意思的情况下订立的合同；第二，一方或者第三人以胁迫手段，使对方在违背真实意思的情况下订立的合同。

当被告抗辩称其系基于欺诈、被胁迫而订立合同时，应当着重审查如下案件事实：（1）债权凭证形成的过程，如债权凭证签订的时间、地点、见证人等具体细节；（2）有无银行流水、转账记录等向被告交付借款的证据；（3）有无双方就案涉款项协商过程的电话、短信、微信、电子邮件、录音、视频等相关证据证明存在胁迫、欺诈情形；（4）债权凭证形成时被告有无借款需求，以及原告有无出借款项的能力；（5）原告、被告之间的关系、认识时间，以及双方的职业；（6）有无相关报警记录。

【规范指引】

《民法典》第 148 条、第 149 条、第 150 条。

（三）对借款未有效交付的抗辩审查

【审查要点】

第一，当原告主张借款系转账交付而被告抗辩称款项未交付时，应当着重审查如下案件事实：（1）债权凭证中是否对借款的交付方式有约定，是否有双方就款项交付事实协商的电话、短信、微信、电子邮件等相关证明；（2）有无银行流水、转账记录等向被告交付款项的证据；（3）转账时间、金额是否与债权凭证的出具时间一致或相近；（4）款项转账路径是否合理；（5）原告、被告之间的交易习惯。

第二，当原告主张借款系现金交付而被告抗辩称款项未交付时，应当着重审查如下案件事实：（1）债权凭证中是否对借款交付方式有约定，是否有双方就款项交付事实协商的电话、短信、微信、电子邮件等相关证明；（2）原告出借的资金来源，如银行取款凭证、向他人筹集资金的证明；（3）款项交付的过程，如款项交付的时间、地点、见证人、钱款的面值、包装情况、有无清点及如何清点等具体细节；（4）原告、被告的关系及认识时间；（5）原告出借资金时的经济状况、工作及收入情况，是否具备现金交付的能力；（6）原告、被告之间的交易习惯；（7）款项金额是否为大额，若为大额款项不进行转账支付的原因；（8）被告有无出具收条。

第三，当原告主张借款系部分现金交付、部分转账交付，而被告抗辩称款项未交付时，应当着重审查如下案件事实：（1）债权凭证中是否对借款交付方式有约定，是否有双方就款项交付事实协商的电话、短信、微信、电子邮件等相关证明；（2）分别交付的原因；（3）款项交付的时间、金额等具体细节；（4）原告出借资金时的经济状况、账户余额、现金交付的必要性和可能性；（5）原告、被告之间的交易习惯。

第四，当原告主张借款系通过票据、移转特定账户支配权等其他方式交付，而被告抗辩称款项未交付时，应当着重审查如下案件事实：（1）债权凭证中是否约定通过票据、移转特定账户支配权等其他方式支付款项，是否有双方就款项交付事实协商的电话、短信、微信、电子邮件等相关证明；（2）票据、特定账户等相关权利的真实性、合法性；（3）票据权利、特定账户支配权等权利是否具有可转移性；（4）如果相关权利移转有法定要式，是否符合法定要式；（5）被告是否实际取得相关权利，以及原告是否完全丧失了相关权利；（6）原告、被告之间的交易习惯。

第五，当原告主张借款依据被告指示向案外人交付，而被告抗辩称款项未交付时，应当着重审查如下案件事实：（1）债权凭证中是否约定过指示他人付款，是否有双方就指示他人付款事实协商的电话、短信、微信、电子邮件等相关证明；（2）案外人与被告的关系；（3）案外人是否收到款项，以及案外人收款后的资金走向；（4）转款时是否有附言。

第六，当被告抗辩称原告交付借款系"走账"时，应当着重审查如下案件事实：（1）借款协议、借条等债权凭证的真实性；（2）被告有无借款需求，以及原告有无出借款项的能力；（3）款项交付前原告的银行流水情况，以及款项交付后的资金流向情况；（4）原告、被告的关系、职业、双方的资金往来情况及历史交易情况；（5）原告是否为职业放贷人，是否涉嫌"套路贷"等犯罪。

第七，当被告抗辩称债权凭证系为赌博借筹码而出具，双方无实际钱款交付时，应当着重审查如下案件事实：（1）有无款项交付的事实；（2）债权凭证形成的过程，如债权凭证签订的时间、地点、见证人等具体细节；（3）原告、被告的职业及双方关系；（4）原告是否有经营赌博场所的行为，有无曾因经营赌场而受到刑事或行政处罚；（5）被告是否曾有参与赌博活动的行为。

【规范指引】

《民法典》第 679 条；《民间借贷司法解释》第 9 条、第 15 条。

（四）对合同效力抗辩的审查

1. 对合同效力抗辩的一般审查

【审查要点】

自然人之间的借款，自款项交付时生效。非自然人之间的借款，自合同成立时生效；但须注意审查借款协议有无附生效期限或生效条件，以及所附条件是否合法有效。

【规范指引】

《民法典》第 679 条；《民间借贷司法解释》第 9 条。

2. 被告抗辩借款人无民事行为能力、限制民事行为能力的审查

【审查要点】

当被告抗辩称其借款时系无民事行为能力、限制民事行为能力人时，应当着重审查如下案件事实：（1）被告借款时的年龄；（2）有无法院作出的判决书宣告借款时被告为无民事行为能力人或限制民事行为能力人；（3）有无鉴定报告、残疾人证等可以证明被告借款时为无民事行为能力或限制民事行为能力的文件；（4）若被告为限制民事行为能力人，借款金额、用途是否与其年龄、智力、精神健康状况相适应；（5）若被告为限制民事行为能力人，其法定代理人对其行为是否同意或进行追认。

【规范指引】

《民法典》第19条、第20条、第21条、第22条、第24条。

3. 被告抗辩借款系无权代理的审查

【审查要点】

当被告抗辩称借款协议由无代理权的案外人签订时，应当着重审查如下案件事实：（1）是否有被告授权案外人代签借款协议的授权委托证明；（2）借款协议上是否载明案外人系代为签署；（3）被告与案外人的关系；（4）案外人是否曾代被告签订过合同，其代签的行为是否构成表见代理。

【规范指引】

《民法典》第162条、第171条、第172条。

4. 被告抗辩借款用于非法行为的审查

【审查要点】

当被告抗辩称出借人明知借款用于赌博、吸毒等违法行为时，应当着重审查如下案件事实：（1）借款协议等债权凭证有无约定借款用途；（2）是否有电话、短信、微信、电子邮件等证据证明原告事先明知借款款项用于从事赌博、吸毒等违法行为；（3）原告、被告之间的关系及认识时间；（4）借款交付以后的资金流向；（5）原告有无曾因从事经营赌博场所、贩卖毒品等行为的违法犯罪记录；（6）被告有无曾因从事赌博、吸毒等行为的违法犯罪记录。

【规范指引】

《民间借贷司法解释》第13条。

5. 被告抗辩合同无效的审查

【审查要点】

当被告抗辩称合同无效时，应当着重审查如下案件事实：（1）所借款项

的来源是否为套取金融机构贷款转贷，是否为向其他营利法人借贷、向本单位职工集资，或者以向公众非法吸收存款等方式取得的资金转贷；（2）借款人是否为职业放贷人；（3）借款是否用于违法犯罪活动，出借人事先是否知道或者应当知道借款人明知该借款用途；（4）借款是否违背公序良俗。

【规范指引】

《民法典》第146条、第153条、第154条、第155条；《民间借贷司法解释》第13条。

6. 被告抗辩合同可撤销的审查

【审查要点】

当被告抗辩称借款合同属于可撤销合同，应着重审查如下案件事实：（1）订立借款合同时是否存在重大误解；（2）是否因一方或第三人欺诈而订立借款合同时，若为第三人实施欺诈行为，合同相对方是否知道或者应当知道该欺诈行为；（3）是否因一方或者第三人胁迫而订立借款合同；（4）订立合同时是否乘人之危，是否显失公平；（5）是否在规定期限内行使撤销权。

【规范指引】

《民法典》第147条、第148条、第149条、第150条、第151条、第152条。

（五）对实际借款本金的抗辩审查

1. 被告抗辩支付本金时预先扣除利息的审查

【审查要点】

当被告抗辩称原告支付本金时预先扣除利息时，应当着重审查如下案件事实：（1）借款协议、借条等债权凭证关于借款本金、利息、还款期限的约定；（2）出借人实际交付的借款金额，以及借款交付的方式、时间等；（3）预扣利息的金额与双方约定的利息金额是否一致；（4）是否有原告、被告就预先扣除利息事宜进行协商的电话、短信、微信、电子邮件等证据；（5）如出借人主张借款部分转账交付部分现金交付，则须查明现金交付部分是否已实际交付。

【规范指引】

《民间借贷司法解释》第26条。

2. 被告抗辩收到借款后即向出借人支付利息的审查

【审查要点】

当被告抗辩称其收到款项后立即向原告偿还利息等费用时，应当着重审查如下案件事实：（1）借款协议、借条等债权凭证关于借款本金、利息、还款方式及期限的约定；（2）有无原告、被告就短期内偿还利息事宜进行协商的电话、短信、微信、电子邮件等证据；（3）借款人收到款项后的资金流向；（4）借款人收到款项后，向出借人支付金额与双方约定的利息金额是否一致；（5）借款人收到款项后，向出借人支付款项的时间；（6）双方是否存在其他交易，以及双方或当地的交易习惯。

【规范指引】

《民间借贷司法解释》第26条。

3. 被告抗辩前期借款本息并入后期借款本金的审查

【审查要点】

借贷双方对前期借款本息结算后将利息计入后期借款本金并重新出具债权凭证时，如果前期利率没有超过法律保护的上限，则新借条的金额可认定为后期借款本金，超过部分的利息不应认定为后期借款本金。

借款期间届满后应当支付的本息之和，不能超过以最初借款本金与以最初借款本金为基数、按法律保护的利率上限计算的利息之和。

当被告抗辩称双方前期借款本息结算后将利息计入后期借款本金时，应当着重审查如下案件事实：（1）前期有无借款的债权凭证；（2）结算后有无重新出具债权凭证；（3）原告、被告的交易习惯；（4）前期借款有无约定利息，以及约定利率有无超过法律保护的上限；（5）借款期间届满后应当支付的本息之和，是否超过以最初借款本金与以最初借款本金为基数、按法律保护的利率上限计算的利息之和。

【规范指引】

《民间借贷司法解释》第27条。

（六）对利息、逾期利息、违约金等的抗辩审查

1. 未约定利息的抗辩审查

【审查要点】

借贷双方没有约定利息，出借人主张支付利息的，不予支持。自然人之间借贷对利息约定不明，出借人主张支付利息的，不予支持。除自然人之间

借贷的外，借贷双方对借贷利息约定不明，出借人主张利息的，应结合民间借贷合同的内容，并根据当地或者当事人的交易方式、交易习惯、市场报价利率等因素确定利息。

当被告抗辩称双方未约定利息时，应当着重审查如下案件事实：（1）借款协议、借条等债权凭证有无就利息作出约定；（2）有无原告、被告就利息进行约定的电话、短信、微信、电子邮件等证据；（3）被告有无向原告偿还过利息；（4）被告收到借款后向原告还款的时间、次数，还款的金额是否与利息金额一致；（5）原告、被告间的交易习惯。

【规范指引】

《民间借贷司法解释》第24条。

2. 对利息、逾期利息、违约金约定过高的抗辩审查

【审查要点】

出借人请求借款人按照合同约定利率支付利息的，人民法院应予支持，但是双方约定的利率超过合同成立时一年期贷款市场报价利率四倍的除外。借贷双方对逾期利率有约定的，从其约定，但是以不超过合同成立时一年期贷款市场报价利率的四倍为限。出借人与借款人既约定了逾期利率，又约定了违约金或者其他费用，出借人可以选择主张逾期利息、违约金或者其他费用，也可以一并主张，但是总计不得超过合同成立时一年期贷款市场报价利率四倍的部分。

2020年8月20日之后新受理的一审民间借贷案件，借贷合同成立于2020年8月20日之前，当事人请求适用当时的司法解释计算自合同成立时到2020年8月19日的利息部分的，应予支持；对于自2020年8月20日到借款返还之日的利息部分，适用前述利率保护标准计算。

当被告抗辩称利息、逾期利息、违约金约定过高时，应当着重审查如下案件事实：（1）借款协议、借条等债权凭证就利息如何约定；（2）约定的利率是否超过法律保护上限；（3）借款协议、借条等债权凭证是否既约定了逾期利率，又约定了违约金或者其他费用；（4）逾期利息、违约金及其他费用总计是否超过法律保护上限；（5）被告是否向原告偿还过利息，是否偿还过超出本金和利息以外的费用。

【规范指引】

《民间借贷司法解释》第25条、第28条、第31条。

（七）对借款履行期限的抗辩审查

1. 被告抗辩借款未到期的审查
【审查要点】

当被告抗辩称借款未到期时，应当着重审查如下案件事实：（1）借款协议、借条等债权凭证是否就借款期限作出过约定；（2）有无原告、被告就借款期限进行约定的电话、短信、微信、电子邮箱等证据；（3）是否就还款期限签订过补充协议；（4）借款人是否催告过还款；（5）被告是否明确表示或者以其行为表明不履行还款义务。

【规范指引】

《民法典》第 675 条。

2. 被告抗辩借款已展期的审查
【审查要点】

当被告抗辩称借款已展期时，应当着重审查如下案件事实：（1）借款协议、借条等债权凭证对借款期限的约定；（2）原告、被告是否就借款展期签订过新的协议；（3）有无原告、被告就借款展期进行约定的电话、短信、微信、电子邮箱等证据；（4）如存在展期，是否就借款本息进行过新的结算。

【规范指引】

《民法典》第 675 条、第 678 条。

（八）对借款债务已消灭的抗辩审查

1. 被告抗辩借款全部清偿的审查
【审查要点】

当被告抗辩称借款已全部清偿时，应当着重审查如下案件事实：（1）有无银行流水、转账记录等证明被告偿还借款本金及利息的凭证；（2）原告是否出具过收据等收款凭证；（3）借条等债权凭证是否由被告收回或销毁；（4）如由他人代为偿还，双方是否约定由他人代偿，或是否有指示他人代偿的证明。

【规范指引】

《民间借贷司法解释》第 15 条。

2. 被告抗辩借款部分清偿的审查

【审查要点】

当被告抗辩称借款已部分清偿时，应当着重审查如下案件事实：（1）有无银行流水、转账记录等证明被告偿还借款本金及利息的凭证；（2）原告是否出具过收据等收款凭证；（3）双方是否约定过利息；（4）被告偿还款项的金额为多少，偿还款项的性质为本金、利息或其他费用；（5）双方是否就剩余款项重新出具借款凭证；（6）由他人代为偿还，双方是否约定由他人代偿，或是否有指示他人代偿的证明。

【规范指引】

《民间借贷司法解释》第15条。

3. 被告抗辩借款已抵销的审查

【审查要点】

当被告抗辩称债务已抵销时，应当着重审查如下案件事实：（1）原告、被告是否互负债务；（2）债务的标的物种类、品质是否相同，是否存在依照法律规定、当事人约定或者按照债务性质不得抵销的情形；（3）如双方债务标的物的种类、品质不相同，双方是否同意抵销；（4）主张抵销的主动债权是否已届清偿期；（5）抵销通知有无及时送达对方；（6）抵销是否附条件或附期限；（7）主动债权的数额是否足以抵销全部被动债权的数额。

【规范指引】

《民法典》第568条、第569条。

4. 债权已被转让的抗辩审查

【审查要点】

债权人转让债权，未通知债务人的，该转让对债务人不发生效力。

当被告抗辩称债权已被转让时，应当着重审查如下案件事实：（1）转让的债权是否存在依据债权性质、当事人约定、法律规定不得转让的情形；（2）双方是否签订债权转让的协议，转让债权的通知是否已送达债务人；（3）债权是部分转让还是全部转让；（4）是否存在与债权有关的从权利，该从权利是否专属于债权人本身；（5）债权转让依法律、行政法规是否应当办理批准、登记手续。

【规范指引】

《民法典》第545条、第546条、第547条。

5.债务转移由第三人承担时的抗辩审查

【审查要点】

债务人将债务转移给第三人的,应当经债权人同意;债务人或者第三人可以催告债权人在合理期限内予以同意,债权人未作表示的,视为不同意。

当被告抗辩称债务转移由第三人承担时,应当着重审查如下案件事实:(1)债务转移是否已经债权人同意;(2)各方是否就债务转移签订协议;(3)受让人是否表明其愿意承担原债务人的债务;(4)债务是部分转移还是全部转移,原债务人是否脱离债权债务关系;(5)是否存在从债务,该从债务是否专属于原债务人;(6)债务转移依法律法规、行政法规是否应当办理批准、登记手续。

【规范指引】

《民法典》第551条、第552条、第554条。

(九)对实现债权费用的抗辩审查

1.被告抗辩未约定实现债权费用的审查

【审查要点】

当被告抗辩称合同未约定实现债权的费用或原告主张实现债权的费用没有法律依据时,应当着重审查如下案件事实:(1)借款协议、借条等债权凭证有无就实现债权费用的负担主体进行约定;(2)有无双方就实现债权费用进行约定的电话、短信、微信、电子邮件等证据;(3)有无律师聘请合同、律师费发票、律师费支付凭证等证据证明实际支出律师费的事实。

【规范指引】

《民间借贷司法解释》第29条。

2.被告抗辩实现债权费用过高的审查

【审查要点】

律师费属于实现债权的成本之一,与利息、逾期利息、违约金等性质不同,故一般不纳入民间借贷的利率管制范围。

当被告抗辩称实现债权的费用约定过高时,应当着重审查如下案件事实:(1)借款协议、借条等债权凭证就实现债权费用的负担问题是如何约定的;(2)有无律师聘请合同、律师费发票、律师费支付凭证等证据证明实际支出律师费的事实,以及支出的律师费金额;(3)支出的律师费是否符合当地同类案件的收费标准;(4)支出的律师费是否符合案件的难易程度、风险程度。

【规范指引】

《民间借贷司法解释》第29条。

（十）对担保责任的抗辩审查

1.对于保证的相关抗辩审查

【审查要点】

被告抗辩称双方未约定保证责任时，应当着重审查如下案件事实：（1）借款协议、借条等债权凭证中有无约定保证条款；（2）是否以保证人的身份在借款协议或借条等债权凭证上签字或盖章；（3）是否有单独约定保证责任的协议；（4）约定的保证范围、保证方式等。

被告抗辩称已过保证期间时，应当着重审查如下案件事实：（1）合同有无约定保证期间；（2）约定的保证期间早于主债务履行期限或与主债务履行期限同时届满的，视为没有约定；（3）约定保证人承担保证责任直至主债务本息还清时为止等类似内容，视为约定不明；（4）没有约定或约定不明的，保证期间视为主债务履行期限届满之日起六个月；（5）对主债务履行期限没有约定或者约定不明确的，保证期间自债权人请求债务人履行债务的宽限期届满之日起计算。

【规范指引】

《民法典》第685条、第691条、第692条；《民间借贷司法解释》第20条。

2.对于担保物权的抗辩审查

【审查要点】

当被告抗辩称抵押权未设立时，应当着重审查如下案件事实：（1）借款协议、借条等债权凭证中有无约定抵押权的条款；（2）是否有单独约定抵押权的协议；（3）是否为法律规定的禁止抵押的财产；（4）以动产抵押的，抵押权自合同生效时设立，未经登记的不得对抗善意第三人；（5）以动产抵押的，不得对抗正在经营活动中已经支付合理对价并取得抵押财产的买受人；（6）企业、个体工商户、农业生产经营者可以将现有的以及将有的生产设备、原材料、半成品、产品抵押；（7）以建筑物或其他土地附着物、建设用地使用权、海域使用权、正在建造的建筑物进行抵押，未办理抵押登记的，抵押权未设立。

当被告抗辩称质权未设立时，应当着重审查如下案件事实：（1）借款协议、借条等债权凭证中有无约定质权的条款；（2）是否有单独约定质权的协议；（3）是否为法律规定的禁止质押的财产；（4）质押财产是否已经交付；（5）以汇票、本票、支票、债券、存款单、仓单、提单出质的，质权自权利凭证交付质权人时设立，没有权利凭证的，质权自办理出质登记时设立；（6）以基金份额、股权出质的，以及以应收账款出质的，质权自办理出质登记时设立。

【规范指引】

《民法典》第399条、第400条、第402条、第403条、第426条、第427条、第429条、第440条、第441条、第443条。

（十一）对夫妻共同债务问题的抗辩审查

1. 对不属于夫妻共同债务的抗辩审查

【审查要点】

夫妻一方在婚姻关系存续期间以个人名义超出家庭日常生活需要所负的债务，不属于夫妻共同债务。

当被告抗辩称借款属于夫妻共同债务时，应当着重审查如下案件事实：（1）借款协议、借条等债权凭证中是否明确约定为个人债务；（2）夫妻之间是否约定了分别财产制且原告知情；（3）借款行为是否发生在夫妻关系存续期间；（4）是否因赌博、吸毒等违法犯罪行为而产生借款；（5）夫妻一方是否与第三人恶意串通虚构债务；（6）是否用于家庭共同生活、共同生产经营，是否超出日常开支所需；（7）债务用途是否无益于家庭甚至有损家庭安宁生活，如用于婚外同居生活、抚养私生子等。

【规范指引】

《民法典》第1064条、第1065条。

2. 对属于夫妻共同债务的抗辩审查

【审查要点】

夫妻双方共同签名或者夫妻一方事后追认等共同意思表示所负的债务，以及夫妻一方在婚姻关系存续期间以个人名义为家庭日常生活需要所负的债务，属于夫妻共同债务。以个人名义超出家庭日常生活需要所负的债务，如款项用于夫妻共同生活、共同生产经营或者基于夫妻双方共同意思表示的，一般应当认定为夫妻共同债务。

当一方当事人抗辩称借款系基于夫妻共同意思表示所负的共同债务时，

应当着重审查如下案件事实：（1）借款协议、借条等债权凭证是否有夫妻双方的共同签字；（2）是否有夫妻双方表示共同负担债务的电话、短信、微信、电子邮件等证据；（3）非借款方的夫妻一方是否在事后补签保证书、还款协议等对借款进行追认；（4）是否属于夫妻双方共同签字或夫妻一方事后追认的情形之一；（5）是否属于夫妻共同作出口头承诺或存在其他共同作出借款意思表示的行为；（6）是否为配偶一方对借款知晓且未提出异议的，如存在出具借条时配偶在场、所借款项汇入配偶掌握的银行账户、配偶归还借款本息等情形。

当一方当事人抗辩称借款系为家庭日常生活需要所负担的共同债务时，应当着重审查如下案件事实：（1）夫妻双方的职业、身份、资产、收入、习惯、家庭人口等；（2）借款是否用于食品、衣着、家庭设备用品、维修服务、医疗保健、交通通信、文娱教育及服务、居住、其他商品服务等家庭消费支出；（3）借款是否与当地的经济水平、人均消费支出等相适应；（4）所借款项的资金流向。

当借款超出家庭日常生活需要，但一方当事人抗辩称借款实际用于夫妻共同生活或共同生产经营所负时，应当着重审查如下案件事实：（1）是否为借款期间购置大宗资产等形成夫妻共同财产；（2）借款是否用于夫妻双方共同从事商业投资或购买生产资料；（3）借款是否用于夫妻一方从事生产经营活动，但配偶一方分享经营收益。

【规范指引】

《民法典》第1064条。

（十二）对时效等问题的抗辩审查

1.对诉讼时效已届满的抗辩审查

【审查要点】

（1）民间借贷案件的诉讼时效为三年，自当事人约定的还款期限届满之日起算，如当事人未约定还款期限，则应从出借人向借款人主张还款未果之日或给予借款人宽限期届满之日起算。

（2）在诉讼时效期间的最后六个月内，因不可抗力；无民事行为能力人或者限制民事行为能力人没有法定代理人，或者法定代理人死亡、丧失民事行为能力、丧失代理权；继承开始后未确定继承人或者遗产管理人；权利人被义务人或者其他人控制等导致权利人存在不能行使请求权的障碍，诉讼时效中止。自中止时效的原因消除之日起满六个月，诉讼时效期间届满。

（3）权利人向义务人提出履行请求；义务人同意履行义务；权利人提起诉讼或者申请仲裁；与提起诉讼或者申请仲裁具有同等效力的其他情形将导致诉讼时效中断，从中断、有关程序终结时起，诉讼时效期间重新计算。

（4）诉讼时效期间届满后，借款人同意还款的，不得再以诉讼时效期间届满进行抗辩，借款人已自愿履行的，不得请求返还。

（5）当事人在一审期间未提出诉讼时效抗辩，在二审期间提出的，人民法院不予支持，但基于新的证据能证明对方当事人的请求权已过诉讼时效的除外。

【规范指引】

《民法典》第 188 条、第 194 条、第 195 条。

2. 对除斥期间已届满的抗辩审查

【审查要点】

（1）当事人如认为民间借贷案件存在欺诈、胁迫等可撤销事由的，应在法定的除斥期间内行使合同撤销权，该期间不适用有关诉讼时效中止、中断和延长的规定，逾期未行使的，撤销权消灭。

（2）当事人自知道或者应当知道撤销事由之日起一年内；重大误解的当事人自知道或者应当知道撤销事由之日起九十日内；当事人受胁迫，自胁迫行为终止之日起一年内没有行使撤销权，撤销权消灭。

（3）当事人自民事法律行为发生之日起五年内没有行使撤销权的，撤销权消灭。

【规范指引】

《民法典》第 152 条、第 199 条、第 692 条。

3. 对保证期间已届满的抗辩审查

【审查要点】

（1）保证期间可由债权人与保证人自行约定。约定的保证期间早于主债务履行期限届满或者与主债务履行期限同时届满的，视为没有约定；约定保证人承担保证责任直至主债务本息还清时为止等类似内容的，视为约定不明。没有约定保证期间或者保证期间约定不明确的，保证期间为主债务履行期限届满之日起六个月。

（2）最高额保证合同对保证期间的计算方式、起算时间等没有约定或者约定不明，被担保债权的履行期限均已届满的，保证期间自债权确定之日起开始计算；被担保债权的履行期限尚未届满的，保证期间自最后到期债权的履行期限届满之日起开始计算。

（3）一般保证的债权人未在保证期间内对债务人提起诉讼或者申请仲裁的，保证人不再承担保证责任。连带责任保证的债权人未在保证期间内请求保证人承担保证责任的，保证人不再承担保证责任。

（4）一般保证的债权人在保证期间届满前对债务人提起诉讼或者申请仲裁的，从保证人拒绝承担保证责任的权利消灭之日起，开始计算保证债务的诉讼时效。连带责任保证的债权人在保证期间届满前请求保证人承担保证责任的，从债权人请求保证人承担保证责任之日起，开始计算保证债务的诉讼时效。

（5）同一债务有两个以上保证人，债权人不得以其已经在保证期间内依法向部分保证人行使权利为由，主张已经在保证期间内向其他保证人行使权利。同一债务有两个以上保证人，保证人之间相互有追偿权，债权人未在保证期间内依法向部分保证人行使权利，导致其他保证人在承担保证责任后丧失追偿权，其他保证人可以主张在其不能追偿的范围内免除保证责任。

（6）一般保证的债权人在保证期间内对债务人提起诉讼或者申请仲裁后，又撤回起诉或者仲裁申请，债权人在保证期间届满前未再行提起诉讼或者申请仲裁，保证人可以主张不再承担保证责任。连带责任保证的债权人在保证期间内对保证人提起诉讼或者申请仲裁后，又撤回起诉或者仲裁申请，起诉状副本或者仲裁申请书副本已经送达保证人的，应当认定债权人已经在保证期间内向保证人行使了权利。

【规范指引】

《民法典》第692条、第693条、第694条；《民法典担保制度解释》第29条、第30条、第31条、第32条。

第二章　民间借贷纠纷争点整理与认定

第一节　民间借贷合同成立与生效的争点与认定

一、借贷主体的争点与认定

界定民间借贷的出借人及借款人是否为借贷关系主体对民间借贷关系的法律适用具有直接影响。《民间借贷司法解释》第1条第1款规定："本规定所称的民间借贷，是指自然人、法人和非法人组织之间进行资金融通的行为。"民间借贷合同是法人、非法人组织或者自然人之间的借款合同。同时，该解释第1条第2款规定："经金融监管部门批准设立的从事贷款业务的金融机构及其分支机构，因发放贷款等相关金融业务引发的纠纷，不适用本规定。"根据《最高人民法院关于新民间借贷司法解释适用范围问题的批复》的规定："由地方金融监管部门监管的小额贷款公司、融资担保公司、区域性股权市场、典当行、融资租赁公司、商业保理公司、地方资产管理公司七类地方金融组织，属于经金融监管部门批准设立的金融机构，其因从事相关金融业务引发的纠纷，不适用新民间借贷司法解释。"

特定情形下出借人、借款人的认定，可从以下几方面考量。

（一）出借人的争点与认定

争点1：债权凭证上所载债权人与债权凭证持有人不一致情况下实际债权人的认定

债权凭证所载债权人与债权凭证持有人不一致主要有以下几种情况：一是借条所载出借人姓名与原告同音但字不同。该借条在为原告所实际持有的情况下，可推定原告为该借条所涉及的出借人。如被告对原告资格提出抗辩，但是未能举证证明其主张时，可推定原告的诉讼主体资格成立。

二是债权凭证持有人与债权凭证上记载的出借人为不同主体。此时需要查明借条的形成过程、借款发生时间、借款交付金额及交付方式等事实。如借条持有人主张其与实际出借人之间为委托关系的，需审查相对人在签订借贷合同时是否知道委托人与受托人之间的代理关系，实际出借人是否认可，是否有委托手续，等等；如借条持有人主张其与实际出借人之间达成了债权转让合意，需审查债权转让的真实性及有效性，以此来认定债权凭证持有人是否为适格原告。

三是债权凭证所载债权人姓名与原告同名，且该债权凭证现为原告所实际持有，可推定原告为债权凭证所涉借款的债权人，具有原告的诉讼主体资格。

需要注意的是，不能仅凭债权凭证来认定借贷关系，还需要结合其他证据认定出借人是否有实际交付款项的事实。

争点2：非银行业金融机构从事借贷活动是否适用《民间借贷司法解释》

首先，对于专注于证券或保险及其衍生品的金融机构，如证券公司、保险公司、期货公司、公募基金公司和私募基金公司，由于金融行业的分业经营和差异化监管原则，它们通常不涉及银行业务，亦无贷款业务许可。然而，存在特例，如证券公司的融资融券业务和保险公司的保单质押贷款业务，这些业务本质上具有贷款特性。但根据现行法律，除非这些特例，上述金融机构若参与信贷活动，应被归类为《民间借贷司法解释》所定义的民间借贷，并受其约束。

其次，对于由银保监会监管的其他非银行金融机构，如信托公司、企业集团财务公司、金融租赁公司等，尽管该类机构由银保监会设立并监管，但因不从事吸收公众存款业务，而被视为非银行金融机构。这些机构是否适用《民间借贷司法解释》，关键在于其是否满足"从事贷款业务"的条件，即其经审批的经营范围是否涵盖贷款发放。若满足此条件，则属于其经审批的金融业务范围，不受《民间借贷司法解释》的调整。

最后，对于地方金融监管部门监管的金融机构，如小额贷款公司、融资担保公司等，这些机构经地方金融监管部门批准设立。如小额贷款公司和典当行主要经营贷款业务，而融资担保公司等其他机构在运营过程中也可能涉及融资服务。该类非银行业金融机构经《最高人民法院关于新民间借贷司法解释适用范围问题的批复》明确，不适用新民间借贷司法解释。

争点3：债权凭证上未记载出借人情况下实际出借人的认定

《民间借贷司法解释》第2条第2款规定，当事人持有的借据、收据、欠条等债权凭证没有载明债权人，持有债权凭证的当事人提起民间借贷诉讼的，人民法院应予受理。被告对原告的债权人资格提出有事实依据的抗辩，人民法院经审查认为原告不具有债权人资格的，裁定驳回起诉。在出借借款时未在债权凭证上载明出借人的，一般情况下基于日常经验规则，则推定持有人为出借人。但是，如果被告对原告的出借人资格提出异议，则需要结合案件事实对原告的债权人资格作进一步审查，如原告的资金来源、出借方式、出借时间、出借地点、借款用途、还款情况等。如果被告提出的异议有相应证据予以证实，则不能仅根据原告持有债权凭证从而认定其为实际出借人和享有债权。

(二)借款人的争点与认定

争点 4：借条上的签字捺印并非本人时，如何认定借款主体

在审理查明"真实借款人"之时，综合考虑借条上注明的借款人与"真实借款人"之间的关系，标注的借款人对借款是否知情，出具债权凭证时的具体情况，当事人签名、捺手印等行为原因，借款的去向，实际用款人及具体用途等方面，依法对标注的借款人是否为实际借款人作出认定。

争点 5：法定代表人在借条上签字捺印时，如何认定借款主体

法定代表人以个人名义从事借款但是借款实际由法人使用时，法定代表人作为借款主体理应承担还款责任，但是款项实际由法人使用且法人同意承担还款责任的，则构成债务加入，应当与法定代表人一并承担还款责任。[①]《民间借贷司法解释》第 22 条规定："法人的法定代表人或者非法人组织的负责人以单位名义与出借人签订民间借贷合同，有证据证明所借款项系法定代表人或者负责人个人使用，出借人请求将法定代表人或者负责人列为共同被告或者第三人的，人民法院应予准许。法人的法定代表人或者非法人组织的负责人以个人名义与出借人订立民间借贷合同，所借款项用于单位生产经营，出借人请求单位与个人共同承担责任的，人民法院应予支持。"

争点 6：民间借贷债务是夫妻共同债务及夫或妻一方个人债务的认定

《民法典》第 1064 条规定："夫妻双方共同签名或者夫妻一方事后追认等共同意思表示所负的债务，以及夫妻一方在婚姻关系存续期间以个人名义为家庭日常生活需要所负的债务，属于夫妻共同债务。夫妻一方在婚姻关系存

---

① 王毓莹：《民间借贷纠纷案件裁判思路研究》，载《中国应用法学》2023 年第 4 期。

续期间以个人名义超出家庭日常生活需要所负的债务，不属于夫妻共同债务；但是，债权人能够证明该债务用于夫妻共同生活、共同生产经营或者基于夫妻双方共同意思表示的除外。"区分夫妻个人债务和共同债务可以从"家庭日常生活需要""用于夫妻共同生活""共同生产经营"三方面考量。据此，在婚姻关系存续期间，一方对外借款的数额明显超出夫妻共同日常生活所需，且债权人未能证明该债务用于夫妻共同生活、共同生产经营或者基于夫妻双方共同意思表示，应认定为夫妻一方个人债务。

（三）主体其他因素的审查

争点7：虚假诉讼的认定

虚假诉讼，是指双方当事人恶意串通牟取非法利益，通过提供虚假的证据材料、编造案件事实、虚构民事法律关系，骗取法院生效法律文书的行为。[①] 依据《民间借贷司法解释》第18条的规定，如遇下列情形，应当注意审查是否属于虚假诉讼：（1）出借人明显不具备出借能力；（2）出借人起诉所依据的事实和理由明显不符合常理；（3）出借人不能提交债权凭证或者提交的债权凭证存在伪造的可能；（4）当事人双方在一定期间内多次参加民间借贷诉讼；（5）当事人一方或者双方无正当理由拒不到庭参加诉讼，委托代理人对借贷事实陈述不清或者陈述前后矛盾；（6）当事人双方对借贷事实的发生没有任何争议或者诉辩明显不符合常理；（7）借款人的配偶或合伙人、案外人的其他债权人提出有事实依据的异议；（8）当事人在其他纠纷中存在低价转让财产的情形；（9）当事人不正当放弃权利。重点审查诉讼主体的真实身份信息及相互间有无特殊关系，关注当事人的涉诉情况等。对于案涉借贷事实发生的原因、借贷目的、借贷时间、借款来源、借款去向、交付方式等进行初步审查。如若属实，驳回原告的诉讼请求，并依据相关法律规定对涉嫌虚假诉讼的当事人进行处罚或追究刑事责任。

---

① 李浩：《虚假诉讼中恶意调解问题研究》，载《江海学刊》2012年第1期。

争点 8：职业放贷人的认定

2019年10月21日施行的《最高人民法院、最高人民检察院、公安部、司法部关于办理非法放贷刑事案件若干问题的意见》第1条规定："违反国家规定，未经监管部门批准，或者超越经营范围，以营利为目的，经常性地向社会不特定对象发放贷款，扰乱金融市场秩序，情节严重的，依照刑法第二百二十五条第（四）项的规定，以非法经营罪定罪处罚。前款规定中的'经常性地向社会不特定对象发放贷款'，是指2年内向不特定多人（包括单位和个人）以借款或其他名义出借资金10次以上。贷款到期后延长还款期限的，发放贷款次数按照1次计算。"《民商事审判会议纪要》第53条规定："未依法取得放贷资格的以民间借贷为业的法人，以及以民间借贷为业的非法人组织或者自然人从事的民间借贷行为，应当依法认定无效。同一出借人在一定期间内多次反复从事有偿民间借贷行为的，一般可以认定为是职业放贷人。民间借贷比较活跃的地方的高级人民法院或者经其授权的中级人民法院，可以根据本地区的实际情况制定具体的认定标准。"《民间借贷司法解释》第13条第3项规定，未依法取得放贷资格的出借人，以营利为目的向社会不特定对象提供借款的，民间借贷合同无效。《银行业监督管理法》第19条规定："未经国务院银行业监督管理机构批准，任何单位或者个人不得设立银行业金融机构或者从事银行业金融机构的业务活动。"认定职业放贷人问题应注意以下方面：一是应当遵守金融审判规律原则和认定标准宽严适度原则；二是应当综合考量放贷人是否依法取得放款资质，以及是否具有营利性、反复性、营业性。[①] 由最高人民法院、最高人民检察院、公安部、司法部发布的《关于办理非法放贷刑事案件若干问题的意见》明确对非法放贷行为予以惩处，切实维护了国家金融市场秩序与社会和谐稳定。

二、民间借贷合同成立与生效的争点与认定

当事人之间是否存在真实合法有效的民间借贷法律关系是民间借贷纠纷案件审查的一大要点，是全案审理的基础依据，是审查案件是否以民间借贷法律关系为由进行审理的首要步骤。

[①] 陈旭云：《职业放贷人的审查认定标准与程序》，载《人民司法》2022年第34期。

（一）借款合意的争点与认定

借贷合意能够体现借款双方对建立借贷关系的共识，在现实生活中以借条、欠条、借据等外化形式为表现。[①] 在审判实务中，自然人之间的交往具有随意性，欠缺基本的法律意识，又碍于特殊的人情往来关系，在争议发生后，借款人难以提供借贷合意达成的证据，导致法院难以辨别借贷关系是否真实发生。[②] 在审查双方当事人是否有借款合意时，应当考察借条、欠条、转账凭证等外化形式，双方之间的关系、借款用途、借款金额、还款过程等内容，再结合双方当事人的陈述推定该民间借贷合同借款合意的真实性。

争点9：仅提供款项交付凭证未提供借贷合意凭证时，如何认定借贷关系的成立

《民间借贷司法解释》第15条规定："原告仅依据借据、收据、欠条等债权凭证提起民间借贷诉讼，被告抗辩已经偿还借款的，被告应当对其主张提供证据证明。被告提供相应证据证明其主张后，原告仍应就借贷关系的存续承担举证责任。被告抗辩借贷行为尚未实际发生并能作出合理说明的，人民法院应当结合借贷金额、款项交付、当事人的经济能力、当地或者当事人之间的交易方式、交易习惯、当事人财产变动情况以及证人证言等事实和因素，综合判断查证借贷事实是否发生。"

资金往来是日常生活中非常常见的情形，在仅提供款项交付凭证的情况下，出借人需要通过提供双方之间借款的磋商过程、借款原因等证据证明双方之间有借款合意，排除双方之间存在其他法律关系。若未能提供证据，出借人应承担举证不力的法律后果。例如，在甲公司与乙公司企业借贷纠纷案[③]中，甲公司诉称乙公司向其借款。乙公司答辩回应，乙公司与甲公司之间没有签订借款合同，也没有事实上的借款关系。法院认为甲公司通过举证仅证

[①] 陈群峰、张衡：《论民间借贷案件中借贷合意的事实审查与举证责任——以〈民间借贷司法解释〉第17条的适用为视角》，载《法律适用》2020年第22期。

[②] 罗书臻：《规范民间借贷 统一裁判标准——杜万华就〈最高人民法院关于审理民间借贷案件适用法律若干问题的规定〉答记者问》，载《人民法院报》2015年8月8日，第1版。

[③] 参见最高人民法院（2015）民四终字第31号民事判决书。

明汇款事实存在，但不能证明甲公司与乙公司之间存在借款合同关系，因而认定双方不存在借贷关系。

争点 10：在借款人为夫妻一方，出借人为夫或妻一方父母，出借人以该债务为夫妻双方共同借款为由主张权利的情况下，如何认定夫妻双方的借贷合意

结合出借人的收入、经济状况、出借能力、子女及其配偶是否有借贷的合理需求、是否存在分居和离婚等将涉财产分割之利益冲突、借条有无日期倒签等情况综合认定。例如，在李某与陈某、吴某民间借贷纠纷案[①]中，判定案涉钱款是否为夫妻共同债务，应考量吴某出具借条时李某是否存在共同借款的合意，而不能仅凭钱款的用途来确定是否为夫妻共同债务。该案的债权人陈某与债务人吴某系母子关系，吴某与李某因感情不睦已分居，吴某虽陈述其因筹备婚事缺乏资金而借款，但账目明细显示其婚前有较多富余资产，且能交付陈某，其现主张上述款项的转账与该案无关。吴某与陈某之间虽存在借条及钱款的交付事实，但不能据此证明陈某与吴某、李某之间存在借款合意。

争点 11：民间借贷资金收取账户与出具借条的主体不一致时，如何确定借贷主体

借款凭证载明此借款进入法人或法人指定的账户生效，公司法定代表人在凭证上签字，如有其他证据证明借款为公司的意思表示，公司应依约履行借款合同的义务。在郝某、甲公司与白某民间借贷纠纷案[②]中，郝某多次通过银行转账的方式向白某支付了共计 1460 万元。郝某起诉主张其向白某和甲公司共出借 1430 万元。另，郝某（甲方）与甲公司（乙方）相继签订 6 份借款数额分别为 120 万元、560 万元、155 万元、145 万元、200 万元、250 万元

---

① 参见上海市第二中级人民法院（2018）沪 02 民终 11683 号民事判决书。
② 参见海南省高级人民法院（2017）琼民终 264 号民事判决书。

的《抵押借款合同》，约定："乙方因资金周转困难，需增补流动资金，用公司相应资产作为抵押，向甲方借款×万元，借期为×个月，每月付利息×元整，于当月付清。"郝某和甲公司及其法定代表人白某、经办人郭某分别在合同上签字盖章。甲公司同日向郝某出具了的 6 份《借款凭证》，载明："今借到郝某人民币×元，借款用于公司房地产开发，借款期限为×个月，借款利息为月息 3%，借款人每月付给出借人利息×元。此借款进入法人或法人指定的账户生效。"上述 6 份《抵押借款合同》约定的借款金额为 1430 万元，6 份《借款凭证》记载的借款金额为 1385 万元。后甲公司通过法定代表人白某及其公司员工郭某的银行账户共向郝某支付了 231.4 万元。在诉讼过程中，郝某出具一份《收条》，内容为"今收到甲公司（白某）本金 50 万元"。在甲公司向郝某借款期间，白某任甲公司的法定代表人。法院认为，在甲公司出具的《借款凭证》中，载明了"此借款进入法人或法人指定的账户生效"，甲公司在凭证落款的借款单位处加盖了公司公章，白某则以该公司法定代表人的身份在凭证上签字。白某虽以甲公司法定代表人的身份代表甲公司与郝某签订合同、接收借款，但甲公司才是本案借款合同关系的权利义务主体，甲公司作为拥有独立法人资格和财产的法人组织，应依约履行本案借款合同的义务。《借款凭证》是甲公司单方出具的格式文书，由甲公司填写，具有借据的性质，且具备借款合同的主要内容。其与对应的每笔借款都有银行转款凭证，并与甲公司和郝某签订的《抵押借款合同》（虽然该合同约定的抵押物不详且未办理抵押登记，担保关系不成立，但其真实性无人质疑）相互印证，足以证明甲公司向郝某借款 1460 万元的民间借贷关系成立。甲公司作为该法律关系中的借款人，应当对出借人郝某承担偿还借款本息的责任。

（二）款项交付事实的争点与认定

对于民间借贷案件中的款项支付，在借款人提出合理抗辩后，除对债权凭证进行审查外，人民法院还应结合借款金额、款项交付、当地或当事人之间的交易方式、交易习惯等事实和因素，综合判断和查证借贷事实是否发生。在审理具体案件时，可以从出借人所述的以现金方式给付的理由是否与实际情况相符、是否符合正常的借款交易习惯、出借人是否向借款人主张过权利等方面，对出借人主张的现金交付事实进行分析和认定，以确定原告、被告间是否存在真实的债权债务关系。

争点 12：只有银行转账时，如何认定民间借贷关系

《民间借贷司法解释》第 16 条规定："原告仅依据金融机构的转账凭证提起民间借贷诉讼，被告抗辩转账系偿还双方之前借款或者其他债务的，被告应当对其主张提供证据证明。被告提供相应证据证明其主张后，原告仍应就借贷关系的成立承担举证责任。"审查银行支出或者转账背后的事实有助于审查民间借贷关系真实性。在丁某某诉李某某民间借贷纠纷案[①]中，丁某某（甲方）与李某某（乙方）签订《借款合同》，约定："乙方因经营需要，自2013年1月1日起陆续向甲方借款，借款本金（甲方通过叶某向乙方支付）为人民币2100万元。截至本合同签订之日，利息为500万元，本息合计2600万元全部转化为借款。借款利率按照月利率1.50%执行，乙方保证每月月底前支付利息，利随本清。如乙方逾期还款，从逾期还款之日起，乙方自愿每日按借款金额的千分之三向甲方计付赔偿金……本协议经各方当事人签字后即生效。"2013年3月29日至2016年5月31日，叶某通过其银行账户向李某某的银行账户转款共计8 571 410.40元。2013年12月19日至2015年7月27日，叶某受李某某的委托，分别向14名案外人转款共计2 142 598.20元。李某某认可叶某受其委托向案外人赵某转款50万元。2015年3月12日，叶某通过其银行账户代李某某向某金融小额贷款股份有限公司偿还贷款利息61.60万元。截至2016年9月8日，李某某通过其银行账户支付叶某款项共计5 210 759元。2016年9月8日后，李某某通过其银行账户支付叶某款项共计196.40万元。法院认为：第一，尽管涉案款项均系叶某与李某某之间的往来资金，但丁某某系叶某的母亲，且叶某已经亲自出庭并陈述认可涉案借款实际由丁某某所出借。第二，丁某某与李某某于2016年9月8日签订《借款合同》，约定李某某向丁某某借款，也明确了丁某某系通过叶某向李某某实际支付借款。李某某作为完全民事行为能力人，其在该合同上签字，表明其已知晓涉案借款的实际出借人系丁某某，并已认可丁某某的实际出借人身份。第三，根据本案查明的事实，叶某受丁某某的委托多次向李某某实际支付借款。李某某作为具有完全民事行为能力的自然人，完全应当知晓该签名的法律性质与风险，亦应当对自己的行为承担责任。且从李某某在公安机

---

① 参见重庆市高级人民法院（2020）渝民终2175号民事判决书。

关的相关陈述以及其与叶某的微信聊天对话内容可以认定，李某某与丁某某之间存在真实的借贷关系。故法院认为，丁某某与李某某存在真实的民间借贷关系。

争点 13：当事人只有借条，称将借条载明的借贷款项以现金形式交付给了借款人，借款人抗辩没有收到借款的情况下如何认定款项交付事实

自然人之间的民间借贷合同属于实践性合同，主张借款事实存在的一方当事人仅凭欠条主张权利，在对方当事人对借款实际发生的事实提出异议，且该事实本身存在合理性怀疑的情况下，法院可以要求主张借款实际发生的一方当事人对欠条的形成、借款的支付方式等事实继续举证。若主张借款事实存在的一方当事人作出的解释不符合常理、观点自相矛盾或提供的证据不能证明事实的存在，则不能认定借贷关系的成立及生效。法院应当根据举证责任的分配，判决驳回原告的诉讼请求。

争点 14：民间借贷是否存在大额现金交易支付的认定

《民事诉讼法解释》第 108 条对本证和反证的举证证明标准作出了区分规定。该条第 1 款规定："对负有举证证明责任的当事人提供的证据，人民法院经审查并结合相关事实，确信待证事实的存在具有高度可能性的，应当认定该事实存在。"第 2 款规定："对一方当事人为反驳负有举证证明责任的当事人所主张事实而提供的证据，人民法院经审查并结合相关事实，认为待证事实真伪不明，应当认定该事实不存在。"据上文所述，借条为认定民间借贷法律关系存在的重要证据，大额现金交易支付还应考虑双方当事人的关系、支付能力、交易习惯、当事人陈述及举证综合认定大额现金交易支付事实存在的高度盖然性。

三、民间借贷债权转让的争点与认定

民间借贷债权转让涉及多方主体，且多方主体之间存在不同的法律关系，

因此除审查认定债权转让协议是否合法有效外，还可以从如下几方面进行考虑。

（一）债权转让通知有效性的争点与认定

结合《民法典》的相关规定及民间借贷实务情况，就民间借贷的债权转让通知是否有效的认定提炼要点。

争点 15：是否通知债务人的认定

《民法典》第 546 条对此进行明确规定："债权人转让债权，未通知债务人的，该转让对债务人不发生效力。债权转让的通知不得撤销，但是经受让人同意的除外。"《民法典合同编通则解释》第 48 条第 2 款规定了受让人可直接以起诉方式进行债权转让通知，该条款其实蕴含了对"受让人在特定条件下作为债权转让通知适格主体"的肯定态度。[①]

争点 16：通知方式的认定

根据《民法典》第 137 条规定，通知的方式可以通过书面、口头或者其他方式进行。在审查过程中应当注意是否有相关证据予以证明，如书面通知的是否有邮寄送达的回执等、口头送达的是否有相关的录音或者证人予以证明、采取微信等通信手段送达的能否证明被通知人已经接收债权转让的通知以及是否存在截图等证据予以证明。

争点 17：通知时间的认定

民间借贷债权转让在合理的时间内通知债务人便于其及时地履行债务。

[①] 贾玉慧：《债权转让规则的具体适用及相关问题研究——以〈民法典合同编通则解释〉第 48—50 条为中心》，载《中国应用法学》2024 年第 1 期。

《民法典合同编通则解释》对该问题进行明确，第 48 条第 2 款作出明确规定："让与人未通知债务人，受让人直接起诉债务人请求履行债务，人民法院经审理确认债权转让事实的，应当认定债权转让自起诉状副本送达时对债务人发生效力。债务人主张因未通知而给其增加的费用或者造成的损失从认定的债权数额中扣除的，人民法院依法予以支持。"

值得注意的是，债权转让协议成立以后，债权转让通知是债权转让生效的条件，而并不是债权转让合同生效的条件。在甲公司与乙公司某办事处债权转让合同纠纷案[①]中，虽然甲公司与乙公司某办事处未能及时向借款人和担保人发出有关标的债权质押的通知函，但是根据乙公司某办事处事后发出的《债权转让及质押通知书》的内容来看，标的债权质押的前提是乙公司某办事处将标的债权转让给甲公司，甲公司以标的债权作为质物向乙公司某办事处提供质押担保。可以看出，甲公司与乙公司某办事处在协议中约定的债权质押的通知义务，与债权转让的通知义务具有同等的法律意义。因此，原审法院认定，向债务人发出债权转让通知并非债权转让协议的生效要件，乙公司某办事处没有及时向债务人和担保人发出债权转让通知并不影响其与甲公司签订的《债权转让协议》的效力，也不能因此认为甲公司未取得本案的债权。

（二）债权转让实质性的争点与认定

争点 18：是否为虚构债权转让的认定

《民法典合同编通则解释》第 49 条规定："债务人接到债权转让通知后，让与人以债权转让合同不成立、无效、被撤销或者确定不发生效力为由请求债务人向其履行的，人民法院不予支持。但是，该债权转让通知被依法撤销的除外。受让人基于债务人对债权真实存在的确认受让债权后，债务人又以该债权不存在为由拒绝向受让人履行的，人民法院不予支持。但是，受让人知道或者应当知道该债权不存在的除外。"该条规定明确以债务人确认债权存在一般情形，在该前提下转让通知被撤销及其他无效情形为例外。主要考虑

[①] 参见最高人民法院（2004）民二终字第 212 号民事判决书。

债务人的确认使受让人对债权的存在产生了合理的信赖，此时权利外观已经形成，受让人的信赖利益应当受到保护。①

四、其他法律关系的识别认定

基础法律关系的界定影响着法律适用。司法实践中，当事人诉至法院，根据具体案情，法院须识别认定当事人的法律关系为民间借贷法律关系或是买卖、合伙、保理等其他债权债务关系。《民间借贷司法解释》第14条第1款规定："原告以借据、收据、欠条等债权凭证为依据提起民间借贷诉讼，被告依据基础法律关系提出抗辩或者反诉，并提供证据证明债权纠纷非民间借贷行为引起的，人民法院应当依据查明的案件事实，按照基础法律关系审理。"

争点19：合伙法律关系与民间借贷法律关系的区分与认定

对于款项为合伙投资还是借款的性质认定是确定双方之间法律关系的前提，实践中常常出现看似合伙关系实则为民间借贷关系或看似民间借贷关系实际为合伙关系的情况。合伙与民间借贷在意思表示与意思表示的外化形式上均是不同的，可以从以下几方面考量：一是考量真实意思表示。当事人在签订合同当时的真实意思是确定合同实质内容的重要因素。二是考量双方之间是否就利息与收益进行明确约定，投资关系的收益是不明确的，而借贷关系的利息是较为明确的。三是考量交易双方是否存在风险与收益共担。投资具备一定风险性，为共同出资、共同经营、共同利益、共担风险。

争点20：买卖合同法律关系与民间借贷法律关系的区分与认定

实践中，当事人之间往往采取先交付货物后支付货款的交易模式。在这

---

① 贾玉慧：《债权转让规则的具体适用及相关问题研究——以〈民法典合同编通则解释〉第48-50条为中心》，载《中国应用法学》2024年第1期。

种情形下，双方通常会通过借条、欠条、结算单等书面凭证来确认债务关系。然而，这类交易容易引发法律关系的混淆，特别是在买卖合同法律关系与民间借贷法律关系的界定上。但两者的真实意思表达不同，可从以下几方面进行判断：一是考虑货物交易的真实性和标的物交付情况，所涉标的物是否实际交付。二是判断交易模式的商业合理性，是否存在正常的对价支付。三是款项支付模式与合同履行的关联性。所涉款项支付后，是否用于确保买卖合同的正常履行，该款项是否用于协议约定的买卖事宜。四是真实意思表达的判断。双方当事人签订合同的真实意思表达，通过审查交易的全过程，包括合同文本、交易记录、通信往来等，来判断当事人的意图是设立买卖合同关系还是民间借贷关系。

需要注意的是，如果双方当事人基于买卖合同法律关系出具了结算单，若双方对此发生争议，且有初步证据证明可能存在不实情况的，不能简单地按照结算内容进行处理，依然需要按照双方实际的买卖合同法律关系进行认定。

争点 21：公司员工在内部《付（转）款申请单》上签字并备注为借款，公司实际收到付款人支付的款项后，公司与付款人之间是否已缔结民间借贷法律关系

甲公司诉王某、乙公司民间借贷纠纷案中，甲公司形成《付（转）款申请单》，载明申请部门为行政部，申请人签字栏有被告王某的签名，备注为借款，金额为 160 万元。后甲公司向乙公司转账 160 万元，甲公司诉请乙公司返还 160 万元。一审法院认为，原告提交的关键证据为《付（转）款申请单》及银行业务回单。该《付（转）款申请单》中载明系原告内部的行政部申请用款，并没有被告乙公司的盖章、法定代表人的签名或者其他获得相应授权的人的签名。被告王某也并非该公司的法定代表人。同时，银行业务回单仅能证明原告与被告乙公司之间存在诸如符合经营范围的经济业务往来，并不必然是借款关系。因此，一审法院判决驳回甲公司的诉讼请求。[①] 甲公司上诉至二审法院，二审法院经审理认为，《付（转）款申请单》系甲公司的内部制

---

① 参见云南省昆明市盘龙区人民法院（2022）云 0103 民初 8585 号民事判决书。

表，且申请部门载明了行政部，不能证明该款项系甲公司与乙公司之间的借款交付，不成立民间借贷法律关系，王某债的加入没有事实基础。据此，二审法院驳回甲公司的上诉，维持原判。①

争点22：保理合同法律关系与民间借贷法律关系的区别及认定

2017年最高人民法院出台的《关于进一步加强金融审判工作的若干意见》第1条规定："对以金融创新为名掩盖金融风险、规避金融监管、进行制度套利的金融违规行为，要以其实际构成的法律关系确定其效力和各方的权利义务。"《民法典》第761条规定："保理合同是应收账款债权人将现有的或者将有的应收账款转让给保理人，保理人提供资金融通、应收账款管理或者催收、应收账款债务人付款担保等服务的合同。"名为保理合同法律关系而实为民间借贷法律关系的情况主要存在以下几种情形。

一是保理合同中的应收账款不真实。甲公司、庞某等与乙公司、丙公司其他合同纠纷案②中，甲公司诉请乙公司清偿保理融资本金及利息。法院认为，2018年的业务部分因乙公司未提交证据证明存在应收账款基础关系，故一审法院认定名为保理实为借贷关系。且因甲公司没有充分证据证明乙公司存在反复向不特定公众发放贷款的行为，乙公司与甲公司的借款关系合法有效，故法院按照民间借贷相关规定处理当事人之间的法律关系。

二是当事人签订的保理合同不符合保理的基本特征。第一种情况是，保理合同中约定还款来源是债权人。某保理公司、乙公司等合同纠纷案③中，某保理公司与乙公司签订了《国内保理业务合同（有追索权公开型）》，某保理公司认为乙公司应按照保理合同向某保理公司履行支付欠付的保理款和违约金的义务。丙公司与某保理公司签订《保证担保合同》，约定为确保某保理公司与乙公司签订的国内保理业务合同履行，在债务人不履行债务时，丙公司愿意按照约定履行债务并承担连带责任。法院认为，某保理公司提供的5份基础交易合同未明确约定乙公司向案外人供应砂浆的实际发生量、结算价格、

---

① 参见云南省昆明市中级人民法院（2023）云01民终1589号民事判决书。
② 参见上海金融法院（2021）沪74民终524号民事判决书。
③ 参见天津市第三中级人民法院（2021）津03民终4185号民事判决书。

结算总价款及价款支付时间等基本要素信息，某保理公司虽然提交了某增值税普通发票予以佐证，但依然不能充分证实上述基本要素信息，故某保理公司受让的应收账款并不明确、特定，某保理公司与乙公司并不构成保理合同法律关系。从合同约定的权利义务来看，案涉合同径行约定乙公司按照前九期每月还款 200 000 元、第十期还清剩余本金 3 200 000 元的还款方式向某保理公司还款，由此说明保理融资期限与应收账款履行与否及履行期限不具有关联性，乙公司实际上依照固定的融资期限向某保理公司还本付息，双方实际构成民间借贷法律关系。某保理公司向丙公司转账支付保理融资款时用途备注为"借款"，进一步佐证双方实际系民间借贷法律关系，按照民间借贷相关规定审理当事人之间的法律关系。第二种情况是，保理合同中约定融资方是债权人。王某等与某保理公司合同纠纷案①中，某保理公司与甲公司签订《商业保理服务合同》，约定乙公司为保理收款方，保理款直接支付给甲公司，并约定由甲公司偿还保理款。某保理公司直接将保理款支付给了债务人甲公司。法院认为，甲公司实际对某保理公司同时负有两项义务，即保理款的偿还义务和应收账款的支付义务。在债权人将应收账款转让给保理商后，保理商为债务人提供了资金融通。换言之，保理商为债务人提供的资金融通并不以应收账款的受让为依据。某保理公司与甲公司签署《商业保理服务合同》，但完全不符合保理合同法律关系的特征，保理合同的内容应为双方虚假的意思表示。根据合同约定的某保理公司提供融资款、甲公司到期还款并支付固定费用等内容，双方合同关系符合借款合同的特征，双方所发生的法律关系应认定为名为保理、实为借贷。

三是保理合同约定的内容不符合债权转让特征。根据《民法典》第 761 条的规定，保理合同的法律性质是以债权转让为核心的综合金融服务合同，保理商开展的融资性业务也应当与应收账款相关联。当事人在签订和履行合同时，未将应收账款转让作为保理业务的核心，甚至保理款项的发放、回收、费用收取等存有刻意排除应收账款的行为，不具备保理法律关系的基本特征。甲公司、乙公司等合同纠纷案②中，甲公司认为其与乙公司之间为借贷关系，应归还乙公司借款 16 313 600 元。法院审理认为，甲公司和乙公司签订《国内商业保理合同》约定，涉案保理业务为间接回款保理，乙公司不负有向案

---

① 参见北京市第三中级人民法院（2021）京 03 民终 2209 号民事判决书。
② 参见山东省高级人民法院（2021）鲁民终 2289 号民事判决书。

外人某上海分公司催收应收账款、处理各项单据等义务。此外，合同没有关于乙公司应对涉案应收账款管理等提供其他服务的约定。故乙公司仅负有向甲公司按时发放保理款的合同义务。根据合同载明的信息，本案所涉应收账款的具体信息仅包括债务人基本情况、甲公司保证应收账款真实等内容，并无应收账款具体额度、基础交易信息、还款形式、应收账款到期日等内容，故该合同中关于融资的数额、还款期间等约定并非基于应收账款，二者不具有关联性。合同还约定，无论何种原因，乙公司在应收账款到期日或宽限日时未足额回收保理首付款即可将涉案债权反转让给甲公司，但该合同中并没有载明应收账款的到期日，乙公司也未提交其他证据证明涉案应收账款存在确定的到期日，故结合乙公司的诉讼请求，该约定中的应收账款到期日实为"应收账款融资额度届满日"，与应收账款的实际到期日并无关联性。另，《国内商业保理合同》附件六载明，甲公司在收到涉案融资款后，即应按照约定向乙公司按月支付本金及利息，甲公司也在融资期内依约偿还了相应债务，故甲公司实际上是依照固定融资期限而非依照应收账款的实际履行情况偿还融资款本息。此外，乙公司在办理涉案保理业务时审核材料有三份，分别为《邮政国际业务代办服务合同》、甲公司出具的应收代办费明细表和乙公司作出的《尽职调查报告》。但是，乙公司并未审核《邮政国际业务代办服务合同》的实际履行情况，也未向某上海分公司确认应收账款的真实性、具体数额、还款日期等内容。且，涉案《尽职调查报告》虽然载明甲公司财务报表中应收账款数额与其主张的应收账款数额差距巨大，但未对产生该差额的单据等具体依据进行审核或收录其他证据佐证应收账款的真实数额，乙公司也没有对其他证据证明其在办理涉案保理业务时对与基础交易关系相关的单据、账目等材料进行审核。因此，乙公司并未履行保理商应有的审查义务。法院认为，根据《民法典》第761条规定，保理合同的法律性质是以债权转让为核心的综合金融服务合同，保理商开展的融资性业务也应当与应收账款相关联，乙公司与甲公司的履约行为不具有保理法律关系的基本特征。本案的真实法律关系为借贷法律关系，据此，法院以借贷法律关系为基础法律关系认定案涉相应的本金数额与利息计算等。

争点 23：委托理财关系与民间借贷法律关系的区别与认定

出借人主张款项为借款，借款人抗辩是委托理财法律关系的，应当提供其与出借人的委托代理手续、理财委托指令等相关证据以证实其主张。在借款人不能举证证明其指示出借人转款系基于其他法律关系的情况下，则根据现有证据认定民间借贷关系成立并判令借款人偿还借款。在马某、孙某等民间借贷纠纷案[①] 中，孙某依据金融机构转账凭证、其与马某的通话录音等证据提起民间借贷诉讼，要求马某偿还其欠款。审理过程中，马某抗辩称其与孙某之间系委托代理关系而非借贷关系，但在原审及申请再审中马某均未能提供委托代理手续、理财委托指令等相关证据以证实其主张，故法院以民间借贷法律关系为基础法律关系审理该案。

第二节　民间借贷合同无效或可撤销的争点与认定

一、民间借贷合同无效的争点与认定

合同无效，指已经成立的合同因严重欠缺生效要件且不能补救，不具有法律约束力的合同。无效合同具有如下特征：一是因违反了法律和行政法规的强制性规定或损害社会公共利益等，法律对其效力持否定性评价；二是无效的合同自始不具有法律效力；三是当事人在订立无效合同后，不得依据合同实际履行，也不承担不履行合同的违约责任。

首先，根据《民法典》中无效民事法律行为的相关规定，如下情形将导致民间借贷合同无效：一是无民事行为能力人订立的合同；二是限制民事行为能力人订立的与其年龄、智力、精神健康状况不相适应的合同，法定代理人拒绝追认的合同；三是以虚假的意思表示订立的合同；四是违反法律、行

---

① 参见最高人民法院（2021）最高法民申 7927 号民事裁定书。

政法规的强制性规定的合同；五是违背公序良俗的合同；六是当事人恶意串通并损害他人合法权益订立的合同。

其次，根据《民间借贷司法解释》第13条的规定，下列情形亦将导致民间借贷合同无效：一是套取金融机构贷款又转贷的；二是以向其他营利法人借贷、向本单位职工集资资金，或者以向公众非法吸收存款等方式取得的资金转贷的；三是未依法取得放贷资格的出借人，以营利为目的向社会不特定对象提供借款的；四是出借人事先知道或者应当知道借款人借款用于违法犯罪活动仍然提供借款的。

民间借贷合同无效的审查应当围绕前述导致合同无效的具体情形进行审查。其中，较为常见的合同无效争点如下：一是借款是否为出借人套取的金融借款；二是借款是否为出借人向其他营利法人借贷、向本单位职工集资、向公众非法吸收等方式获取；三是借款人是否为职业放贷人；四是出借人是否知道或应当知道借款用于违法犯罪活动；五是合同无效的法律后果。

争点 1：借款是否为出借人套取的金融借款的认定

套取金融机构借款转贷，是指出借人将从金融机构取得的资金转借他人，未按照约定的贷款用途使用贷款资金的行为，此行为增加了贷款资金无法收回的风险、增加了融资成本、扰乱了正常金融秩序，故被认定为无效的行为。此处所称的金融机构，指金融监管部门批准设立的有权从事贷款业务的机构，包括银行、融资租赁公司、小额贷款公司、网络金融平台等。套取金融机构贷款又转贷，并不要求出借人具有牟利目的，凡是将从金融机构所贷资金再次转贷给他人的，均属合同无效情形。此外，出借人以牟利为目的，套取金融机构资金高利转贷给他人，违法数额较大的，还可能因涉嫌高利转贷罪被追究刑事责任。

争点 2：借款是否为出借人向其他营利法人借贷、向本单位职工集资、向公众非法吸收等方式获取的认定

民间借贷的资金必须是自有资金，法律禁止吸收或变相吸收他人资金用

于借贷。向其他营利法人借贷、向本单位职工集资、向公众非法吸收存款等方式，基本囊括了除从金融机构贷款取得资金之外的其他方式获取资金的途径，这些行为均将导致借款合同无效。同时，向其他营利法人借贷、向本单位职工集资、向公众非法吸收存款转贷导致合同无效时，亦不要求转贷行为具有牟利性。

争点 3：借款人是否为职业放贷人的认定

职业放贷是指未依法取得放贷资格，以营利为目的，经常性向社会不特定对象发放贷款，此类行为会严重扰乱金融市场秩序。因此，在此种情形下订立的民间借贷合同应当认定为无效。一般情况下，同一出借人在一定期间内多次反复从事有偿民间借贷行为的，可以认定为职业放贷人。

争点 4：出借人是否知道或应当知道借款用于违法犯罪活动的认定

借款用于违法犯罪活动实质上属于以合法形式掩盖非法目的，因其行为侵害了社会公共利益，故应当认定合同无效。借款用于违法犯罪活动导致民间借贷合同无效有一个前提，即出借人"知道或者应当知道借款人借款用于违法犯罪活动"，借款人若据此条款主张借款合同无效，则需要举证证明出借人事先知道或者应当知道款项是用于违法犯罪活动。

争点 5：合同无效的法律后果的认定

民间借贷合同无效，即合同自始归于消灭，当事人基于合同所进行的给付行为就失去了存在的依据，故借款人应当向出借人返还当初约定为借款的实付资金。民间借贷合同无效也将导致作为合同重要内容的利息及利率标准的约定、违约金、滞纳金等违约责任的约定无效，借款人无须再向出借人支付前述款项，如借款人在此前偿还过前述款项的话，其所偿还的款项应认定为对所借款项的返还。民间借贷合同无效并不必然影响资金占用费的计收，资金占用费虽然在实质上也属于利息，但性质上却有别于当事人约定的利息，而属于借款人实际占用资金期间所产生的利息损失。因此，在民间借贷合同无效的情形下，一般应认定借款人向出借人返还以应返还的出借款项为基数，按照贷款市场报价利率计算的借款人自应当返还款项之日起至款项实际返还之日止的资金占用费。为担保借款债权的清偿，当事人之间往往会签订相应的担保合同，此时，民间借贷合同属于主合同，所签订的担保合同属于从合同。在法律没有例外规定的情形下，作为主合同的民间借贷合同无效，那么作为从合同的担保合同也会随之无效。

【案例1】李某与詹某、何某民间借贷纠纷案[①]

李某向法院诉请判令：（1）被告李某偿还原告借款本金200 000元并支付以200 000元为基数按照月利率1.5%计算的自2021年10月20日起至清偿之日止的利息；（2）被告李某向原告支付逾期还款违约金50 000元整；（3）被告何某对被告李某的以上借款本息及违约金承担连带清偿责任。被告詹某、何某未进行答辩。法院经审理查明：李某因经营需要向詹某借款，2018年10月24日，詹某从宁波银行借款30万元后将其中26.4万元转账给李某，李某出具借条，何某作为担保人在借条上签名。2021年10月20日，双方对上述借款结算后，李某再次出具20万元的借条，何某再次作为担保人在借条上签名。后李某偿还部分款项后未再还款。一审法院判决：一、被告李某在本判决生效之日起5日内向原告詹某返还借款164 000元及资金占用费；二、驳回原告詹某的其他诉讼请求。宣判后，詹某提起上诉。二审法院改判：一、撤销一审判决；二、上诉人李某在本判决生效之日起5日内向被上诉人詹某返还借款75 000元及支付资金占用费；三、驳回被上诉人詹某的其他诉讼请求。

【分析】

在民间借贷中，出借人的出借资金必须是自有资金。从金融机构套取资金再转借给他人的行为，不仅增加了融资成本，还会扰乱国家的金融秩序，应当认定此类民间借贷行为无效。应当注意的是，转贷行为并不要求具有营业性、经常性，偶发行为也应当认定为无效。本案中，詹某套取金融机构贷款后转贷给李某，因其行为违反相关法律规定，双方之间的民间借贷合同无

[①] 参见湖南省岳阳市中级人民法院（2023）湘06民终1470号民事判决书。

效，李某应返还借款。因借款合同无效，双方对利息的约定亦无效，但李某仍应支付以尚欠本金为基数，按照全国银行同业拆借中心公布的一年期贷款市场报价利率标准计算的资金占用费。

【规范指引】

《民法典》第 155 条、第 157 条；《民间借贷司法解释》第 13 条。

【案例 2】柴某与贺某民间借贷纠纷案①

柴某向法院诉请判令：（1）判令贺某立即清偿借款 313 067.66 元及逾期利息；（2）判令贺某承担柴某因实现债权所产生的律师费 15 000 元；（3）判令柴某对贺某提供的位于中山市 ×× 镇 ×× 路 ×× 号 ×× 幢 ×× 房的抵押物折价或者拍卖、变卖所得价款范围享有第二顺位的优先受偿权。贺某未发表答辩意见。经法院审理查明：2017 年 3 月 21 日，柴某与贺某签订借款抵押合同，约定贺某向柴某借款 38 万元，月利率为 1.2%。若逾期还款，自违约之日起按日利率 5‰ 计算逾期利息。同时贺某以其自有的房地产为其借款提供抵押担保并办理抵押登记。另查明，柴某于 2017 年以来以民间借贷纠纷为由向一审法院提起的诉讼共计 12 件。一审法院判决：一、贺某于判决发生法律效力之日起 7 日内向柴某偿还借款本金 267 792.66 元及资金占有使用费；二、驳回柴某的其他诉讼请求。宣判后，柴某提起上诉。二审法院判决驳回上诉，维持原判。

【分析】

是否属于以营利为目的向社会不特定对象提供借款，应当结合出借人的出借方式来认定，即当出借人意在牟利而面向社会公开发出借款的要约邀请，任何人只要接受这一要约邀请，出借人均会与其建立借贷关系，而无论借款人与出借人是否相识，均应当被认定为向社会不特定对象提供借款。本案中，柴某从 2017 年以来向包括贺某在内的当事人提起 12 件民间借贷纠纷诉讼案件，这些案件的借款对象为不特定社会公众，收取的利息及违约金较高，且借款合同都是柴某提供的格式化借款合同。由此可见，柴某属于未依法取得放贷资格的出借人，并以营利为目的多次向社会不特定对象提供借款。根据相关法律规定，本案借款合同无效，贺某收取的本金，应当返还。同时，因借款合同无效，导致合同约定的利息亦无效，柴某所主张的利息不应得到支持，但贺某应支付资金占用费。

---

① 参见广东省中山市中级人民法院（2023）粤 20 民终 1688 号民事判决书。

【规范指引】
《民法典》第 155 条、第 157 条；《民间借贷司法解释》第 13 条。

二、民间借贷合同可撤销的争点与认定

可撤销合同，是指在合同订立过程中，由于当事人意思表示不真实，或者因显失公平，法律允许撤销权人行使撤销权使已经生效的合同归于无效的合同。可撤销合同具有如下特征：一是一方订立合同的意思表示不真实或为错误的意思表示；二是合同在被撤销前已经生效，在被撤销后自始无效；三是撤销权人主张撤销合同，须请求人民法院或仲裁机构予以撤销。

根据《民法典》中可撤销民事法律行为的规定，在以下情形中订立的民间借贷合同属于可撤销合同：一是因重大误解而订立的；二是一方以欺诈手段，使对方在违背真实意思的情况下订立的；三是第三人实施欺诈行为使一方在违背真实意思的情况下订立，而对方知道或者应当知道该欺诈行为的；四是一方或者第三人以胁迫手段使对方在违背真实意思的情况下订立的；五是一方利用对方处于危困状态、缺乏判断能力等情形，致使合同成立时显失公平的。

民间借贷合同可撤销的审查，应当围绕前述可撤销民事法律行为的情形进行审查。其中，较为常见的合同可撤销的争点有三类。（1）当事人订立合同时的意思表示是否真实：①是否基于重大误解作出意思表示；②是否基于相对方欺诈而作出意思表示；③第三人实施欺诈行为时，被欺诈人的相对方是否知道或应当知道欺诈行为；④是否基于胁迫而作出意思表示。（2）合同成立时是否显失公平。（3）撤销权的行使时间是否超过法律规定的期限。（4）合同被撤销的法律后果。

争点 6：当事人订立合同时意思表示是否真实的认定

第一，是否基于重大误解作出意思表示。构成重大误解应当具备如下要件：一是行为人有不符合事实的认识错误；二是该认识错误导致行为人作出的意思表示与其真实意思表示不一致；三是产生误解并非行为人故意；四是错误须是重大误解。对于表意人是否构成重大误解，应由表意人自行承担举

证责任。

第二，是否基于相对方欺诈而作出意思表示。欺诈必须满足如下条件：一是欺诈人必须有欺诈的故意，且作出欺诈的行为，如虚构事实或隐瞒真相；二是被欺诈人因欺诈行为陷入错误判断，并基于错误判断作出意思表示。对于欺诈事实的举证责任，由主张欺诈的一方承担举证责任；对于消极欺诈，则由主张存在消极欺诈事实的一方对对方负有告知义务及明知真实情况进行初步举证，再由否认该事实存在的相对方对其已经履行了相关的告知义务进行举证。

第三，第三人实施欺诈行为时，被欺诈人的相对方是否知道或应当知道欺诈行为。在第三人实施欺诈行为时，仅在被欺诈人的相对人知道或者应当知道第三人的欺诈行为时，受欺诈方才有权请求撤销合同。应当注意的是，由第三人实施欺诈行为的，并不要求第三人就此获得利益。

第四，是否基于胁迫而作出意思表示。胁迫应当具备如下构成要件：一是一方或者第三人具有胁迫行为；二是受胁迫人基于胁迫产生恐惧心理而作出意思表示；三是胁迫人主观上要具有胁迫的故意；四是胁迫需具有不法性，包括手段的不法性和目的的不法性。对于胁迫事实的举证责任，由主张存在胁迫事实的一方承担举证责任。

争点 7：合同成立时是否显失公平的认定

显失公平应当满足如下条件：一是一方利用对方处于危困状态、缺乏判断力等情形；二是合同成立时双方当事人的权利义务明显失衡、显著不相称。对于合同显失公平的举证责任，由主张合同显失公平的当事人承担举证责任。

争点 8：撤销权的行使是否超过法律规定的期限的认定

当事人应自知道或者应当知道撤销事由之日起 1 年内行使撤销权；重大误解的当事人应自知道或者应当知道撤销事由之日起 90 日内行使撤销权；当事人受胁迫，应自胁迫行为终止之日起 1 年内行使撤销权。当事人如未在前述规定期限内行使撤销权，则撤销权消灭。此外，当事人知道撤销事由后明确表示或者以自己的行为表明放弃撤销权的，以及当事人自民事法律行为发生之日起 5 年内没有行使撤销权的，撤销权亦消灭。

争点 9：合同被撤销的法律后果的认定

民间借贷合同被撤销自始不具有法律效力，故借款人应当向出借人返还当初约定为借款的实付资金。此外，一般应认定借款人向出借人返还以应返还的出借款项为基数，按照贷款市场报价利率计算的借款人自应当返还款项之日起至款项实际返还之日止的资金占用费。

【案例】孙某甲、宫某、孙某乙与潍坊某有限公司、李某甲、李某乙民间借贷纠纷案[①]

孙某甲、宫某（孙某甲之妻）、孙某乙（孙某甲之子）向法院诉请：（1）撤销宫某、孙某乙与潍坊某有限公司（担保人为李某甲、李某乙）的《债权债务处理协议书》；（2）潍坊某有限公司、李某甲、李某乙承担所有诉讼费用。被告潍坊某有限公司、李某甲、李某乙抗辩称涉案债权债务处理协议已经全部履行完毕，请求依法驳回原告的诉讼请求。法院经审理查明：2014 年，潍坊某有限公司、李某丙向孙某甲借款 834 500 元并由田某提供担保，该借款最终经法院审理，判决潍坊某有限公司偿还孙某甲借款本金 834 500 元及利息，并由田某承担连带责任。2012 年，李某丙、潍坊某有限公司曾向孙某甲借款 300 万元，后孙某甲就该笔借款向法院起诉，法院认为孙某甲因刑事案件被羁押，无法核实起诉状和授权委托书中孙某甲签名的真实性，不能证明起诉是孙某甲的真实意思表示，故裁定驳回起诉。后孙某甲提起上诉，二审期间孙某甲之妻宫某向法院提交由孙某甲本人签名的授权委托书，由宫某作为该案中孙某甲的委托诉讼代理人。二审期间，潍坊某有限公司的代理人李某甲与孙某乙、宫某、李某乙订立《债权债务处理协议书》，约定潍坊某有限公司与孙某甲之间两笔借款的本金、利息及相关案件诉讼费用共计 830 万元，协议签订后，宫某向二审法院递交撤诉申请，申请载明因双方达成和解协议，故申请撤回上诉。在该案件的起诉、上诉及《债权债务处理协议书》

---

① 参见山东省昌邑市人民法院（2021）鲁 0786 民初 3578 号民事判决书。

订立期间，孙某甲一直因刑事案件被羁押于看守所。法院判决：撤销原告宫某、孙某乙与潍坊某有限公司、李某甲、李某乙于 2020 年 10 月 21 日订立的《债权债务处理协议书》。宣判后，各方当事人均未提起上诉，判决已生效。

【分析】

显失公平的合同，是指一方当事人利用优势地位或对方没有经验、缺乏判断力致使双方权利义务明确违反公平原则而订立的合同。在客观方面表现为双方当事人的利益显著失衡；在主观方面表现为一方利用受损害方处于危困状态、缺乏判断能力等。此情形下订立的民间借贷合同属于可撤销的合同，受损害方有权请求人民法院或仲裁机构撤销该合同。

本案中，宫某、孙某乙与潍坊某有限公司、李某甲、李某乙订立《债权债务处理协议书》时，潍坊某有限公司故意不让孙某甲知晓协议事项，利用孙某甲在押、家庭处于困境而其他家庭成员缺乏判断能力之机，订立使双方利益严重失衡的债权债务处理协议，明显显失公平，孙某甲作为受损害方在法定期限内要求撤销该协议符合法律规定。

【规范指引】

《民法典》第 151 条、第 152 条、第 155 条。

第三节 民间借贷合同履行的争点与认定

一、借款金额的争点与认定

（一）本金的争点与认定

《民间借贷司法解释》第 26 条规定："借据、收据、欠条等债权凭证载明的借款金额，一般认定为本金。预先在本金中扣除利息的，人民法院应当将实际出借的金额认定为本金。"在民间借贷案件审理过程中，借据、收据、欠条等债权凭证中本金的认定，是案件审理的基础性案件事实，对于本金数额的争议一直是审判实践的难点之一，比如经常出现是否现金支付、是否提前扣除利息、债权凭证记载金额与实际本金数额不一致等问题与争议，故在本金的认定过程中，法院应注意加大对借贷事实和证据的审查力度，综合全案情况作出判定。

争点1：债权凭证上载明的借款金额如何认定

自然人之间的民间借贷合同属于实践性合同，只有在出借人向借款人实际交付借款，且双方当事人对于其他生效条件没有约定之时，合同才成立并生效。其中，借据、收据、欠条等债权凭证是认定本金数额的初步证据，但有证据证明结算前存在偿还本金情形的，本金应当按照实际出借、偿还的金额认定，债权凭证并不是证明借贷事实的唯一证据。

借据，是指由借款人书写并签字盖章的凭证，表明借款人向出借人借款，内容一般记载借款人、出借人、借款金额、借款时间、借期、利息等信息，载明了双方当事人的借款合意，是民间借贷纠纷案件中确认借款人还款义务的重要证据。但因借据的形式多样，需要依据借据载明的具体内容来判断其证明力。收据包括收条，一般指当一方收到款项或物品后向对方出具的书面凭证。收条更强调款项的实际交付，有时收据上并不载明交付款项的性质、利率等，故不能当然地证明交接双方的借贷关系。对于收据，应当结合其他证据对款项性质、款项支付基于的法律关系、利率等进行进一步的综合认定。欠条是债务人向债权人出具的，用以表明尚欠款项金额、还款期限等内容的凭证。欠条上有时所载尚欠金额可能并不区分本金和利息，且其内容可能并非仅由借款关系形成，还可能是基于买卖合同、建设工程合同等其他基础法律关系形成的债权债务。

争点2：利息预先在本金中扣除问题的处理

利息预先在本金中扣除，是指出借人在向借款人交付借款时，就把双方约定的利息预先在本金中扣除的做法，俗称"砍头息"，是我国法律明确禁止的行为。比如，双方约定借款100万元，还款期限是1年，那么借款人只有在真正占有和使用该 100 万元资金 1 年的基础上，才有义务支付 1 年期的利息。如果出借人预先扣除利息，那么相当于借款人没有实际享有所扣除资金可能创造的经济价值，且可能造成借用资金的实际利率比双方约定的利率更高的情况，这对于借款人来说是不公平的。

实践中，还有一种"虚记本金"的做法，即假设出借人实际只借给借款人 8 万元，但是为了变相提高利率、收取利息，其要求借款人对借贷本金进行多记，据此出具了 10 万元的借条。此时若出借人作为原告起诉借款人还款，被告对实际收取的本金数额进行抗辩，则法院不能仅凭借债权凭证就认定借贷金额，而应当结合借贷金额、款项交付、当事人的经济能力、交易方式、交易习惯、当事人的财产变动情况、证人证言等证据，综合判断和查证借贷事实是否发生、实际交付款项是多少。

故预先在本金中扣除利息的做法，有帮助出借人隐蔽地收取利息、变相提高利率或规避法律规定的上限之嫌，甚至有可能涉嫌高利放贷、"套路贷"等违法行为，对此《民间借贷司法解释》第 26 条和《民法典》第 670 条的规定一致，均采取禁止的态度。

争点 3：预先在本金中扣除利息及其他费用的，本金如何认定

出借人预先在借款本金中扣除利息的，民间借贷合同并不导致整体无效，而是应按照实际使用的款项金额来确定借款本金，并以此计算利息。认定借贷本金原则上以债权凭证上记载的金额为准，若出借人主张以借据、收据、欠条等债权凭证载明的金额为实际出借金额，但借款人抗辩称存在提前扣除利息情形的，且其所提交的证据足以使法院对所载金额是否全部支付产生怀疑的，人民法院应结合借贷金额、交易方式、交易习惯、出借人的经济能力、借款人有无归还过本金等事实和因素，综合判断债权凭证载明的金额是否为实际本金。若对实际出借金额产生了合理怀疑，则可以在初步举证的基础上要求出借人进一步举证以排除合理怀疑，如利用汇款凭证、银行转账记录等债权凭证证明其对于借据所载本金数额已实际交付。

若出借人主张为现金交付的，则应结合交付金额、交付时间、交付地点、出借人自身的经济状况、出借人与借款人之间的关系、交易习惯及相关证人证言细节等证据综合判断当事人的主张能否成立。借款人主张利息已经提前

扣除的，应对该事实承担举证责任。若出借人未举证证明其已实际全部交付款项，其自述部分款项以现金方式交付但无其他证据予以印证，且同时借款人抗辩利息已提前扣除的，人民法院应该要求出借人补强证据以排除合理怀疑，若出借人仍不能证明与债权凭证载明数额的差额已以现金交付的事实，应对该部分诉讼请求不予支持。①

争点4：前期借款本息结算后又重新出具债权凭证时，本金如何认定

《民间借贷司法解释》第27条第1款规定："借贷双方对前期借款本息结算后将利息计入后期借款本金并重新出具债权凭证，如果前期利率没有超过合同成立时一年期贷款市场报价利率四倍，重新出具的债权凭证载明的金额可认定为后期借款本金。超过部分的利息，不应认定为后期借款本金。"

审判实践中，法官经常遇到这样的案例：借款人在前期借款到期后未偿还本息，经双方协商，将前期借款本息之和作为后期借款的本金，再重新出具债权凭证，其实是将整个借款期间分成了两个或多个阶段，此时借款本金数额应当如何认定？《民间借贷司法解释》第27条尊重了当事人的意思自治原则，认为新的债权凭证是双方当事人自愿重新达成的，并且已经查明新的债权凭证上所载金额确由前期借款本息结算而来，一般对新债权凭证的出具予以认可。但是同时其中又包含了计算复利的问题。故此时，应当首先审查前期借贷合同或者债权凭证约定的利率是否超过民间借贷规定的最高利率标准，即利率是否超过合同成立时一年期贷款市场报价利率四倍。如果不超过，则可以将前期借款的本息之和直接作为后期借款合同或者债权凭证的本金；若超过了规定的最高利率标准，则对超出部分不予保护，不能计入后期借款本金予以计算利息。

《民间借贷司法解释》第27条第2款规定："按前款计算，借款人在借款期间届满后应当支付的本息之和，超过以最初借款本金与以最初借款本金为基数、以合同成立时一年期贷款市场报价利率四倍计算的整个借款期间的利

---

① 最高人民法院民事审判第一庭编著：《最高人民法院新民间借贷司法解释理解与适用》，人民法院出版社2021年版，第386页。

息之和的，人民法院不予支持。"该款规定要求对复利的相关数额进行必要限制。这是因为民间借贷利率本应由当事人自由协商，但由于我国民间借贷市场尚不规范，为防止利率畸高，应当对此设置上限，即除了前期利率不能超过合同成立时一年期贷款市场报价利率四倍，还应当"以最初借款本金与以最初借款本金为基数、以合同成立时一年期贷款市场报价利率四倍"来计算整个借款期间的利息之和是否超出最高上限标准，不超出的才能最终予以认定，以同时保护出借人与借款人的利益。

例如，前期本金为100万元，约定利率15%，合同成立时一年期贷款市场报价利率为16%，借期三年。因双方约定的15%并未超出此时贷款市场报价利率16%，故每次重新出具债权凭证时，前期的利息都可以计入后期的本金，即如果没有中途还款的情形，第二期的本金可以认定为115万元，第三期的本金为132.25万元，此时根据《民间借贷司法解释》第27条第1款的规定，第三期的本息和应为132.25万×（1+0.15）=152.0875万元。若根据该条第2款的规定，包含复利计算的本息之和上限应当为100万元+100×16%×3=148万元，那刚才计算的152.0875万元已经超过了148万元这个最高限制，故对超出部分不予支持。

（二）利息的争点与认定

争点5：未约定利息或约定不明问题的处理

《民间借贷司法解释》第24条规定："借贷双方没有约定利息，出借人主张支付利息的，人民法院不予支持。自然人之间借贷对利息约定不明，出借人主张支付利息的，人民法院不予支持。除自然人之间借贷的外，借贷双方对借贷利息约定不明，出借人主张利息的，人民法院应当结合民间借贷合同的内容，并根据当地或者当事人的交易方式、交易习惯、市场报价利率等因素确定利息。"

该条规定表明对于民间借贷合同，没有约定利息和利息约定不明的适用规则是不同的，《民法典》规定借贷合同要以书面形式签订但自然人另有约定的可以例外。对于自然人以外主体的民间借贷，《民法典》第490条第2款规定："法律、行政法规规定或者当事人约定合同应当采用书面形式订立，当事人未采用书面形式但是一方已经履行主要义务，对方接受时，该合同成立。"如果双方没有签订书面合同但一方履行了约定的主要义务且另一方表示接受的前提下，双方对于利息的口头约定亦受到法律的保护。《民法典》第680条第2款规定："借款合同对支付利息没有约定的，视为没有利息。"即对所有的借款合同，没有约定利息的，不管是自然人主体还是其他主体，都应视作无息。

一是自然人主体之间的民间借贷。传统的民间借贷主体多为自然人，出借人和借款人双方一般具有亲友、同事关系，借款用途多为教育支出、购买房产、大病医疗等突发性支出，借款目的多为传统的互帮互助、方便生产生活。对于自然人主体来说，借款合同原则上是无偿的，除非当事人有特别约定，才应当支付利息。对于自然人之间利息约定不明的情形，由于自然人之间具有互通有无、互相帮助的特性，亦应当视为没有利息合意。

二是自然人之间借贷以外的民间借贷，即借贷一方或双方为非金融机构法人或其他组织的民间借贷。按照《民法典》和《民间借贷司法解释》的规定，非自然人之间的民间借贷应当同自然人之间的借贷处理方式一样，若在借贷合同中双方没有约定利息，则出借人主张借期内利息的，应不予支持。这是因为与自然人相比，非金融机构法人、非法人组织从事民商事行为能力、风险防范能力和对于市场预期判断能力普遍较高，往往会在借贷合同中明确约定利息，若没有约定利息，就应视为出借人没有追求利息的本意或者借贷双方没有达成支付利息的合意，对于支付借期内利息的主张不予支持。[1]但是对于该种主体利息约定不明的情况，则与自然人借贷的规定不同，这是由于非金融机构法人和非法人组织具有商事主体性质，应当推定其具有专业的商业判断能力、当然的注意义务和对等的交易能力，对此应更侧重强调意思自治、风险自担，以促进资本的高效流转，故如果其之间约定不明，不能直接认定为不需要支付利息。

首先，应当结合合同内容认定利息约定，对双方约定不明的事项进行补充协议，若无法通过补充协议明确利息约定，则要结合合同其他条款通过整体解释补充来探寻当事人对于利息和利率的真实本意。其次，可以按照合同

---

[1] 最高人民法院民事审判第一庭编著：《最高人民法院新民间借贷司法解释理解与适用》，人民法院出版社2021年版，第356页。

履行地或者借贷行为地的某一行业领域中民间借贷当事人双方主观应知或明知且惯常的做法来判断是否有利息约定，以不违反法律法规的强制性效力性规定作为前提，并且必须满足民间借贷合同签订时该交易惯例或做法仍被借贷双方所认可；如果以上途径仍不能确定利息，则可按照民间借贷合同订立时合同履行地的市场报价利率确定利息。

因此，在民间借贷纠纷中，若当事人之间未约定利息或者约定不明时，可以对出借人的主张分层次进行审查处理。①

第一个层次：民间借贷合同未约定利息，依法视为没有利息，出借人主张借期内的利息的，不予支持。借款合同未约定利息的，不区分借款合同主体是自然人还是非自然人，适用同一标准，即视为没有利息。法律依据为《民法典》第 680 条第 2 款规定："借款合同对支付利息没有约定的，视为没有利息。"

第二个层次：约定了利息，但对利率标准约定不明确的，区分合同主体为自然人或非自然人，自然人主体之间的视为没有利息。非自然人主体之间的借款合同利息问题通过两种方式予以确认：一是当事人通过补充协议的方式补全双方约定；二是在无法达成补充协议的情况下，按照当地或者当事人的交易方式、交易习惯、市场利率等方式确定利息。对于需要"按照当地或当事人的交易方式、交易习惯、市场利率"确定利率标准的，若当事人无证据证实双方存在关于利率约定的交易习惯的，一般参照市场利率即 LPR 确定利息。法律依据为《民法典》第 680 条第 3 款规定："借款合同对支付利息约定不明确，当事人不能达成补充协议的，按照当地或者当事人的交易方式、交易习惯、市场利率等因素确定利息；自然人之间借款的，视为没有利息。"

第三个层次：借款合同未约定利息但约定了还款期限，出借人主张借期内的利息的，不予支持；出借人主张逾期利息的，参照逾期时点的 LPR 确定利率标准予以支持。法律依据为《民法典》第 676 条规定："借款人未按照约定的期限返还借款的，应当按照约定或者国家有关规定支付逾期利息。"其中关于"国家有关规定"的法律依据为《民间借贷司法解释》第 28 条第 2 款规定："未约定逾期利率或者约定不明的，人民法院可以区分不同情况处理：（一）既未约定借期内利率，也未约定逾期利率，出借人主张借款人自逾期还

---

① 参见最高人民法院 2024 年 3 月 21 日发布的法答网精选答问（第三批）。

款之日起参照当时一年期贷款市场报价利率标准计算的利息承担逾期还款违约责任的，人民法院应予支持；（二）约定了借期内利率但是未约定逾期利率，出借人主张借款人自逾期还款之日起按照借期内利率支付资金占用期间利息的，人民法院应予支持。"对相应利息进行支持的裁判主文表述建议如下：以×元（未清偿本金）为基数，自×年×月×日（逾期日）至实际清偿日，按照年利率×（逾期时点的LPR值）计算。括号内的内容在认定事实部分查明，不在裁判主文中重复写。

第四个层次：既未约定利息又未约定还款期限的，出借人能够举证还款宽限期具体时间的，其请求还款宽限期之前的利息不予支持，其请求还款宽限期之后的利息参照第三个层次的利息认定方法予以确定；出借人不能举证还款宽限期具体期限的，通常以一审立案之日作为还款款项期届满之日，即相应利息计算方法如下：以未清偿本金为基数，自一审立案受理之日按照立案时点的LPR支持利息。关于"还款宽限期"的法律依据如下：《民法典》第511条规定："当事人就有关合同内容约定不明确，依据前条规定仍不能确定的，适用下列规定……（四）履行期限不明确的，债务人可以随时履行，债权人也可以随时请求履行，但是应当给对方必要的准备时间……"为便于操作，实践中通常以一审立案之日作为还款宽限期届满之日。

争点6：民间借贷利率上限规定的理解与适用

《民间借贷司法解释》第25条规定："出借人请求借款人按照合同约定利率支付利息的，人民法院应予支持，但是双方约定的利率超过合同成立时一年期贷款市场报价利率四倍的除外。前款所称'一年期贷款市场报价利率'，是指中国人民银行授权全国银行间同业拆借中心自2019年8月20日起每月发布的一年期贷款市场报价利率。"

《民法典》第680条第1款规定："禁止高利放贷，借款的利率不得违反国家有关规定。"该条文对借贷利率作出了原则性规定，但现行法律法规尚未对"高利放贷"有明确规定。利率是一定社会经济条件下资金供给和需求的反映，为了激发民间资本活力、解决中小企业融资难且贵等问题，民间借贷的利率保护上限应当高于金融市场的平均利率，但是不宜过分高于实体经济利润率，因为资本逐利的本性会导致各种高利放贷现象的出现，影响实体经济正常有序地展开。随着利率市场化改革的进一步推进、保持司法解释的稳定性、防止监管难度的加大，综合了各国、各领域、各方面的情况以后，规定采用"四倍LPR"标准，既符合当前降低融资成本的需要，又为民间借贷市场预留了营利空间。

争点7：对于计算利息时间效力方面的认定

《民间借贷司法解释》第31条第1款、第2款规定："本规定施行后，人民法院新受理的一审民间借贷纠纷案件，适用本规定。2020年8月20日之后新受理的一审民间借贷案件，借贷合同成立于2020年8月20日之前，当事人请求适用当时的司法解释计算自合同成立到2020年8月19日的利息部分的，人民法院应予支持；对于自2020年8月20日到借款返还之日的利息部分，适用起诉时本规定的利率保护标准计算。"

按照《民间借贷司法解释》的规定，对于一审受理于2020年8月20日之前的民间借贷纠纷案件，以及一审受理于2020年8月20日之后、借贷合同成立于2020年8月20日之前，利率保护上限规则如下：（1）借贷双方约定的利率未超过年利率24%的，出借人可以要求借款人按照约定的利率支付利息；[①]（2）借贷双方约定的利率超过年利率24%但未超过36%的，出借人不可要求借款人按照此标准支付利息，但借款人已经支付的利息亦不得要求出借人返还；借贷双方约定的利率超过年利率36%的，超过部分的利息约定有效，借款人可以请求出借人返还已支付的超过年利率36%的部分。对于自2020年8月20日到借款返还之日的利息部分，适用起诉时《民间借贷司法解释》的利率保护标准计算。对于借款人支付的超过民间借贷利率上限的利息部分，借款人请求返还的，具体返还时间节点的确定，可以在计算借款利息时依据双方约定和法律规定的利息保护上限分段计算借款利息，对超额部分逐笔抵扣借款本金。

---

① 茆荣华主编：《上海法院类案办案要件指南》（第2册），人民法院出版社2020年版，第13页。

争点 8：对逾期利息问题的处理

《民间借贷司法解释》第 28 条规定："借贷双方对逾期利率有约定的，从其约定，但是以不超过合同成立时一年期贷款市场报价利率四倍为限。未约定逾期利率或者约定不明的，人民法院可以区分不同情况处理：（一）既未约定借期内利率，也未约定逾期利率，出借人主张借款人自逾期还款之日起参照当时一年期贷款市场报价利率标准计算的利息承担逾期还款违约责任的，人民法院应予支持；（二）约定了借期内利率但是未约定逾期利率，出借人主张借款人自逾期还款之日起按照借期内利率支付资金占用期间利息的，人民法院应予支持。"

逾期还款是指借款人未按约定的期限返还借款的行为，其基础法律关系为借款合同；逾期的形式既包括借款期间届满后借款人未履行偿还义务，也包括只偿还部分借款的情形；无论是金融贷款还是民间借贷，借款人都应当支付逾期利息。因为借款合同是出借人让渡一定时间的资金使用权而获得利息收入，因此资金的时间价值是合同履行的重要内容，利息是双方对资金使用的约定价格，若借款人未按照合同约定返还借款，应当承担逾期还款的违约责任。

《民法典》第 577 条规定："当事人一方不履行合同义务或者履行合同义务不符合约定的，应当承担继续履行、采取补救措施或者赔偿损失等违约责任。"除此之外，违约责任的承担还有支付违约金或定金的方式。根据法律规定及借款合同的特性，借款合同的违约责任仅可以采用继续履行、赔偿损失、违约金三种形式。逾期利息是借款人未按照约定清偿借款应当承担的不利后果，但对于逾期利息的性质判定实践中一直有着不同观点。原《合同法》第 114 条第 1 款规定："当事人可以约定一方违约时应当根据违约情况向对方支付一定数额的违约金，也可以约定因违约产生的损失赔偿额的计算方法。"这表明，当事人一方违约时，是否适用违约金责任，完全取决于当事人在合同中的约定，如当事人约定了违约金，则守约方可以主张违约金责任，若双方没有明确约定违约金，则逾期利息不属于违约金性质。如果合同中对借款逾期后违约责任的形式进行了约定，无论违约金的金额是否明确，逾期利息都属于违约金。如果当事人之间没有约定或者只约定了损失赔偿的计算方式，则逾期利息的性质为损失赔偿或者继续履行。

实践中，除了逾期利息，双方可能还会针对逾期还款行为约定违约金。《民法典》中规定的违约金性质主要是赔偿性，主要目的是填补损失，而作为惩罚的性质很有限。故如果借贷双方对逾期还款既约定了逾期利率，又约定了违约金，相当于是两种违约金并存。由于《民法典》并未禁止当事人在借款合同中同时约定违约金和逾期利息的情形，所以二者可以同时适用。鉴于《民间借贷司法解释》对借期内利息和逾期利息都规定了上限，在二者同时适用时，总计不能超过上限。且逾期利息的计算基数是借款本金，不能将利息计入本金中计算逾期利息。对于逾期利息期间的计算起始日期，应从借贷期间届满之日的次日开始计算，如果民间借贷合同的还款履行期限并未明确，则应从经过一段时间的合理催告后的次日作为起算点。对于逾期利息计算的截止时间，由于借款人在清偿借款之前其违约状态一直处于持续之中，故应当由借款人承担直到借款全部清偿的违约金或者赔偿损失。

（三）其他费用的争点与认定

争点 9：对于其他费用的认定

《民间借贷司法解释》第 29 条规定："出借人与借款人既约定了逾期利率，又约定了违约金或者其他费用，出借人可以选择主张逾期利息、违约金或者其他费用，也可以一并主张，但是总计超过合同成立时一年期贷款市场报价利率四倍的部分，人民法院不予支持。"本条规定是关于其他费用与约定违约金、逾期利息并存的处理，此处提到了其他费用的概念，与约定违约金、逾期利率属于并列关系，故其与约定违约金、逾期利率应当具有相同的性质，即属于借款人为获得借款而支付的成本或者支出。首先，从该条规定的立法本意来看，该规定的主要目的在于当借贷双方对逾期利率、违约金、其他费用一并约定时平衡保护当事人之间的权益，同时设定利率上限以防止当事人以其他费用变相提高借款利率。其次，从司法实践来看，只有与融资成本紧密相关的费用才属于该司法解释规定的范围，一般主要是指合同中约定的服务费、咨询费、管理费等，属于借款人为获得借款而支付的必要成本，目的是确保出借人出借资金的收益，并受到最高利率上限的限制。但是，并非在借款合同中出现的所有费用都属于上述范围。

争点 10：律师费、诉讼费、鉴定费、财产保全责任险保费如何认定

律师费、财产保全责任险保费等实现债权的费用系由于借款人未按照约定偿还借款而导致，造成债权人产生不必要的费用支出和损失，并且通常以实际发生的数额为限，不属于《民间借贷司法解释》第 29 条规定的其他费用范围。同时，民间借贷中的律师费、诉讼保全责任保险费是当事人在借款合同中明确约定的合同内容，属于当事人的意思自治范围，是对于预防风险、分担损失的预先安排，而且上述费用只有在双方当事人产生争议、起诉至法院时才可能产生，与使用资金必然产生的融资成本不同，并非债权人基于借款合同所能直接获得的金钱收益。[①] 诉讼费是出借人为了保护自己的合法权益而产生的费用，同样不属于借款人为获得借款而必须支出的费用。若当事人不向法院起诉则不会产生诉讼费，该笔费用要根据《诉讼费用交纳办法》进行承担。鉴定费是为查明案件事实所支出的费用。不是必然产生的，其与逾期利率、违约金、服务费、管理费等在性质上不同，不受利率上限范围的控制，亦不应将该费用归入其他费用的范畴。

争点 11：逾期利息、违约金、其他费用并存问题的处理

若出借人与借款人既约定了逾期利率，又约定了违约金或者其他费用，出借人可以从中选择主张逾期利息、违约金或者其他费用，也可以一并主张，但总计不得超过合同成立时一年期贷款市场报价利率的四倍（对于一审受理 2020 年 8 月 20 日之前的民间借贷纠纷案件，以年利率 24% 为保护上限）[②]。依据《民法典》第 585 条规定，违约金的支付数额需要"根据违约情况"而定，可以适当增加或减少，主要具有赔偿性并有限地承认惩罚性，其侧重于担保性质，即起到担保合同履行的作用。而逾期利息侧重于"利息"，是衡量资金成本的问题。由于《民法典》并未禁止借款合同中同时约定逾期利息和违约金，故二者可以同时适用，但应当受到最高利率上限的限制。同时，为防止

---

① 贺小荣主编：《最高人民法院第二巡回法庭法官会议纪要》（第三辑），人民法院出版社 2022 年版，第 262~264 页。

② 茆荣华主编：《上海法院类案办案要件指南》（第 2 册），人民法院出版社 2020 年版，第 13 页。

部分出借人以服务费、管理费等为名变相提高司法保护的借贷利率上限，若出借方一并主张逾期利息、违约金及其他费用的，总计不能超过以借款本金为基数，以合同成立时一年期贷款市场报价利率四倍计算得出的数额，若出借人仅主张其中一项金额，对于超出上限的部分，法院亦不予支持。

二、还款的争点与认定

（一）民间借贷还款期限及金额的争点与认定

争点 12：还款期限如何认定

期限本身就是一种利益。首先，还款期限的早晚决定着借款人可以使用资金的期限长短，这是属于借款人的重要经济利益，出借人原则上无权要求借款人提前偿还借款。其次，借款期限是判断借款人是否构成迟延履行的时间点，如果借款人到期未偿还借款，就要承担逾期还款的责任，支付逾期利息。再次，借款期限对其他法律制度的适用也具有重要的意义。

确定借款期限的顺序：第一，先看借款合同中有无对还款期限的明确约定。有约定的，借款人应按照合同约定的期限返还借款，尊重当事人的意思自治。第二，如果借款合同中对借款期限没有约定或约定不明，应按照《民法典》第 510 条[①]的规定确定还款期限，即双方先自行协商，达成补充协议来确定还款期限，如果无法达成补充协议，就要结合"合同相关条款""交易习惯"来确定还款期限。第三，如果按照上述方式仍不能确定还款期限，根据《民法典》第 675 条[②]的规定，借款人可以随时返还借款，出借人可以催告借款人在合理期限内返还。此时，借款人可以自主决定何时返还借款。出借人若要求借款人返还借款，则必须在合理的期限内催告借款人返还。

---

① 《民法典》第 510 条规定："合同生效后，当事人就质量、价款或者报酬、履行地点等内容没有约定或者约定不明确的，可以协议补充；不能达成补充协议的，按照合同相关条款或者交易习惯确定。"

② 《民法典》第 675 条规定："借款人应当按照约定的期限返还借款。对借款期限没有约定或者约定不明确，依据本法第五百一十条的规定仍不能确定的，借款人可以随时返还；贷款人可以催告借款人在合理期限内返还。"

争点 13：借款人提前还款问题的处理

《民间借贷司法解释》第 30 条规定："借款人可以提前偿还借款，但是当事人另有约定的除外。借款人提前偿还借款并主张按照实际借款期限计算利息的，人民法院应予支持。"

若还款期限可以确定，那么根据借款人的实际需要，可能存在提前还款的情形，若可以随时返还借款，则不属于提前偿还借款的情况，而是意味着返还借款时还款期限也届满。但是如果在合理期限内经催告后，借款人在期限届满前进行还款，也属于提前偿还借款。借款人提前偿还借款是对其还款义务的提前履行。履行期限作为一种利益，一般要考虑履行期限是为谁的利益而设置。《民法典》第 530 条第 1 款规定："债权人可以拒绝债务人提前履行债务，但是提前履行不损害债权人利益的除外。"据此可知，不损害债权人利益时，债务人可以自愿放弃期限利益而提前履行债务，只有极少数的情况下不允许。

对于民间借贷中借款人提前偿还借款的问题，可以区分无息借款和有息借款分别讨论。对于无息借款，借款人只负有偿还借款本金的义务，借款人提前偿还借款于出借人而言有利，规避了债务履行不能的风险，应当被允许。对于有息借款，借款人负有偿还本金和支付利息的义务，金额通常按照借款期限而定，此时借款人提前还款就可能会对出借人的利益造成影响。由于民间借贷合同自身的特殊性，允许借款人提前还款能够兼顾借款人和出借人双方的利益，因此，《民间借贷司法解释》第 30 条规定"借款人可以提前偿还借款"。

争点 14：提前偿还借款的利息及其他费用如何认定

《民法典》第 677 条规定："借款人提前返还借款的，除当事人另有约定外，应当按照实际借款的期间计算利息。"在有息借款合同中，借款人提前还款意味着缩短了借款期限，若出借人接受借款人提前还款的，实际是双方当事人变更了借款合同中的原借款期限，应当按照变更期限后的合同履行。如果出借人不接受提前还款，则应当在借款合同中提前作出明确约定，否则借款人可能会丧失提前还款的动力,增加出借人的风险。

实践中,借款人可能只提前偿还了部分借款,这会对借款合同的计息期限和计息数额产生影响。例如,张某于 2018 年 1 月 1 日从李某处借款 10 万元,约定 2019 年 1 月 1 日还款,利息按中国人民银行同期贷款利率计算。张某于 2018 年 10 月 1 日提前偿还了 3 万元。那么对张某应偿还的利息数额应分两个阶段进行计算:第一阶段为 2018 年 1 月 1 日至 2018 年 10 月 1 日,此阶段应以 10 万元借款为基数计算利息;第二阶段为 2018 年 10 月 2 日至 2019 年 1 月 1 日,由于张某提前偿还了 3 万,故此阶段的借款为 7 万元,应以 7 万元为基数计算此阶段的利息。[①] 若借款人仅提出了提前偿还借款的主张,但是实际上并未支付,原则上仍应根据借款人实际支付借款的时间来计算利息。

《民法典》第 530 条第 2 款规定:"债务人提前履行债务给债权人增加的费用,由债务人负担。"因此,如果借款人提前偿还借款给出借人增加了费用,比如人力成本与管理费用等,应当由借款人承担,但是出借人应举证证明。

争点 15:偿还借款中抵充顺序问题的处理

刘某从张某处借款 1 万元,借期 1 年,约定利息 1000 元。如果刘某提前向张某支付了 3000 元,此 3000 元应当算作归还本金还是利息呢?《民法典》第 561 条规定:"债务人在履行主债务外还应当支付利息和实现债权的有关费用,其给付不足以清偿全部债务的,除当事人另有约定外,应当按照下列顺序履行:(一)实现债权的有关费用;(二)利息;(三)主债务。"涉及债的偿还顺序问题,实际上是清偿抵充问题,还款顺序会对债务人的债务负担产生重要影响,优先抵充利率高的债务会对债务人更有利。所以刘某的 3000 元应当优先抵充利息,剩余部分作为借款本金偿还。

根据此规定,若借款人存在逾期还款并需要支付逾期利息时,应当优先归还约定或者法定需要支付的为实现债权所需要的费用,如果有盈余再充抵到期利息,最后再归还本金。若原告一并主张被告交付逾期利息、违约金或

---

① 最高人民法院民事审判第一庭编著:《最高人民法院新民间借贷司法解释理解与适用》,人民法院出版社 2021 年版,第 433 页。

者其他费用，则折合后总计不能超过合同成立时一年期贷款市场报价利率的四倍，超过的部分不予支持。如果借贷双方未约定逾期利息，借款人还款时也应当优先抵充逾期利息。这是因为，根据《民间借贷司法解释》第28条规定，若借款人到期未按照约定返还借款，应当按照借期内或者自逾期还款之日起当时一年期贷款市场报价利率标准来支付逾期利息，故即使借贷双方未约定逾期利息，也应当按照规定进行支付。抵充按照《民法典》第561条规定的顺序进行即可。

争点16：当事人之间未约定借款期限，出借人后续多次催告还款，诉讼时效从何时起算问题的处理

《最高人民法院关于审理民事案件适用诉讼时效制度若干问题的规定》第4条规定："未约定履行期限的合同，依照民法典第五百一十条、第五百一十一条的规定，可以确定履行期限的，诉讼时效期间从履行期限届满之日起计算；不能确定履行期限的，诉讼时效期间从债权人要求债务人履行义务的宽限期届满之日起计算，但债务人在债权人第一次向其主张权利之时明确表示不履行义务的，诉讼时效期间从债务人明确表示不履行义务之日起计算。"

据此，解决诉讼时效期间的起算问题，首先，还是应根据实体法关于合同解释的原则规定，尽量填补合同中关于履行期限约定的空白。实践中，尽管双方当事人没有在合同中明确约定履行期限，但根据合同中其他相关条款约定的内容，可以确定一方当事人履行其义务的期限的，应当按照相关条款的内容确定履行期限。如果按照相关条款仍不能确定的话，还可以依照特殊的交易习惯确定履行期限。其次，如果按照上述方法均不能确定合同履行期限，依随时履行原则，在权利人第一次向义务人主张权利时，根据义务人是否同意履行义务区分三种情形：其一，义务人同意履行义务。此时，权利人应依法依约给予义务人以履行义务的宽限期。权利人要求履行之日并不起算诉讼时效期间，而是当宽限期届满时，即债权人主张权利之后的一段必要的准备时间届满时，才开始起算诉讼时效。宽限期可由当事人约定，如约定不成，可由法院针对具体案情，按照通常的交易准则、习惯及惯例，进行具体分析、论证后作出公平的确定。其二，义务人明确表明其不履行合同义务或表示无力履行的。此情形下，权利人即应当认识到其权利受到侵害，权利人

无须给予义务人履行义务合理的宽限期,诉讼时效期间从债务人明确表示不履行义务之日或表示无力履行之日起计算。其三,义务人既不表明其同意履行义务也不明确表明其拒绝履行义务。如前所述,在随时履行情形下,义务人在权利人第一次向其主张权利时,主要有两种态度,即履行和不履行义务。因此,对于其故意含混不表态的情形,应根据具体情形进行判断,其是否有同意履行义务的意思表示。在义务人不明确拒绝履行义务的情形下,多可认定为其默示同意履行义务,并请求给予一定的宽限期。但也需要具体情况具体分析。最后,针对债权人的第二次、第三次主张权利的行为,无论债务人作何表示,依法均可以认定诉讼时效期间因中断而重新起算。也即后续的催告属于诉讼时效中断的事由。虽然实践中对债权人诉讼时效的起算采取比较宽容的立场,但仅因债权人多次催告,则从起诉时起算诉讼时效,并无法律依据。比如,第二次催告在第一次催告之后超出了三年以上,已经超出诉讼时效期间,不能因为债权人后续又多次催告而将诉讼时效的起算放宽至起诉时起算。

（二）民间借贷还款证据方面的争点与认定

为正确审理民间借贷纠纷案件,人民法院必须对借贷事实的发生与否、借款本金数额、利息数额及计算方式等多个方面的基本事实作出审查与认定,由于当事人的举证能力差异、案件事实复杂等情况,查明民间借贷事实的难度很大。

《民间借贷司法解释》第15条第1款规定:"原告仅依据借据、收据、欠条等债权凭证提起民间借贷诉讼,被告抗辩已经偿还借款的,被告应当对其主张提供证据证明。被告提供相应证据证明其主张后,原告仍应就借贷关系的存续承担举证责任。"在民间借贷纠纷案件中,借据是证明借贷合意和借贷合同关系实际发生的直接证据,除非借款人有确凿的证据予以推翻。当出借人举证证实自己已将款项交付给借款人,借款人认可借贷关系的,其应当对已经履行了还款义务及还款金额举证证明,此时借款人仍应当对借贷关系的成立承担举证责任。一般情况下,收据、收条可以证实借款人的还款事实,若其主张还款是通过银行、支付宝或微信转账支付的,借款人应当提交借贷双方的转账凭证及记录、银行流水等来证实还款的事实及金额;若是现金交付的,如果出借人提供了借款人提供的收据,可以认定款项已经交付,如果无法提供收据,则可以从现金交付的必要性、资金来源、当事人对交付的自述、经济能力、当地及双方的交易习惯、证人证言等方面进行综合审查，不能仅凭债权凭证就作出事实认定。

实践中有出现过原告要求被告还款，被告要求提供借条，但是原告却错把借条原件交付给被告且不知情的案例，此时被告主张自己有借条原件并且已经分次把借款全部清偿。[1]如果人民法院仅凭"谁主张，谁举证"的原则要求原告提交证据进而要求提交借条原件时，原告很可能会因为借条被被告持有而导致举证不能，最终败诉。故在审理类似案件时，应当要求被告对自己的还款事实进行举证并提供还款证据，以使在案证据达到高度盖然性标准，排除合理怀疑。

在民间借贷纠纷案件的审理过程中，还经常会遇到缺乏必要书证的案件。比如，借款凭证存在书写瑕疵或者表述上存在歧义，甚至是完全没有书面证据的案件。首先，对于这类案件的事实认定，主要依靠法官的社会知识和审判经验，依靠其内心确信对证据进行甄别。其次，可以发挥证据之间相互印证的作用，帮助查明案件事实。再次，在整体审查思路上，可以区分生活性借贷与经营性借贷，采取不同的认定思路和标准。最后，对于前者具有金额小、不以牟利为目的等特点，可以适当放宽证据审查的具体标准；而对于商事主体间的资金拆借，由于金额较大通常会设定担保，且商事主体的法律知识较为丰富、抗风险意识较强，因此应当严格审查相关证据。[2]

（三）不同主体还款效力的争点与认定

争点 17：向出借人配偶还款的效力的认定

【案例】胡某与陈某民间借贷纠纷案[3]

胡某与林某于 2006 年 11 月 13 日结婚，2011 年正月起开始分居，2012 年 6 月 8 日经法院调解离婚。2010 年 3 月 10 日，原告胡某向被告陈某汇款

---

[1] 浙江省温州市瓯海区人民法院（2011）温瓯民初字第 304 号民事判决书。
[2] 最高人民法院民事审判第一庭编著：《最高人民法院新民间借贷司法解释理解与适用》，人民法院出版社 2021 年版，第 259~260 页。
[3] 参见浙江省瑞安市人民法院（2012）温瑞陶商初字第 307 号民事判决书。

115万元，同日，陈某出具100万元的借条给胡某。另查明，案外人林某某结算本息共计140万元于2011年4月17日收到并出具收条。而被告陈某称借款未约定利息，本金100万元陆续通过网银转账和现金清偿，直到2011年4月16日还清，次日林某出具收条。陈某与林某的陈述明显不一致，证据真实性无法确认，且陈某明知林某与胡某夫妻关系不和仍向林某履行还款并让林某出具收条，明显不符合常理，对收条及林某陈述的真实性不予认可。

【分析】

案涉借款虽然在婚姻关系存续期间出借，通常情况下可以认定借款属于共同债权，但本案借款人在明知出借人夫妻处于感情不和、分居状态时，仍向出借人的配偶履行还款并出具收条。为了防止分居夫妻一方与债务人恶意串通来损害另一方的利益，法院在审查事实时不应仅凭收条来认定借款是否归还，还应当结合庭审中查明的其他证据来印证还款事实是否真实存在。除此之外，还应当审查债务人是否善意、是否尽到了审慎注意义务，由于夫妻身份关系特殊，对于不明知夫妻处于分居状态的借款人，还款时无须通知另一方，以保护第三人的交易安全。但是若借款人明知双方分居，就应当注意及时通知另一方。故本案的被告仍应当承担对原告的还款义务。

【规范指引】

《民法典》第674条、第675条、第679条、第680条。

争点18：第三人还款效力的认定

司法实践中，除了由借款人作为债务人向出借人即债权人还款，有时第三人也可以向出借人进行还款，大致涉及债务加入、债务转移、第三人代为清偿等几种情形。

债务的承担有两种类型：一种是《民法典》第552条规定的并存的债务承担，即债务的加入。债务人不脱离合同关系，第三人加入合同关系之中，除另有约定外，债务人的债务不能免除，债权人可以请求第三人在其愿意承担的债务范围内和债务人承担连带债务。在民间借贷案件中，对于债务加入进行还款的方式，需要审查第三人是否有明确愿意加入原债务进行债务承担的意思表示，并且需要债权人知道此事且没有在合理期限内表示拒绝。第二种是《民法典》第551条规定的免责的债务承担，即债务的转移，当债务全部转由第三人承担时，第三人取代债务人承担全部的债务，原债务人脱离合同关系，第三人成为新合同关系的债务人，若只是转移部分债务，剩余的债务依然需要原债务人承担还款责任。

【案例】王某诉李某、林某民间借贷纠纷案

李某因承建工程需要向王某借款625万元并出具借条，约定利率为每月2分息，借款期限为半年。借款期限届满后李某未能按时还款，李某的朋友林某向王某出具一份《还款承诺书》，载明自己愿意按照承诺书中载明的期限还本付息。后李某及林某返还了大部分款项，但是剩余225万元本息未能交付，为此王某起诉至法院要求李某、林某共同返还借款本息。

【分析】

本案中，借条及《还款承诺书》均是当事人的真实意思表示，不违反法律法规的禁止性规定，故对当事人有约束力，李某与王某之间的民间借贷法律关系成立，且案涉债务具有可转移性，林某作为债务加入人有加入债务的行为，故应当与李某共同承担还款责任。

【规范指引】

《民法典》第552条。

关于第三人代为清偿。《民法典》第523条规定："当事人约定由第三人向债权人履行债务，第三人不履行债务或者履行债务不符合约定的，债务人应当向债权人承担违约责任。"该条是关于第三人代为履行的规定。第三人代为履行系第三人以债务履行辅助人的身份代债务人向债权人履行债务，但该第三人并不具体承担债务责任，不具有债务人的身份，其仅负有辅助清偿的义务，若第三人未依约履行债务，债权人只能向债务人主张违约责任。在民间借贷的司法实践中，有时第三人会出具"借条"，看似是债的加入，此时需要结合其他证据审查第三人的本质意愿，即第三人是愿意辅助债务人代为履行，还是表示想与债务人一起加入原债权债务。若未明确表示要共同加入债务、承担还款责任，那么第三人对所还款项仅具有辅助清偿的义务，此时若第三人履行不能，仍应由借款人即借贷关系债务人继续承担债务抑或其他违约责任。

争点 19：非自然人主体还款效力的认定

《民间借贷司法解释》第 22 条规定："法人的法定代表人或者非法人组织的负责人以单位名义与出借人签订民间借贷合同，有证据证明所借款项系法定代表人或者负责人个人使用，出借人请求将法定代表人或者负责人列为共同被告或者第三人的，人民法院应予准许。法人的法定代表人或者非法人组织的负责人以个人名义与出借人订立民间借贷合同，所借款项用于单位生产经营，出借人请求单位与个人共同承担责任的，人民法院应予支持。"

在民间借贷纠纷中，除了自然人主体，还会存在借贷一方或双方为非金融机构法人或其他组织的情形，由于法人的法定代表人以及非法人组织的负责人同时具有自然人和代表人的双重身份，具有该双重身份的人可能会作为自然人与他人签订民间借贷合同，亦可能会代表法人或非法人组织对外签订民间借贷合同。实践中，经常出现法人的法定代表人或者非法人组织的负责人虽以法人或非法人组织的名义借款，但所借款项却用于其个人生活和消费，法人或非法人资产被掏空的情形，同样也存在法人的法定代表人或者非法人组织的负责人以个人名义签订借款合同，但借款却实际用于法人或非法人组织生产经营的情形。[①] 所以区分法定代表人的个人行为和职务行为对于保护公司及股东利益、债权人利益等有重要作用，对于确定借贷还款主体也有重要意义。

依据《民法典》第 61 条第 2 款之规定，法定代表人以法人名义从事的民事活动，其法律后果由法人承受。交易相对人通常只能断定法定代表人以法人身份对外实施的民事行为应归属于法人，而该法定代表人是否正确履行了职责，交易相对人通常无法作出判断。合同具有相对性原理，当法定代表人以单位名义与出借人签订民间借贷合同，并将所借款项用于个人生活消费时，若出借人请求将该单位追加为共同被告或者第三人时，法院应当准许；当法定代表人以个人名义借款，并将所借款项用于单位生产经营时，出借人可以请求单位与该法定代表人共同承担还款责任。在办理涉及非金融机构法人、非法人组织作为单位与法定代表人之间有关民间借贷的纠纷时，要着重审查

---

① 最高人民法院民事审判第一庭编著：《最高人民法院新民间借贷司法解释理解与适用》，人民法院出版社 2021 年版，第 328~333 页。

借款协议上约定的借款人是谁，以及借款的实际用途是否为单位的生产经营、是否为法定代表人个人使用。

实践中，有时法定代表人虽然以单位名义签订借款合同，但出借人知道或者应当知道该法定代表人系借款归其个人使用，或者双方恶意串通损害单位利益，法定代表人是以名义上的职务行为达到个人目的，应当由其法定代表人作为还款主体承担还款责任。有时法定代表人虽然以个人名义借款，但是单位同意作为共同债务人加入还款的，法院应当允许。

第四节　民间借贷合同解除的争点与认定

合同解除是合同法中一项非常重要的制度，是"契约必须严守"原则的例外，民间借贷合同解除规则必须秉承如下基本的理念与宗旨：其一，解除权原则上只能是对守约方的救济。其二，法律规定的合同解除条件或原因必须严格，不能动辄使民间借贷合同面临被解除的危险，进而堵塞我国民间融资渠道。其三，解除权的行使必须按照严格的方式进行，以防解除权的滥用。其四，合同解除的后果必须由法律作出统一而严格的规定，同时给予法官适当的自由裁量的空间。

围绕当事人关于民间借贷合同的解除依据和诉辩主张，可以归纳出常见的借贷合同解除争点和审查要点：第一，在约定解除的情况下，合意解除双方是否已达成合意；约定解除条件是否成就。第二，在法定解除的情况下，发生的不可抗力是否足以导致合同目的不能实现；当事人的预期违约行为是否表明不履行主要债务；延迟履行债务或其他违约行为是否导致合同目的不能实现。法院在审理民间借贷合同解除案件时，可以围绕争点听取当事人意见和辩论，并按法律规范要件全面审查案件。

一、约定解除的争点与认定

争点1：合意解除情况下，双方当事人的解除合意如何认定

民间借贷合意解除的争点是双方当事人的解除合意是否生效。民间借贷合同成立并生效之后，合同未履行或未完全履行之前，当事人通过协商解除合同，使合同效力归于消灭的，为合意解除。合意解除是当事人协商一致的结果，需要意思表示真实，不违反法律、行政法规的强制规定以及不违背公序良俗等。

审查民间借贷合同合意解除的案件时，应注重以下几点。

（1）结合当事人之间的协商沟通方式、表达内容，审查双方当事人解除的意思表述是否真实。

（2）当事人达成一致同意解除原民间借贷合同的合意时，是否就何以解除合同的后果达成一致意见，比如借款双方当事人协商一致约定解除合同时是否返还借款本金。

（3）在合意解除的情况下，是否发生损害赔偿责任等问题需要合同当事人协商处理。如当事人双方在合意解除合同时未就附带产生的赔偿损失等问题作出约定的，不能当然认为当事人放弃赔偿损失的权利。

【案例】周某与李某民间借贷纠纷案[①]

周某诉请法院：（1）判令被告归还原告借款650 000元，并从2014年3月20日起按2%付利息至还款日；（2）判令被告向原告按借款合同约定支付违约金；（3）由被告承担本案的诉讼费、律师费、差旅费。李某辩称：（1）原告起诉金额与实际情况不符；（2）原告与被告实际上是投资关系，原告与被告双方协商一致约定解除《借款合同》，重新签订《投资合同》，此种行为应当认定为合法有效；（3）原告诉讼主体不适格。法院经审理查明：原告周某与被告李某系关系要好的高中同学。2013年，双方签订《借款合同》，约定被告向原告借款650 000元；借款用途为购买广安市某砖厂（以下简称砖厂）；借款期限为12个月，从2013年12月20日起至2014年12月19日止；在合同约定的借款期内，利息为2%/月，每季度支付一次利息；借款方如不

---

① 参见四川省蓬安县人民法院（2015）蓬民初字第2032号民事判决书。

按期归还借款，逾期部分每天加收利息，利息按照利率3‰/天计算。合同签订的当天，原告周某通过中国光大银行向被告李某转账637 000元。被告李某在支付前三个月的利息后未再支付利息，约定的归还期限届满后被告李某未归还本金。2014年6月5日，原告、被告签订《投资合同》（注：原告周某称甲方、被告李某称乙方），合同约定：甲方向乙方提供资金人民币65万元，乙方将其用于购买和经营砖厂。在乙方取得砖厂经营权或所有权之前，视为乙方向甲方借款人民币65万元，月利率为2%，按季度支付。合同还就投资款转入账户、乙方取得砖厂经营权或所有权的期限、乙方未在规定期限内取得砖厂经营权或所有权的后果、乙方在规定期限内取得砖厂经营权或所有权后正常运作或无法正常运作的后果、资金监管、法律责任、投资保证、管辖法院等作出约定。法院同时查明：原告周某未参与该砖厂的经营管理。广安市前锋区工商行政管理局于2015年8月3日核发的营业执照上记载该砖厂为集体所有制，李某为法定代表人。法院判决：一、被告李某在本判决发生法律效力之日起十日内返还原告借款637 000元，并承担从2014年3月20日起至付款之日止按年利率24%计算的利息。二、驳回原告的其他诉讼请求。

【分析】

民间借贷合同成立之后、未履行或未完全履行之前，当事人协商一致，可以解除合同。周某与李某之间的民间借贷合同，系双方当事人真实意思表示，不违反法律、行政法规的强制性规定，为合法有效。双方后续签订的《投资合同》未约定将该笔借款转为投资款，被告不能证实借款637 000元就是《投资合同》约定的投资款，且根据双方的协商经过及提供的证据，不能证明双方已合意解除《借款合同》。同时，原告、被告均未举证证实双方已按《投资合同》实际履行。故原有借款债务应当清偿，被告李某应按借款合同约定的借款期限偿还借款。

【规范指引】

《民法典》第562条第1款。

争点2：如何认定当事人约定的解除条件是否成就

合同解除的实质要件是解除权人享有解除权。约定解除条件是合同约定一方在发生合同解除约定事由时，通过形式解除权解除合同。解除权可以约定由合同任何一方或双方享有。司法实践中，应准确识别争议条款是否属于约定解除权条款。准确识别争议条款是否属于约定解除权，是正确适用合同解除权规定的基础和前提。在审查民间借贷合同约定解除条件的案件中，应注意以下几点。

（1）借款合同关于提前收回借款的约定不属于当事人约定解除权的条款。提前收回借款与解除合同系两个不同的法律概念，借款合同有关提前收回贷款的条款其实可以看作双方当事人对合同终止条件所作的约定。

（2）当事人关于加速到期的约定，不属于合同解除的约定解除条件。民间借贷中的加速到期，指的是因借款人违反借贷合同约定，不履行合同义务，出借人要求借款人提前还本付息的情形。加速到期可以定性为附条件的合同变更，此时民间借贷合同仍然有效，当事人仍须按变更后的合同约定履行相应权利义务。

（3）当事人约定的解除条件是否成就。当事人可以约定一方或者双方解除合同的条件，解除合同的条件成就时，解除权人可以解除合同并应当通知对方。当事人一方主张行使合同约定的解除权，法院经审理认为不符合解除权行使条件，但对方同意解除的，可以认定合同解除。

【案例】区某甲与区某乙、区某丙等民间借贷纠纷案[①]

原告区某甲向法院诉请：（1）判令区某乙、区某丙等偿还欠款本金100万元及利息（从2020年7月起按月利率0.8%的双倍暂计至2020年9月为48 000元）；（2）判令解除双方的《借款合同》，并判令区某乙、区某丙等支付违约金30万元；（3）判令区某乙、区某丙等承担为实现债权而支出的律师费1万元。被告辩称：（1）本案不符合立即偿还本金、解除借款合同的条件；（2）原告主张的2020年7月至2020年9月的利息过高；（3）出借人与借款人既约定逾期利息，又约定违约金和其他费用，总计不能超过按市场报价利率4倍计算的金额。法院经审理查明：2020年1月15日，区某甲作为甲方与作为借款人的乙方区某乙等3人签订《借款合同》，约定乙方因生产生活需要向甲方借款100万元，借款期限为2020年1月15日至2023年1月15日；双方约定按月利率8厘（0.8%），自乙方实际收到甲方借款当日起计算利息；乙方每月25日前支付当月利息给甲方；乙方逾期支付利息的，乙方应按本合

---

① 参见广东省中山市中级人民法院（2021）粤20民终2117号民事判决书。

同约定利率的双倍计付利息给甲方，若乙方拖延支付利息超过 15 日的，甲方有权要求乙方立即归还全部借款本金和利息；若乙方未按合同约定按时偿还借款本金或利息的，甲方有权解除合同，停止发放本合同项下的借款或者提前收回已发放的借款，并且从逾期之日起乙方应每日按借款总额的 30% 向甲方支付违约金；因乙方违约，导致甲方为实现债权而支付的包括但不限于评估费、调查费、诉讼费、保全费、担保费、鉴定费、律师代理费、差旅费等在内的全部费用均由乙方承担。合同还对其他事项作了约定。同日，区某甲通过银行账户转账交付 100 万元，后区某乙等人分 6 次交付了 6 个月利息共计 48 000 元（2020 年 1 月 15 日至 2020 年 7 月 14 日的利息）。之后，区某甲为诉讼向广东某律所支付律师费 1 万元。法院判决：一、解除区某甲与区某乙、区某丙等于 2020 年 1 月 15 日签订的《借款合同》；二、区某乙、区某丙等于一审判决生效之日起七日内向区某甲偿还借款本金 100 万元及利息（以实欠借款本金为基数，从 2020 年 7 月 15 日起至实际清偿之日止按年利率 16.6% 计付）；三、区某乙、区某丙等于一审判决生效之日起七日内向区某甲支付律师费 1 万元；四、驳回区某甲其余诉讼请求。宣判后，区某乙、区某丙等提出上诉，广东省中山市中级人民法院判决驳回上诉，维持原判。

【分析】

合法的借贷关系受法律保护，本案区某甲与区某乙、区某丙等签订的《借款合同》约定每月 25 日前支付当月利息，并约定拖延支付利息超过 15 日的，甲方有权要求解除合同，区某乙、区某丙未按协议约定还款，协议约定的解除条件已成就，原告要求解除合同之诉请，有事实及约定依据，人民法院应予支持。

【规范指引】

《民法典》第 562 条第 2 款。

二、法定解除的争点与认定

争点3：因不可抗力致使不能实现合同目的情况下，如何认定合同目的是因不可抗力无法实现

不可抗力，是指不能预见、不能避免且不能克服的客观情况。作为影响合同履行的不可抗力具体情形，《民法典》没有予以明确规定。一般认为，不可抗力事件主要包括自然灾害、战争、社会异常事件、政府行为等。因不可抗力致使民间借贷合同目的不能实现的而法定解除权的关键在于合同目的能否实现，如不影响合同目的的实现，通常不允许以法定解除权解除民间借贷合同。民间借贷在国家经济和人民生活中不可或缺，民间借贷的合同目的通常为获得利息，但利率不得超过国家规定，且不得以营利为目的。在办理此类案件时应注意以下几点。

（1）判断不可抗力事件对合同履行的影响程度。并非所有的不可抗力事件都会导致合同无法履行，在不可抗力事件暂时性影响合同履行时，可以通过延期履行的方式实现合同目的，此时当事人不能行使法定解除权解除合同。

（2）不可抗力事件与合同目的不能实现是否存在因果关系。发生不可抗力事件但未构成合同履行障碍，即合同目的不能实现同不可抗力事件之间并无因果关系时，当事人不享有解除权解除合同。

争点4：在履行期限届满之前，当事人一方明确表示或者以自己的行为表明不履行主要债务时，如何认定当事人的行为是表明不履行主要债务

合同履行期限届满之前，当事人一方明确表示或者以自己的行为表明不履行主要债务的情况即为预期违约。预期违约行为包括两种情形：一种是明示毁约，指的是履行期限届满之前，当事人一方明确肯定表示其不履行合同义务。例如，民间借贷债务人明确告诉债权人自己将不再归还借款，或表示无能力偿还借款、否认借款等。一种是默示违约，指的是合同履行期限届满

之前，债务人有确切的证据表明，在合同履行期届至时，债务人将不履行或不能履行债务，且债务人拒绝为履行债务提供相应担保的违约形态。如民间借贷债务人对外债务较多，其已不具备还款能力，债务人因未履行生效判决的金钱给付义务而被纳入失信人名单的，或债务人具有转移财产甚至失联行为的情形。审查此类案件时，应注重以下几点。

（1）当事人一方拒绝履行从义务或附随义务不属于法定解除事由。在预期违约的情形中，原则上只有当事人拒绝履行主给付义务时，守约方才享有法定解除权。在违约方拒绝履行从义务或者附随义务时，如果并未实质性影响合同目的，则不属于法定解除事由。

（2）对于默示违约是否构成根本违约，司法实践的具体认定存在一定难度，法院应当以当事人的行为表征并结合其主观心理状态为标准，加之以催告、协商等方式来识别、判断违约方对于不履行合同导致的损害后果有主观上的故意。如果当事人在履行期限届满前故意实施损害合同履行的行为，其拒绝履行合同意图明显，如借款人转移财产致其名下无财产可供偿还借款的，即可认定其构成根本违约，出借人可行使解除权。如果借款人系暂时经营困难，在采取积极行为后仍无法履行合同主要义务，但其主观上并无拒绝履行的故意时，法院不宜直接判定其构成根本违约而认定合同解除。

【案例1】李某与张某、姜某民间借贷纠纷案[①]

原告李某向法院诉请判令：（1）解除原告、被告之间的民间借贷合同；（2）两被告向原告支付借款本金 78 000 元及利息 16 204 元（自 2020 年 3 月 31 日起暂计算至 2021 年 5 月 18 日止），后续利息以 78 000 元为基数按照年利率 15.4% 计算至借款清偿之日止；（3）两被告承担原告支付的律师费用 5000 元；（4）由两被告承担本案的诉讼费用。被告张某、姜某未予答辩。法院经审理查明：被告张某和被告姜某系夫妻，二人经营长沙市某理发店，两被告说服李某投资 68 000 元并就上述内容签订《某理发店合作协议书》，后又说服李某再次出资 40 000 元，出资已用现金交付或银行转账交付方式履行完毕。2020 年 3 月，李某找到张某要求退还出资，被告以经济困难为由，提出将出资款转为借款，合计 78 000 元，李某表示同意。同年 3 月 31 日，张某出具借条，载明："因经营需要，今通过银行转账向李某借

[①] 参见湖南省长沙市望城区人民法院（2021）湘 0112 民初 3998 号民事判决书。

到 78 000 元，月利率为 1%，于 2022 年 3 月 30 日到期还本金，利息一年一付，逾期未还，则按月利率 2% 计付逾期利息；如任何一方违约，守约方为维护权益向违约方追偿的一切费用（包括但不限于律师费、诉讼费、保全费、交通费、差旅费、鉴定费等）均由违约方承担。"原告多次联系两被告，要求其按约定支付利息，张某夫妻不知去向，现案涉理发店也已经停业。同年 5 月 2 日，原告再次联系两被告要求其在同年 5 月 10 日前将所欠本金及利息一次性还本付息，被告张某未回复，被告姜某已经将原告拉入微信黑名单。法院判决：一、解除原告李某与被告张某之间的民间借贷合同；二、限被告张某在本判决生效之日起 10 日内支付原告李某借款本金 78 000 元、律师费 5000 元、利息 10 608 元；三、被告姜某对被告张某在夫妻关系存续期间的 38 000 元借款本金及利息 5168 元承担连带清偿责任；四、驳回原告李某的其他诉讼请求。

【分析】

债务人在民间借贷合同履行期限届满前，故意实施损害合同履行的行为，其拒绝履行合同意图明显的，可以认定构成根本违约而解除合同。本案被告张某应于 2021 年 3 月 31 日前依约向原告支付借款一年所产生的利息，但张某未按期支付利息，且数额较大，构成违约。且原告多次向其催要利息未果，两被告不知去向后将债权人拉入微信黑名单，以自己的行为表明不履行主要债务，符合合同法定解除的条件。当事人一方依法主张解除合同的，应当通知对方。合同自通知到达对方时解除；通知载明债务人在一定期限内不履行债务则合同自动解除，债务人在该期限内未履行债务的，合同自通知载明的期限届满时解除。

【规范指引】

《民法典》第 563 条、第 565 条。

【案例 2】谢某诉陈某民间借贷纠纷案[①]

谢某向法院诉请：（1）被告向原告返还借款本金 65 000 元及利息（自起诉之日起，按全国银行间同业拆借中心贷款市场报价利率，计算至债务实际清偿之日止）；（2）被告向原告支付违约金 5000 元；（3）被告承担本案实现债权的费用，包括诉讼费用和律师费用。被告辩称：其不应该还款。借款是因为其与原告要一起开厂，口头约定用工厂的利润抵扣借款，但是之后工厂

---

① 参见广东省深圳市龙岗区人民法院（2022）粤 0307 民初 6686 号民事判决书。

不开了。借条是其自己签字的,但是上面内容不是其写的。法院经审理查明:原告、被告系朋友关系。因资金周转需要,被告于 2021 年 6 月 29 日向原告出具借条,借条载明被告向原告借款 6.5 万元,约定:"借款期限为五年,借款利息月息零分,签订本借条之日起,视为借款人已收到上述借款。如到期未还清本息需支付 5000 元违约金,出借人为实现债权而产生的所有费用(包括但不限于律师费、诉讼费、保全费、误工费、交通费)等均由借款人承担。"被告在借款人处签字捺印。双方未约定利息,被告借款后未偿还本金、利息。一审法院判决:一、被告陈某应于本判决生效之日起五日内向原告偿还借款本金 6.5 万元。二、被告陈某应于本判决生效之日起五日内向原告支付违约金 5000 元。三、驳回原告谢某其他诉讼请求。

【分析】

依法成立的合同,对双方当事人具有法律约束力,当事人应当按照合同的约定履行自己的义务。在履行期限届满前,当事人一方明确表示或者以自己的行为表明不履行主要债务,当事人可以解除合同。本案中,被告于 2021 年 6 月 29 日出具的借条,约定借款期限为五年,即到 2026 年 6 月 28 日届满,但被告多次表示,并且在庭审时同样明确表示不履行债务,不归还原告借款,故原告请求被告提前归还借款本金 6.5 万元,符合法律规定,法院予以支持。

【规范指引】

《民法典》第 563 条。

争点 5:当事人一方迟延履行债务或者有其他违约行为致使不能实现合同目的情况下,如何认定延迟履行债务或其他违约行为足以导致合同目的不能实现

关于迟延履行产生解除合同权利的情况。当事人无正当理由在合同约定履行期限届满后仍未履行债务的,构成债务的迟延履行。当迟延履行对合同目的产生实质性影响时,法律赋予守约方解除合同的权利。《民法典》关于迟延履行解除合同主要规定了两种情形:一是债务人迟延履行主要债务,经催告后在合理期限内仍未履行的。二是迟延履行导致合同目的不能实现。在运用迟延履行规则认定解除合同时,应注意以下几点:第一,当事人迟延履行

的是合同的主要债务,并且债权人必须在合同履行期限届满后催告债务人。如果在履行期限届满前发现债务人有丧失履约能力的风险进而催告债务人及时履行或者提供担保的,不具有合同解除意义上的催告效力。第二,当事人可以协商确定履行的合理期限,双方未达成合议的,可以根据交易习惯并结合案件的实际情况进行确定。实践中,对于出借人多次催告借款人的,通常认定合理期限已经完成。

关于其他违约行为致使不能实现合同目的产生解除合同权利的情况。法院在认定其他违约行为致使不能实现合同目的而解除合同时,应注意以下几点:第一,判断违约行为对合同履行的影响程度。法院应结合违约行为的持续时间、违约行为的性质、当事人过错程度等因素予以综合考量。若违约持续时间较短,没有造成守约方实际损失,不影响合同目的实现的,属于轻微违约行为,一般不支持解除合同的诉请。第二,判断违约行为对合同目的不能实现是否存在因果关系。对于因果关系的判断,法院一般以相当因果关系说来认定。相当因果关系是由条件关系和相当性两方面构成的。依据条件上的因果关系,有了违约行为才导致合同目的不能实现,若无违约行为则合同目可以实现;反过来说,如果没有违约行为,合同目的仍然无法实现,则二者没有因果关系。至于相当性,即违约行为在通常情况下是否导致合同目的不能实现,在一般情形中,依照当地当时的社会观念,某违约行为能够普遍被认为足以导致合同目的不能实现的,才能判定有因果关系。

【案例】张某某与青海甲公司、青海乙公司、青海丙公司民间借贷纠纷案[①]

张某某向法院诉请判令:(1)解除张某某与青海甲公司、青海丙公司之间的《三方顶账协议》;(2)青海乙公司、青海甲公司、青海丙公司共同偿还张某某借款本金2000万元,并支付自2018年6月14日起以2000万元为基数、按年利率24%计算的至本金实际清偿之日止的利息。(3)本案诉讼费、财产保全费、保全保险费14 400元,由青海乙公司、青海甲公司、青海丙公司负担。法院经审理查明:2016年5月31日,张某某与青海甲公司签订《借款协议》,约定:青海甲公司向张某某借款2000万元,期限为自2016年6月1日至2016年7月15日,月利率为5‰,自借款转存到青海甲公司账户之日起计息,利息到期一次性付清。同时,还约定:青海甲公司自愿将其

[①] 参见青海省高级人民法院(2020)青民终277号民事判决书。

开发的位于西宁市某项目写字楼总面积为4078.82平方米的房产抵押给张某某。如果借款到期青海甲公司未能还款，第一个月不足一个月按一个月支付利息，到期第二个月未还，不足半月按半月支付利息，超过半月不足一个月按一个月支付利息，到期两个月仍未偿还借款，上述抵押的写字楼在3个工作日内网签《商品房预售合同》，所抵押的写字楼产权归张某某所有。当日，双方签订《抵押协议》，约定：青海甲公司于2016年5月31日向张某某借款2000万元，依照《借款协议》约定的期限，双方约定延期至2016年9月30日，计息方式按原协议执行。青海甲公司将其开发的涉案西宁某处写字楼的房产抵押给张某某。如青海甲公司到期未能一次性还本付息，所抵押的写字楼归张某某所有，青海甲公司无条件与张某某签订《商品房预售合同》，张某某享有处置权。该抵押未办理登记。上述协议签订后，张某某向青海甲公司支付借款共计2000万元。青海甲公司向张某某出具收据。2016年9月26日，青海甲公司向张某某出具承诺书，载明："今对张某某借款2000万元协议一事，给双方协商作出如下承诺：一、按照借款协议到期时间为9月30日，再延长一个月，至2016年10月30日归还。二、若到期未能如期归还，则按合同约定办理三层写字楼的过户相关手续，以上内容双方严格执行。"2018年5月31日，青海丙公司向张某某出具收据，收据载明："入账日期为2018年5月31日，收款方式为补换收据，人民币2000万元；收款事由：借款日期为2016年5月31日，原收据为2016年5月31日青海甲公司开具，NO：47×××84。"2018年9月3日，张某某、青海丙公司、青海甲公司签订《三方顶账协议》，载明："一、截至2018年9月30日，青海丙公司应付张某某本金及利息22 024 300元。经三方协商，青海乙公司自愿以位于西宁市某项目房产抵顶青海丙公司所欠全部款项……二、抵账方式：青海甲公司1号楼三层9间房产及12个车位共计金额22 024 300元，冲抵青海丙公司所欠剩余借款及利息。三、本协议签订后，青海丙公司协助张某某和青海甲公司签订购房合同。"《三方顶账协议》中约定的房产已在协议签订前设立在建工程抵押。法院判决解除张某某与青海甲公司、青海丙公司签订的《三方顶账协议》，并判决青海甲公司、青海乙公司、青海丙公司向张某某偿还借款本金和利息。一审宣判后，张某某提出上诉，青海省高级人民法院驳回上诉，维持原判。张某某向最高人民法院申诉再审，最高人民法院驳回张某某再审申请。

【分析】

依法成立的合同，对双方当事人具有法律约束力，当事人应当按照合同的约定履行自己的义务。当事人一方迟延履行债务或者有其他违约行为致使不能实现合同目的，另一方当事人可以要求解除合同。本案中，《三方顶账协议》签订的时间为2018年9月3日，明确约定由青海甲公司开发的房产及停车位以物抵债，协议签订后，由青海丙公司协助青海甲公司与张某某签订购房合同。但是至本案诉讼，《三方顶账协议》仍未实际履行，青海甲公司在本案诉讼过程中亦未与张某某签订《商品房买卖合同》，且协议中约定的不动产已设定在建工程抵押，致使张某某以《三方顶账协议》方式以物抵债的合同目的不能实现，张某某主张解除《三方顶账协议》的诉讼请求符合合同的法定解除条件。

【规范指引】

《民法典》第563条第1款第4项。

第三章　民间借贷纠纷审理中的疑难复杂问题

第一节　民间借贷中民刑交叉的认定及裁判规则

司法实践中刑事案件和民事案件在主体、法律事实等方面可能存在完全或者部分重合，导致案件的刑事、民事部分在程序处理、实体责任承担等方面相互交织、相互影响，即民刑交叉问题。民刑交叉问题主要存在于民间借贷、商业交易、金融服务等民商事领域，尤其是民间借贷这一典型的民事法律关系，如因借款人或出借人涉嫌刑事犯罪或者生效判决认定其有罪，案件的法律事实则产生刑事和民事的交叉。从司法实践来看，民间借贷案件往往与诈骗罪、非法吸收公众存款罪、集资诈骗罪、非法经营罪等刑事案件交织。人民法院曾多次发布涉及民刑交叉问题的司法解释或规范性文件，主要有《经济纠纷司法解释》《民间借贷司法解释》《民商事审判会议纪要》等，均为办理民间借贷民刑交叉案件提供了基本裁判依据。

一、民间借贷民刑交叉案件的审理难点及"同一事实"的认定

问题1："同一事实"标准的理解与运用

民刑交叉并不是一个严谨的法律概念，结合理论界和实务界的观点，民刑交叉案件是指民事案件与刑事案件在法律事实、法律主体等方面存在完全或者部分重合，从而导致案件的刑事、民事部分之间在程序处理、责任承担

等方面相互交叉和渗透。①《经济纠纷司法解释》是目前对民刑交叉案件处理规范得比较全面的规定，首次明确了经济纠纷和经济犯罪嫌疑属于"不同的法律事实""不是同一法律关系"的，应当民刑并行，分开审理；属于"同一法律事实"的应当先刑后民。2014年和2019年《最高人民法院、最高人民检察院、公安机关关于办理非法集资刑事案件适用法律若干问题的意见》在条文表述上将"同一法律事实""同一法律关系"改为"同一事实"，更加强调行为或事实本身。

根据通说，民刑交叉案件的类型大致可分为竞合型和牵连型两种，其区分标准也主要是看民事行为和刑事犯罪行为是否具有同一性。判断某一案件是否为民间借贷民刑交叉的基本思路可以借鉴区分标准，按照案涉事实的同一性程度进行区分认定和处理。《最高人民法院、最高人民检察院、公安机关关于办理非法集资刑事案件适用法律若干问题的意见》《民间借贷司法解释》采取的是"同一事实"的判断标准，从行为主体、相对人以及行为本身三个方面进行认定。②具体来说，从行为主体的角度来看，"同一事实"指的是同一主体实施的行为，不同主体实施的行为不属于同一事实。要特别注意的是，法定代表人、负责人以及其他工作人员等对外以法人名义从事的职务行为，一般应当由法人承担相应的法律后果。如果法定代表人、负责人及其他工作人员构成犯罪，但法人本身不构成犯罪的，鉴于犯罪行为主体与民事行为主体属于不同主体，一般不宜认定为"同一事实"。从法律关系的角度来看，刑事案件的受害人同时也是民事法律关系的相对人的，可以认定为"同一事实"。从要件事实的角度来看，只有民事案件争议的事实，同时也是构成刑事犯罪要件事实的情况下，才属于"同一事实"。

【案例】永登县某社安宁分社与兰州某公司借款合同纠纷案③

兰州某公司（以下简称某公司）与永登县某社安宁分社（以下简称安宁分社）签订《流动资金借款合同》，约定由安宁分社向某公司提供借款，并由某公司的法定代表人张某某以及其实际控制的兰州某金属有限公司、兰州某科技有限公司就上述借款提供担保。后因某公司未能按约偿还借款，故安宁分社提起本案诉讼，主张债务人及担保人承担清偿责任。甘肃省高级人民

---

① 最高人民法院民事审判第一庭编著：《最高人民法院新民间借贷司法解释理解与适用》，人民法院出版社2021年版，第132页。
② 于同志：《重构刑民交叉案件的办理机制》，载《法律适用》2019年第16期。
③ 参见最高人民法院（2021）最高法民终874号民事裁定书。

法院认为张某某涉及的刑事案件部分的事实与某公司民事案件所涉事实为同一事实，故于 2020 年 12 月 21 日作出（2017）甘民初 177 号之一民事裁定：驳回安宁分社的起诉，本案移送公安机关和检察机关。宣判后，安宁分社提出上诉。最高人民法院经审理认为将张某某涉及的刑事案件部分的事实与某公司民事案件所涉事实认定为同一法律事实缺乏相应依据，于 2022 年 3 月 17 日作出（2021）最高法民终 874 号民事裁定：一、撤销甘肃省高级人民法院（2017）甘民初 177 号之一民事裁定；二、本案指令甘肃省高级人民法院审理。

【分析】

裁判理由中提出关于"同一事实"的理解问题，应当从实施主体、法律关系、要件事实三个角度进行认定。根据《民商事审判会议纪要》第 128 条规定，法院应以是否系同一主体实施的行为来判断刑事案件、民事案件应否分别审理。行为人以法人、非法人组织或者他人名义订立合同的行为涉嫌刑事犯罪或者刑事裁判认定其构成犯罪，合同相对人请求该法人、非法人组织或者他人承担民事责任的情形下，同一当事人因不同事实分别发生民商事纠纷和涉嫌刑事犯罪，民商事案件与刑事案件应当分别审理。因此，应根据是否系同一主体实施的行为，来分析和判断是否基于同一事实产生的民事纠纷与涉嫌刑事犯罪。如果不是同一主体实施的行为，一般情况下不宜认定为"同一事实"。

本案中，从甘肃省兰州市中级人民法院正在审理的张某某、王某某刑事案件所涉罪名以及与本案有关的相关涉案情况来看，无证据证明张某某所涉刑事犯罪情况与本案所涉民商事纠纷系基于同一法律事实产生。另外，从本案与刑事案件的当事人主体来看，本案为某公司与安宁分社之间基于金融借贷合同产生的债权债务纠纷，甘肃省兰州市中级人民法院正在审理的刑事案件被告人为张某某、王某某，刑事案件与本案的主体并不相同。因此，如果民商事案件与刑事案件当事人并不同一，即使在法律事实上有一定的牵连关系，由于在不同的当事人之间分别存在民事法律关系和刑事法律关系，民事案件和刑事案件也应当分别受理和审理。

【规范指引】

《民间借贷司法解释》第 1 条、第 12 条。

问题 2：民间借贷民刑交叉案件的审理难点

民间借贷纠纷中出现民刑交叉的现象比较普遍，由于法律上对民刑交叉案件的处理方式仅有原则性规定，实践中因存在理解和认识上的差异，各地法院的处理方式不尽相同。一是程序适用不统一。针对民间借贷民刑交叉问题，我国现行法律法规虽然规定了对于不同类型案件，分别采用"先刑后民""刑民并行""先民后刑"的处理方式，但在具体实践中，"先刑后民"仍为主导方式。二是民刑交叉界限定性难。在审判实践中，对"同一事实""不同事实"如何把握，民间借贷与刑事犯罪牵连或者关联到何种程度，是驳回起诉还是中止审理、继续审理，是否全案移送还是可以部分移送犯罪线索等问题，争议较大，处理方式也是因案各异。三是证据认定标准不一。相较于公安机关的刑事侦查权，民事审判中调查取证权限较低，审理中证据认定标准只要达到高度盖然性即可，而不是刑事证据采信要达到排除合理怀疑、证据确实充分的程度，故民事审理无法精准认定涉嫌犯罪是否达到刑事犯罪的入罪标准，对是否涉嫌犯罪移送公安机关或者检察机关的处理也不尽相同。

二、民间借贷行为本身涉嫌刑事犯罪的处理

案件移送是典型的"先刑后民"的处理方式，除了上述提到的法院发现后主动移送，还有一种情形是公安机关或检察机关发现后要求法院移送，法院依职权将案件移送有管辖权的公安机关或者检察机关进行处理，合并到已经开始启动的刑事诉讼当中。在此情形下，公安机关或者检察机关首先要判断已经开始的民事纠纷是否涉嫌犯罪，其证明标准可与相对应的刑事诉讼程序所采取的标准相同，审理民事纠纷的法院根据公安机关或者检察机关提供的证据材料决定是否进行移送，则涉及实体判断问题。一般而言，公安机关或者检察机关采用的证明标准要高于民事诉讼，法院从形式上判断符合要求后应进行移送。当然，如果是属于《经济纠纷司法解释》第 10 条规定的民事诉讼与刑事案件只存在牵连的情况下，法院可不予以移送案件，而应当将犯罪嫌疑线索、材料移送有关公安机关或检察机关查处，经济纠纷案件继续审理。同时，"先刑后民"应区别情形适用，不应绝对化和扩大化。"先刑后民"并非审理民刑交叉案件的基本原则，而只是审理民刑交叉案件的一种方式。

在"先刑后民"情形下，还应注意解决因刑事案件久拖不决，导致民商事纠纷案件当事人的合法权益无法及时得到保护的问题。

【案例】阮某某与元江某某公司民间借贷纠纷案[1]

原告阮某某诉称：2020年4月9日，原告与被告元江某某公司签订《职工借款协议（三年期）》，协议约定原告（甲方）将本金300 000元人民币出借给被告（乙方），年利率为11%，借款期限为3年，借款到期时被告一次性偿还借款本金及利息。协议签订当天，原告将该笔借款以现金的方式交付给被告，被告出具了《收款专用收据》。借款到期后，经原告方多次催要，被告均未归还借款本息。被告向法院提交了元江县人民政府金融办公室、元江县财政局向其下发的《暂停集资行为通知书》《元江县人民政府金融办公室关于要求提供相关资料的函》《行政约谈记录表》等材料，上述材料载明元江县防范和处置非法集资工作领导小组针对元江某某公司的社会集资人问题已成立调查工作组。2023年2月7日，正式对元江某某公司涉嫌非法集资及非法吸收公众存款案件进行立案调查。云南省昆明市官渡区人民法院经审理认为，本案的民间借贷行为涉嫌刑事犯罪，故对原告阮某某的起诉，依法应当予以驳回。原告阮某某不服提起上诉。二审法院认为，因有关部门正在对案件所涉集资情况进行处置，阮某某的起诉暂不符合起诉条件，一审法院裁定驳回起诉并无不当，本案予以维持，故驳回上诉，维持原裁定。

【分析】

本案属于"竞合型"民刑交叉案件，即因同一事实、相同当事人同时涉及刑事、民事责任，一般遵循"先刑后民"的处理原则。民事立案后，法院发现民间借贷行为本身涉嫌非法集资等犯罪，因不属于民事案件的受理范围，故民事案件裁定不予受理或者驳回起诉，将涉嫌非法集资等犯罪的线索、材料移送公安机关或者检察机关。在此种情形下，法院依职权判断案件的性质后决定是否移送，法院在审理中适用的是民事证明标准。公安机关或者检察机关不予立案，或者立案侦查后撤销案件，或者检察机关作出不起诉决定，或者经法院生效判决认定不构成非法集资等犯罪，当事人又以同一事实向法院提起诉讼的，法院应予受理，不适用一事不再理原则。已进入审理阶段的民间借贷纠纷案件，若发现有涉众型经济犯罪线索的，法院应当及时将犯罪

---

[1] 参见云南省昆明市中级人民法院（2024）云01民终1210号民事判决书。

线索和有关材料移送侦查机关，在侦查机关作出立案决定之前，应当裁定中止审理；作出立案决定后，应当裁定驳回起诉。但在刑事案件中未对民事责任予以处理的，应允许当事人另行提起民事诉讼。

【规范指引】

《民事诉讼法》第 157 条第 1 款第 3 项；《民事诉讼法解释》第 208 条第 3 款；《民间借贷司法解释》第 5 条第 1 款。

三、与民间借贷行为虽有关联但不是同一事实的涉嫌刑事犯罪线索、材料的处理

根据《民间借贷司法解释》第 5 条规定，法院立案后，发现民间借贷行为本身涉嫌非法集资等犯罪的，应当裁定驳回起诉，并将涉嫌非法集资等犯罪的线索、材料移送公安机关或者检察机关。对于民间借贷行为是否构成犯罪的侦查和认定问题，属于公安机关、检察机关和法院刑事审判部门的职权范围，法院的立案、民事审判部门无法在民事诉讼中进行精确判断，故只要经初步审查，发现涉及民刑交叉的情形，无论是否系民间借贷行为本身涉嫌非法集资犯罪，均应向侦查机关移送有关涉嫌犯罪的线索、材料，即使涉嫌犯罪的行为与民间借贷有关联但非同一事实，法院也应及时将涉嫌犯罪的线索、材料移送侦查机关。

司法实践中，还会出现民事纠纷案件与刑事案件有牵连关系，这种牵连关系虽不影响民事纠纷的立案受理，但民事纠纷案件的审理结果需要与刑事案件的判断保持一致性的情形。如在民事案件的审理过程中，当事人如果正处于刑事羁押状态，受限于送达、开庭等方面的困难或者障碍，导致案件迟迟不能审结，或者民事案件所涉的法律行为的性质和效力、当事人以及过错责任方面需要与刑事案件协调一致，民事案件需要先行中止审理，但不应以"同一事实"为由裁定驳回起诉，将案件移送侦查机关。因为此做法不利于保护当事人的合法民事权益，混淆了民刑交叉案件的判断标准。如果民事受案法院认为，刑事案件的审理结果可能对相关民事法律行为的性质和效力以及各方当事人的过错责任产生影响，必须以刑事案件的审理结果为依据，可依据《民事诉讼法》第 153 条第 1 款第 5 项的规定，以及参照《民商事审判会议纪要》第 130 条规定的精神，先行裁定中止审理，待相关刑事案件审结后再行恢复审理，并结合刑事案件的审理情况对民事案件所涉的法律行为的性质、效力等作出判断。但不能以此认定民事案件的法律事实与刑事案件的法

律事实属于同一法律事实，径行裁定驳回起诉。

【案例】李某某与代某民间借贷纠纷案[①]

原告李某某诉称其向被告代某出借 73 万元，代某到期未按时归还，故诉至法院。云南省昆明市盘龙区人民法院经审理认为，被告代某现因涉嫌刑事犯罪，裁定驳回原告李某某的起诉。李某某不服提起上诉。二审法院认为，本案系李某某与代某基于民间借贷法律关系而产生的纠纷，而茂名市公安局茂南分局作出的拘留通知书记载，代某系因涉嫌合同诈骗犯罪被羁押。一审法院在未查明代某所涉嫌犯罪与本案诉争事实是否有牵连的情况下，便以代某涉嫌刑事犯罪为由驳回起诉无事实及法律依据，本案应当进行实体审理，查清事实后再行处理。故撤销一审民事裁定，指令一审法院审理。

【分析】

本案属于"牵连型"民刑交叉案件，即因不同事实、相同当事人分别涉及刑事、民事责任的，或者因同一事实、不同当事人分别涉及刑事、民事责任的，一般采取"民刑并行"的处理原则。当民刑交叉案件引起的民事诉讼与刑事诉讼的处理不会产生矛盾，两者也不存在相互依赖关系的，可以"民刑并行"，各自分别进行或者并案审理。法院立案后，发现与民间借贷纠纷案件虽有关联但不是同一事实的涉嫌非法集资等犯罪的线索、材料的，法院应当继续审理民间借贷纠纷案件，并将涉嫌非法集资等犯罪的线索、材料移送公安机关或者检察机关。

【规范指引】

《民事诉讼法》第 157 条第 1 款第 3 项；《民事诉讼法解释》第 208 条第 3 款；《经济纠纷司法解释》第 11 条。

四、民间借贷民刑交叉案件中先判决的既判力问题

问题 3：民事判决生效后才发现所涉民间借贷行为涉嫌犯罪的处理

考虑到刑事诉讼的证明标准高于民事诉讼的证明标准，因此，在民刑判决的预决力问题上，法院可以作出以下处理：其一，就同一事实，民事判决

[①] 参见云南省昆明市中级人民法院（2023）云 01 民终 12316 号民事裁定书。

在先，刑事判决在后，刑事判决中对事实的认定可以参考民事判决，但不受民事判决的约束。其二，就同一事实，刑事判决在先，民事判决在后，刑事判决认定的事实应当作为民事判决的依据。但是，这也并非绝对。在刑事判决宣告无罪的情况下，不能将刑事判决认定的事实简单地一概运用到民事判决之中。这是因为刑法具有谦抑性，被告不承担刑事责任并不意味着就一定不承担民事责任。

【案例】潘某与金某民间借贷纠纷案①

原告潘某诉称：2017年6月15日，被告金某向原告潘某出具借条一份，约定：借款金额为40 000元，借款期限为1个月，2017年7月14日前归还，借款月利率按1%计算；如被告未能在约定的还款期限内向原告归还本息40 400元，被告愿意向原告支付每日借款总金额1%的滞纳金。同日，原告通过银行汇款将40 000元款项交付至被告。原告陈述，借款发生后被告未支付过利息及归还过本金。原告诉请判令被告向原告归还借款本金40 000元、利息400元以及违约金。

浙江省绍兴市越城区人民法院经审理认为，在原告潘某与被告金某之间的民间借贷关系中，双方主体适格，意思表示真实，内容未违反法律及行政法规的强制性规定，应认定合法有效。判决：一、被告金某归还原告潘某借款本金40 000元，支付利息400元，并支付违约金880元，共计41 280元，于本判决生效之日起10日内履行；二、驳回原告潘某的其他诉讼请求。一审判决后，各方均未上诉，判决已发生法律效力。

检察机关在履行职责中发现潘某等人涉嫌"套路贷"有关犯罪，浙江省绍兴市柯桥区人民检察院已于2018年3月16日以涉嫌虚假诉讼罪批准逮捕犯罪嫌疑人潘某、朱某。绍兴市人民检察院审查后认为，潘某等人涉嫌"套路贷"犯罪行为损害了国家和社会公共利益，启动依职权监督程序，进行了调查和审查。绍兴市柯桥区人民检察院对潘某、朱某恒、朱某根以涉嫌虚假诉讼罪批准逮捕。从案件性质上考虑，潘某涉嫌的刑事犯罪事实清楚、证据充分。

检察机关于2018年5月10日向法院提出抗诉，主要理由如下：原审判决依据原告潘某的庭审陈述及其所提供借条，认定被告金某欠原告潘某借款

---

① 《最高人民法院"民刑交叉"最新裁判规则：案件程序处理＋六大典型案例》，载中国法学会案例法学研究会官网，http://casestudy.chinalaw.org.cn/portal/article/index/id/32.html，最后访问时间：2024年6月20日。

40 000 元。依据公安机关对潘某、朱某等人所制作的侦查讯问笔录，他们均承认金某出具的借条金额为 40 000 元，但通过采取收取保证金、平台费、业务费等虚高手续费用、并在贷款中直接扣除第一期还款本息等方法后，金某实际拿到的借款仅仅为 26 000 元左右。原告潘某违反有关法律法规的规定，依据借条大幅虚增借款数额提出诉讼请求，已涉嫌"套路贷"犯罪，原审法院支持其请求判决金某归还 40 000 元借款，显属不当。

法院再审审理后认为，人民法院作为民事纠纷受理的案件，经审理认为不属于民事纠纷而有犯罪嫌疑的，应当裁定驳回起诉。根据抗诉机关的抗诉意见和本案当事人的陈述，本案有疑似"套路贷"之犯罪嫌疑。检察机关目前正在审查起诉中。裁定：一、撤销浙江省绍兴市越城区人民法院（2017）浙 0602 民初 9351 号民事判决；二、驳回原审原告潘某的起诉。

【分析】

本案是一起典型的名为民间借贷、实为"套路贷"犯罪的案件，犯罪分子通过收取保证金、平台费、业务费等虚高手续费用，及虚增债权债务、制造银行流水痕迹等方式，形成证据链条闭环，并借助民事诉讼程序实现非法目的。本案的原审原告潘某的行为已涉嫌犯罪，依照相关司法解释，应裁定驳回起诉，但是法院在民事判决生效以后才发现犯罪嫌疑从而启动刑事诉讼程序，其结果就可能发生民事判决与刑事判决的冲突，出现民事判决明显错误的问题。在民刑判决冲突的情况下，需要撤销在先的生效民事判决，对案件实体问题进行最终处理。由于生效的民事判决具有既判力，不能随意撤销，若需撤销，只能通过审判监督程序进行。

【规范指引】

《经济纠纷司法解释》第 11 条；《民事诉讼法解释》第 408 条。

问题 4：生效刑事判决对所涉民间借贷合同效力的认定

民事合同与犯罪行为的牵连、交叉与叠加，必然产生一个很现实的理论问题，即如何评价民事合同的效力？根据《民间借贷司法解释》第 12 条的规定，借款人或者出借人的借贷行为涉嫌犯罪，或者已经生效的裁判认定构成犯罪，当事人提起民事诉讼的，民间借贷合同并不当然无效。该规定突出对权利人、债权人的合法权益保护，强调遵守法律、法规和司法解释规定的强制性效力原则。法律、法规和司法解释没有明确规定为无效的，一般不宜认定为无效。由于刑法与民法的评价视角、评价对象的不同，出借人或者借款人涉嫌刑事犯罪的行为在刑法上的否定性评价，并不必然认定该民间借贷合同无效，司法实践中还应注意对担保人的责任承担问题区分对待。《民法典担保制度解释》第17条规定：（1）主合同有效而担保合同无效，债权人无过错的，担保人与债务人对主合同债权人的经济损失承担连带赔偿责任；债权人、担保人有过错的，担保人承担民事责任的部分不应超过债务人不能清偿部分的二分之一。（2）主合同无效而导致担保合同无效，担保人无过错的，不承担赔偿责任；担保人有过错的，其承担民事责任的部分不应超过债务人不能清偿部分的三分之一。

司法实践中"冒名借贷"的情形并不鲜见，即实际借款人委托名义借款人借款，借款合同的当事人认定可依据《民法典》第925条、第926条有关间接代理的规定确定，即根据出借人在订立借款合同时是否知情作不同处理。实际借款人被认定为贷款诈骗罪的情形下，意味着刑事判决已经认定实际借款人为借款合同当事人。依照前述借款合同当事人的认定规则，如果民事诉讼也认定实际借款人为借款合同当事人，就涉及构成贷款诈骗罪是否影响合同效力的问题。认定合同效力时，要依据《民法典》有关民事法律行为效力的规则来认定，而不能简单地认为只要构成犯罪，就一律认定合同无效。在贷款诈骗犯罪场合，依据《民法典》第148条有关欺诈的规定，应当认定该合同为可撤销合同。应当注意的是，在合同效力归属（当事人认定）上，刑事判决认定实际借款人构成贷款诈骗犯罪，并不当然意味着民事诉讼也必须认定借款合同就发生在出借人和实际借款人之间。在行为的法律效果归属问题上，也要依据《民法典》第925条、第926条等规定来确定借款合同的当事人。如果民事判决认定名义借款人是借款合同当事人的，此时实际借款人构成贷款诈骗罪并不影响借款合同的效力。①

【案例】韦某与晟某公司、晟某公司江西分公司、徐某某借款合同纠纷案②

2013年12月至2014年6月，徐某某以晟某公司江西公分司的名义多次向韦某借款共269 900 000元，借条上均加盖公司印章。韦某向江西省高级人

---

① 参见最高人民法院2024年4月11日发布的法答网精选答问（第四批）。
② 参见最高人民法院（2018）最高法民终509号民事判决书。

民法院（以下简称江西高院）起诉请求晟某公司、晟某公司江西公分司共同偿还借款本金 269 900 000 元并支付利息。金华市公安局函告江西高院，称徐某某涉嫌集资诈骗罪，要求江西高院驳回起诉，将有关材料移送公安机关。江西高院对金华市公安局移送审查的申请未予准许，并作出一审判决。晟某公司、晟某公司江西公分司上诉至最高人民法院，最高人民法院以原审事实不清、遗漏当事人为由裁定撤销原判，发回重审。江西高院于 2016 年 2 月 3 日立案受理。江西高院认为，由于刑事判决认定徐某某以晟某公司江西公分司名义借款是刑事犯罪行为，该刑事责任认定影响着民事案件责任主体的认定，遂认定徐某某为责任主体。同时，由于刑事裁判确定的韦某损失退赔金额为 186 116 000 元，因而在民事案件中要求徐某某对于剩余本金 83 784 000 元及全部借款 269 900 000 元的利息损失承担返还、赔偿的民事责任。韦某上诉至最高人民法院，请求支持其原审诉请。最高人民法院支持韦某的上诉请求，撤销原判，改判由晟某公司、晟某公司江西公分司还款全部 269 900 000 元本金及利息。

【分析】

本案的争议焦点如下：其一，韦某与晟某公司江西公分司是否成立借款合同关系；其二，晟某公司、晟某公司江西公分司是否承担还款责任以及承担责任的方式和数额。

（1）关于韦某与晟某公司江西公分司是否成立借款合同关系的问题。虽然生效的刑事裁判认定徐某某代表晟某公司江西公分司向韦某借款的行为构成其个人的刑事犯罪，但民事行为法律后果的认定与对自然人刑事责任的认定不同。最高人民法院认为，徐某某与晟某公司成立以内部承包形式的挂靠关系。对外而言，徐某某以其晟某公司江西分公司名义多次向韦某借款，足以使韦某相信其行为非属个人行为而属晟某公司江西公分司的行为，构成表见代理。在案证据显示，在借款关系中，韦某已经尽到了基本的注意义务，对徐某某能否代表晟某公司江西公分司以及是否为业务经营而对外借款进行了必要的审查，并实际出借款项又无证据证明其与徐某某存在恶意串通行为，所以应当认定韦某在借款行为中属于善意第三人。虽然案涉生效判决认定本案借款系徐某某假冒晟某公司江西公分司名义骗取，徐某某已被认定构成集资诈骗罪，但在民事法律关系上，徐某某的行为是其个人行为还是公司的行为，仍应当依据民事证据及相关法律规定认定。徐某某的行为在刑事上被追究刑事责任，与其在民事上产生的法律后果的认定并不冲突。基于民事证据证明的事实及法律规定，可认定韦某与晟某公司江西公分司成立借款合同关系。

（2）关于案涉借款合同的效力问题。《民间借贷司法解释》第12条第1款规定："借款人或者出借人的借贷行为涉嫌犯罪，或者已经生效的裁判认定构成犯罪，当事人提起民事诉讼的，民间借贷合同并不当然无效。人民法院应当依据民法典第一百四十四条、第一百四十六条、第一百五十三条、第一百五十四条以及本规定第十三条之规定，认定民间借贷合同的效力。"根据该司法解释第13条的规定，对于下列情形之一的民间借贷合同，应当认定为无效：第一，套取金融机构贷款转贷的；第二，以向其他营利法人借贷、向本单位职工集资，或者以向公众非法吸收存款等方式取得的资金转贷的；第三，未依法取得放贷资格的出借人，以营利为目的向社会不特定对象提供借款的；第四，出借人事先知道或者应当知道借款人借款用于违法犯罪活动仍然提供借款的；第五，违反法律、行政法规强制性规定的；第六，违背公序良俗的。据此，首先，民间借贷合同涉及犯罪的，其效力并不当然属于无效，对该合同效力的判断，应依照《民法典》对无效合同的规定进行判断。本案中，徐某某因犯集资诈骗罪被判处刑罚，但韦某对该犯罪行为既不知情亦未参与，且刑事判决认定韦某属于徐某某犯罪行为的受害人。因此，本案的借款合同并不属于韦某与徐某某恶意串通损害国家利益或以合法形式掩盖非法目的的合同。同时，韦某依据本案借款合同出借款项的民间借贷行为不违反法律和行政法规的禁止性规定，该合同亦不具有《民法典》规定的民事法律行为无效的其他情形。其次，根据本案事实，本案借款合同亦不具有《民间借贷司法解释》第13条规定的任一情形。因此，本案民间借贷合同应当认定为有效合同。

（3）关于刑事判决责令退赔是否排斥当事人民事请求权的问题。江西高院一审认为：《刑事诉讼法解释》第139条①之规定并未排斥被害人针对被告人之外的其他民事主体另行提起民事诉讼（包括刑事附带民事诉讼）；也未禁止被害人针对"被告人非法占有、处置被害人财产"之外的其他财产另行提起民事诉讼。因而，刑事裁判责令退赔并不能排斥当事人依法享有的对刑事案件被告人和对案件确定的非法占有、处置的财产之外的财产损失另行主张赔偿的民事权利。本案中，对于责令退赔的部分，韦某不得向徐某某再提起民事诉讼，但可对于其他负有民事责任的主体提起民事诉讼；对于超出退赔

---

① 现对应《刑事诉讼法解释》（2021年修正）第176条。

部分的本金、利息，韦某可向包括徐某某在内的民事主体提起民事诉讼。最高人民法院二审对上述观点予以认可，同时认为，由于刑事判决中认定的还款数额未包括借款利息，作为民间借贷的出借人，主张借款利息符合法律规定，应当受到保护。因此，按照借款合同要求晟某公司、晟某公司江西公分司承担 269 900 000 元本金以及利息的清偿责任。刑事判决确定的退赔款如果发生实际退赔，可以在本案民事判决执行程序中予以抵扣，属于应当在执行程序中解决的问题。

本案中，虽然已生效的刑事判决认定徐某某构成集资诈骗罪，但民事法律关系仍应当依照民事证据以及相关法律规定予以认定。行为人的行为构成表见代理的，单位为借款合同相对人，并承担还款责任。刑事案件中虽已责令退赔，但出借人仍可依据借款合同向其他主体主张全额返还本金及利息，刑事判决确定的退赔如果实际退赔，可以在民事执行程序中予以抵扣。

【规范指引】

《民法典》第 144 条、第 146 条、第 153 条、第 154 条；《民间借贷司法解释》第 12 条、第 13 条。

问题 5：刑事判决追缴或退赔后是否还能提起民事诉讼

关于刑事判决后追缴或退赔后能否再提起民事诉讼的问题，争议较大。第一种观点认为，从实际上看，多种因素作用下刑事判决涉及追缴或退赔的执行到位率一般都不高，在被害人未获全部退赔的情况下，应当允许被害人另行提起民事诉讼，司法实践中还出现了部分法院为让被害人顺利进行民事立案向其开具未获全部退赃证明的做法。第二种观点认为，《最高人民法院关于刑事附带民事诉讼范围问题的规定》（法释〔2000〕47 号）第 5 条虽然规定了"犯罪分子非法占有、处置被害人财产而使其遭受物质损失的，人民法院应当依法予以追缴或者责令退赔。被追缴、退赔的情况，人民法院可以作为量刑情节予以考虑。经过追缴或者退赔仍不能弥补损失，被害人向人民法院民事审判庭另行提起民事诉讼的，人民法院可以受理"，但该司法解释已经被最高人民法院 2015 年 1 月 12 日发布的《最高人民法院关于废止部分司法解释和司法解释性质文件（第十一批）的决定》废止。且 2013 年 10 月 21 日《最高人民法院关于适用刑法第六十四条有关问题的批复》（法

〔2013〕229号）规定："追缴或者责令退赔的具体内容，应当在判决主文中写明；其中，判决前已经发还被害人的财产，应当注明。被害人提起附带民事诉讼，或者另行提起民事诉讼请求返还被非法占有、处置的财产的，人民法院不予受理。"因此，对犯罪人非法占有财产而遭受物质损失，经过追缴或者退赔仍不能弥补损失的，被害人向人民法院另行提起民事诉讼的，人民法院也应不予受理。第三种观点认为，原则上不应当再允许当事人另行提起民事诉讼，特别是刑事判决中已经明确退赔数额、退赔责任主体、退赔权利主体的情况下，如果仅因为被告人没有偿付能力而无法执行，此时被害人应当直接向法院申请强制执行，而不应当允许其就同一损失再向法院提起民事诉讼。

能否再另行提起民事诉讼从可以受理到不予受理再到案例中生效法律文书未载明追缴、退赔范围的情形下支持诉请的观点变化，体现出人民法院案件数量激增的背景下，司法资源的有限性决定了人民法院只能满足当事人出于维护自身合法权益的正当需求。人民法院穷尽各种执行措施追赃挽损，被告人客观上确实无财产可供执行，执行不能的情形下如果允许被害人另行提起民事诉讼，案件又再次进入执行程序，不仅会增加当事人的诉累，也极易浪费司法资源，无法达到矛盾纠纷实质性化解的目的，也无法实现办案的政治效果、社会效果和法律效果相统一。综合考虑最大限度地实现实体公正及体现程序价值，我们倾向于第三种观点，以不允许另行提起民事诉讼为原则，允许为例外。换言之，如果刑事判决已生效且有明确的退赔数额及退赔责任主体、权利主体，但由于被告人没有偿付能力而无法执行，此时原则上不应当允许受害人就同一事实再向法院提起民事诉讼，法院应当裁定不予受理或者驳回起诉。因为就该损失主张，人民法院已经作出了司法确认，再行起诉只会浪费司法资源和增加当事人诉讼成本，也可能造成对被害人财产权益的重复保护。由于刑事案件中涉及财产部分需要执行的内容是由刑事审判庭移送执行局，移送时应将被执行人和被害人的基本信息、已查明的财产状况或者财产线索、随案移送的财产和已经处置的情况等内容包含在内，并将移送情况及时告知被害人。但也存在例外情形，生效的刑事法律文书若未注明责令被告人退赔被非法占有、处置的财产，或追缴财产的金额或财物的名称、数量等情况并不明确、具体，或经过退赔、追缴仍不能弥补全部损失的，受害人可向法院另行提起民事诉讼。上述三种例外情形属于刑事判决与民事判决的相互补充，值得注意的是，提起民事诉讼的受害人需在其全部损失范围内起诉，不能加重被告人的赔偿责任。

【案例】温某某与李某、邢某、申某某财产损害赔偿纠纷案[①]

2006年11月，邢某、温某某、申某某以大连某某公司的名义与欣某某公司签订《合同协议》，骗取欣某某公司、李某（欣某某公司法定代表人）943万元，后法院判决三人犯合同诈骗等数罪。经追赃，李某的一台价值60万元的奥迪车被返还。温某某为取得李某的谅解，与李某达成赔偿500万元的赔偿协议。但刑事判决中返还的赃款赃物以及温某某与李某达成的赔偿协议中的款项尚不足以弥补李某因该《合同协议》而遭受的损失。现李某以温某某、邢某、沈某某、申某某为被告提起民事诉讼，请求赔偿损失。

生效民事判决认为，邢某、温某某、申某某三人的行为性质属于恶意串通以合法形式掩盖非法目的非法占有他人财产的行为，其应当返还财产并赔偿因其诈骗行为给被害人造成的损失。《刑事诉讼法解释》第164条[②]规定：被害人或者其法定代理人、近亲属在刑事诉讼过程中未提起刑事附带民事诉讼，另行提起民事诉讼的，人民法院可以进行调解，或者根据物质损失情况作出判决。根据该规定，刑事案件的被害人可以在特定情况下另行提起民事诉讼，要求赔偿相关损失。追缴与责令退赔在对刑事被害人权利救济上是相辅相成的，目的在于保护被害人合法利益不受损害。《最高人民法院关于刑事附带民事诉讼范围问题的规定》第5条规定："犯罪分子非法占有、处置被害人财产而使其遭受物质损失的，人民法院应当依法予以追缴或者责令退赔。被追缴、退赔的情况，人民法院可以作为量刑情节予以考虑。经过追缴或者退赔仍不能弥补损失，被害人向人民法院民事审判庭另行提起民事诉讼的，人民法院可以受理。"法院判令邢某、温某某、申某某等赔偿李某财产损失383万元。温某某遂向最高人民法院申请再审。

最高人民法院再审后认为，邢某、温某某、申某某以签订合作协议的方式骗取被害单位欣某某公司、被害人李某943万元，该案虽经生效刑事判决认定邢某、温某某、申某某犯合同诈骗罪，并在邢某、温某某、申某某的刑事判决主文中写明"案发后扣押的赃款、赃物返还被害人，其余赃款、赃物

---

① 《最高人民法院"民刑交叉"最新裁判规则：案件程序处理+六大典型案例》，载中国法学会案例法学研究会官网，http://casestudy.chinalaw.org.cn/portal/article/index/id/32.html，最后访问时间：2024年6月20日。

② 现对应《刑事诉讼法解释》（2021年修正）第200条。

继续追缴"，但刑事判决主文并未写明追缴或者责令退赔的具体内容，亦未明确刑事判决前是否存在已经发还被害人财产的问题，因此李某通过刑事判决追缴或者退赔的数额不明确、不具体。根据本案一审、二审法院查明的事实，到目前为止，案涉刑事案件经追赃仅返还李某一辆价值 60 万元的奥迪车，其余损失未经刑事追赃途径返还或追缴。在最高人民法院组织询问过程中，李某提供相关证据证明因刑事案件存在多个受害人且李某已获得了一辆奥迪车，故李某未能参与分配刑事案件执行程序中查扣的温某某的财产 140 万元，温某某也未履行《赔偿协议》约定的 500 万元赔偿，李某已另行提起民事诉讼主张该 500 万元赔偿且已得到法院生效判决支持；同时，《赔偿协议》明确约定该协议项下的 500 万元赔偿不影响李某其他损失的赔偿，而李某通过刑事追赃未能弥补其被诈骗的损失。在通过刑事追赃、退赔不能弥补李某全部损失的情况下，赋予被害人李某向人民法院另行提起民事诉讼的权利，有利于最大限度地保护被害人的合法权益。刑事判决与民事判决对于保护被害人的合法权益是相互补充的，两者并未加重温某某等人的赔偿责任，人民法院受理李某提起的民事诉讼并无不当。据此，一审、二审法院受理本案并判决邢某、温某某、申某某承担赔偿责任并无不当，最高人民法院予以维持，于 2017 年 10 月 27 日作出裁定驳回温某某的再审申请。

【分析】

本案中，生效的刑事法律文书并未注明责令被告人退赔其非法占有、处置的财产，且追缴财产的金额或财物的名称、数量等情况并不明确、具体。不仅刑事裁判退赔、追缴不明确，且经过退赔、追缴仍不能弥补全部损失，被害人李某另行提起民事诉讼要求赔偿，为保护被害人的合法权益，人民法院应当予以支持。首先，被害人李某另行提起民事诉讼在程序上具有正当性。民事案件与刑事案件在事实上存在重合，因此对刑法法益的侵害以及对被害人权益的侵害均应当赋予法律救济途径。民刑交叉问题通过"先刑后民"先行处理刑事案件后，刑事追缴或者退赔未能填补被害人的损失，因此赋予被害人诉权，支持其再通过民事诉讼维护合法权益具有正当性。其次，刑事判决主要追究的是行为人违反刑法规范的法律责任，但是刑事责任的承担不影响民事责任的承担，如果以退赔、追赃刑事责任的承担而否定民事责任，虽然行为人得到了刑罚的惩罚，但是给被害人李某造成的经济损失无法通过刑事判决中的退赔、追缴得到弥补、造成的矛盾无法化解、造成的社会不良影响无法得到有效消除，这样的办案效果与现代化司法理念相悖。

【规范指引】

《刑事诉讼法解释》第200条;《最高人民法院关于刑事裁判涉财产部分执行的若干规定》第6条。

第二节　虚假民间借贷诉讼的认定及裁判规则

问题1：虚假民间借贷诉讼类型的认定

1. 根据案件情况区分

审理民间借贷纠纷案件时发现有下列九种情形的，应当严格审查借贷发生的原因、时间、地点、款项来源、交付方式、款项流向以及借贷双方的关系、经济状况等事实，综合判断是否属于虚假民事诉讼。

（1）出借人明显不具备出借能力。民间借贷中借款情况是否实际发生，是判断原告、被告双方的民间借贷纠纷诉讼是否为虚假诉讼的重要依据，通过考察出借人是否明显不具备出借能力，推断其是否实际借出借款。同时，也需要考虑是否具备通过他人转账借款的情形，此时出借人应对自己的借款情况作出有效举证。

（2）出借人起诉所依据的事实和理由明显不符合常理。民事审判中的重要审查内容是案件事实认定。案件事实的重现系通过证据结合双方当事人的陈述对案件事实的重构。在案件事实重构过程中，日常生活经验是重要的筛查工具，法院的事实认定是以证据为基础，同时要严格审核案件证据能否形成有效的证据链，证据印证的事实是否为日常生活经验，综合认定，对证据事实进行严格把关。

（3）出借人不能提交债权凭证或者提交的债权凭证存在伪造的可能。民间借贷纠纷审查中，借款协议、收据、借据、汇款单、承诺函等均是债权凭证的表现形式，债权凭证是民间借贷纠纷中的关键证据。如果当事人不能提交有效债权凭证，在案件证据的审查中发现不能提交债权凭证或者提交的债权凭证存在伪造可能的，即便当事人对证据并无异议，也应当审慎考虑是否存在虚假诉讼。

（4）当事人双方在一定期限内多次参加民间借贷诉讼。民间借贷纠纷中多存在当事人想通过诉讼方式确定不合法债权的情形，且债权较为分散，时常会以系列案的形式进入法院，当事人在一定期间多次参与民间借贷诉讼的，审判人员可对当事人系虚假诉讼产生合理的怀疑。

（5）当事人无正当理由拒不到庭参加诉讼，委托代理人对借贷事实陈述不清或者陈述前后矛盾。在民间借贷虚假诉讼案件中，当事人到庭率较低，原告大多委托诉讼代理人单独参加诉讼，被告大多会缺席审判，增加法院查清案件事实的障碍。因此，如果当事人无正当理由不到庭参加诉讼，且当事人所委托的代理人对借贷事实陈述不清，或者陈述矛盾的，应考虑借贷关系是否真实发生。

（6）当事人双方对借贷事实的发生没有任何争议或者诉辩明显不符合常理。虚假民间借贷诉讼多为双方当事人合谋产生，当事人在诉讼中一般不会有实质性对抗，且双方往往保持口径一致，力图规避法官对案件事实的审查从而尽快得到判决结果，以合法形式掩盖其非法目的。因此，对于当事人之间诉讼的对抗不符合常理的，法院也应警惕虚假诉讼情况发生。

（7）借款人的配偶或者合伙人、案外人的其他债权人提出有事实依据的异议。虚假诉讼也存在损害其他权利人利益的情形，如果案外人的债权人对当事人之间的诉讼提出异议，则法院应结合案件的其他事实加以综合判断。

（8）当事人在其他纠纷中存在低价转让财产的情形。市场交易应当遵循公平的市场规则和交易价格。如果当事人在纠纷中出现低价转让财产的情形，则往往不符合市场交易的规则，法院应当在此基础上综合判断是否存在虚假诉讼。

（9）当事人不正当放弃权利。法律允许当事人放弃权利，放弃权利也属于对自己权利的行使。但应当注意，若在民间借贷纠纷审查中，当事人不正当放弃其权利，可能对他人的权利造成损害时，应产生该案系虚假诉讼的合理怀疑。即应以可能对他人的权利造成损害作为其放弃权利的行为是否不正当的实质的判断要素。

2. 根据当事人的意思表示区分

（1）双方通谋型虚假诉讼。通谋虚伪行为，即行为人与相对人通谋以虚假的意思表示实施的民事法律行为。可以从协议约定的内容、协议的履行情况及签订协议的真实意思表示三个方面进行审查。通谋虚伪行为实际包含了两个行为，因此法院除了审查行为人与相对人之间通谋的虚假意思表示行为之外，还应当审查其包含的隐藏行为。隐藏行为，是被伪装行为所掩盖的，代表行为人和相对人真实意思的行为，即当事人通过虚假的意思表示所隐藏的真实意思表示的民事法律行为。此类案件审查中应当注意：第一，若要求法院对隐藏行为的效力问题进行审查和认定，需要由当事人提出相应的诉讼请求，法院不直接进行评价。若当事人在诉讼中未就隐藏行为提出诉请，后对隐藏行为有争议的，可依法另行主张。第二，银行利用金融机构的特殊身份，为达到逃避行业监管的目的，与借款人签订虚假意思表示的合同，在一定程度上扰乱了金融秩序，可能还涉及扰乱金融秩序罪。

【案例】甲公司与乙银行民间借贷合同纠纷案[①]

2013年，甲公司与乙银行签订借款合同，约定甲公司向乙银行借款5400万元。同年10月，双方又签订债权转让协议，约定乙银行自交割日起将涉案债权及从权利转让给甲公司，转让价为10 620 439.51元；乙银行在交割日前收到甲公司支付的买价后，双方于交割日进行贷款债权的交割；从交割日起，涉案贷款债权归甲公司享有。双方另签订资产委托管理协议，约定甲公司委托乙银行清收涉案债权，乙银行清收上述委托管理资产取得的款项，在扣除清收过程发生的必要性支出后，剩余款项全部作为委托管理费归属乙银行，后甲公司按照协议约定向乙银行支付债权转让款。其后，乙银行就涉案债权向法院起诉。

【分析】

本案争议焦点为原告、被告双方之间是否存在通谋虚伪行为？本案中，债权转让协议和资产委托管理协议由甲公司与乙银行共同签字确认，该协议所表达的意思表示是甲公司受让乙银行的债权，并委托乙银行清收债权，在扣除清收过程发生的必要性支出后，剩余款项全部作为委托管理费归属乙银行。受让金融不良债权通常应以逐利为目的。但根据上述两份协议，甲公司

[①] 参见最高人民法院（2020）最高法民申7094号民事裁定书。

在支付债权转让款后，并不能从中获取任何收益，显然不符合常理。且双方并未实际履行该两份协议，乙银行在收到甲公司的债权转让款后并未移交涉案债权，而是继续以自己的名义通过诉讼、申请法院强制执行的方式对涉案债权进行追讨，也未将相关债权追讨情况告知甲公司。终审法院认定双方关于债权转让和资产委托管理协议的意思表示虚假，该虚假的意思表示所隐藏的民事法律行为系就双方订立的借款合同支付借款利息的行为，该行为属于借款合同的组成部分。双方签订债权转让及资产委托管理协议系以虚假的意思表示实施的民事法律行为，依法应认定为无效，该行为所隐藏的收取利息的行为的效力，依照有关法律规定处理。

【规范指引】

《民法典》第146条；《民间借贷司法解释》第18条。

（2）单方牟利型虚假诉讼。单方虚构事实型虚假诉讼，实践中往往同时涉及民事审判和刑事审判。在审判中，如何甄别举证不能与虚假诉讼、如何达到排除合理怀疑的证明标准、如何认定原告主观上是否存在虚假诉讼的主观恶意是审理中的难点。此类案件审理中要注意：第一，单方牟利型虚假诉讼往往不是个案，会以系列案的形式出现，在审理民间借贷系列案时需要谨慎判断。第二，在伪造借款事实、虚构借贷法律关系提起的诉讼中，提出虚假诉讼的一方就虚假诉讼造成相对人的损失应当承担赔偿责任。

【案例】张某与刘某民间借贷合同纠纷案[①]

刘某向张某出具的《借条》（落款时间：2015年2月17日）载明："兹有刘某因公司装修需要，向朋友张某借款人民币60 000元。备注：如发生争执，由呈贡区人民法院管辖。"刘某向张某出具的《收条》（落款时间：2015年2月17日）载明："本人刘某于2015年2月17日通过现金方式收到张某全部借款陆万元整，小写60 000元整。"刘某向张某出具的《保证》（落款时间：2015年10月16日）载明："2015年2月17日向张某借款人民币大写陆万元整，现我因公司经营不好无经济能力一次性归还，保证在2016年2月16日前一次性还清。"刘某于2016年6月20日出具的还款保证载明："本人刘某因2015年2月17日向张某借款人民币大写陆万元整，因无经济能力一次性偿还，经我与张某协商，我保证在2016年11月1日前还清。"张某于2015

[①] 参见云南省昆明市呈贡区人民法院（2023）云0114民再3号民事判决书。

年 2 月 17 日 17 时 8 分 40 秒从其本人账户一取款 60 000 元；同日 17 时 10 分 9 秒，张某在同一银行向其本人账户二存入现金 60 000 元。后张某诉至法院主张刘某还款，一审判决支持其诉讼请求。法院经再审，判决驳回原审原告的诉讼请求。

【分析】

审查借贷关系是否真实存在，应当结合借贷金额、款项交付、当事人的经济能力、当地或者当事人之间的交易方式、交易习惯、当事人的财产变动情况以及证人证言等事实和因素，综合判断。虚假诉讼案件通常涉及伪造证据，凭借法院自身的审查手段无法作出有效甄别，对虚假证据的认定往往需要通过公安、检察院的侦查手段加以辅助。

本案争议焦点为张某与刘某之间是否真实存在借贷关系。本案中，首先核查证据的真实性。根据本案审理查明事实，原审原告张某提交《借条》《收条》《保证》的形成时间为 2016 年 6 月 20 日，与案件证据《借条》《收条》《保证》上记载的落款时间不一致。其次，结合一般生活经验进行判断。原审原告张某据以主张向原审被告刘某出借 60 000 元的《银行明细》中记载的现金取款记录，经查，原审原告张某于 2015 年 2 月 17 日从账户一取款又迅速存入本人账户二现金 60 000 元，不符合常理。最后，在综合审理查明事实时，考虑当事人的自我陈述情况。本案在审理过程中，原审原告张某对出借案涉 60 000 元款项的支付方式、地点、款项来源等事实与其在原审中作出了不同的陈述，而且未就 60 000 元现金借款的支付时间、地点及每次出借款项的金额作出合理说明，因此该不利后果应由其自行承担。

【规范指引】

《民事诉讼法》第 115 条；《民间借贷司法解释》第 18 条。

问题 2：对虚假民间借贷诉讼问题的处理

第一，在虚假民间借贷诉讼中，原告申请撤诉的，法院应不予准许，并判决驳回其诉讼请求。

【案例】于某与钟某某民间借贷纠纷案[①]

钟某购买的房屋按规定属于限制出售的房屋，在取得产权证后三年内不得出售。钟某之女钟某某为达到在限售期间内出售该房屋的目的，与于某串通虚构借款事实，打算通过诉讼程序以执行拍卖的方式出售该房屋。遂双方利用 2021 年 4 月的银行交易记录，伪造借款合同及借款照片，捏造钟某向于某借款的事实提起诉讼。在审理期间，双方又故意制造钟某向于某还款的银行交易记录，拟向法院撤回起诉。本案查明双方系虚构借款事实提起虚假诉讼后，依法判决驳回于某的诉讼请求，并结合当事人行为的情节，对于某和钟某之女钟某某分别处以 1 万元的罚款。

【分析】

原告主要通过伪造借款证据、虚构借款事实，并利用当事人自认、缺席审理、调解等诉讼技巧，使虚假的债权债务获得法院裁判文书的确认。因此，对此类案件缺席审理、案件证据存在疑惑的，法院应谨慎判断。

本案争议焦点为虚假诉讼提起后能否撤诉。虚假诉讼是诚信缺失在诉讼领域最集中的表现形式，严重危害当事人或案外人的合法权益，损害司法权威和社会公信力。经查证确属虚假诉讼的，原告申请撤诉，人民法院不予准许，判决驳回其请求，并对其妨害民事诉讼的行为依法予以制裁；对于以骗取财物、逃废债务为目的实施虚假诉讼，构成犯罪的，依法追究刑事责任。本案中，双方虚构借款事实提起虚假诉讼已属于查明的案件事实，在此前提下原告申请撤诉的，不予准许，应当驳回其诉讼请求，并视情节轻重予以罚款、拘留。

【规范指引】

《民间借贷司法解释》第 19 条。

第二，诉讼参与人或其他人恶意制造、参与虚假诉讼，人民法院应当依法予以罚款、拘留；构成犯罪的应当移送有管辖权的司法机关追究刑事责任。

[①] 重庆市渝中区人民法院：《重庆渝中法院与成都锦江法院联合发布民间借贷纠纷典型案例》，载微信公众号"重庆市渝中区人民法院"，2024 年 2 月 22 日。

【案例】周某 1、邓某与周某 2 民间借贷纠纷案[①]

被告人周某 1 和邓某系夫妻关系，二人因欠下高额债务，经济状况恶化，于 2015 年 3 月 12 日与邓某的亲属周某 2（被告人）签订借款协议，约定周某 1 和邓某向周某 2 借款 220 万元。同年 3 月 16 日和 17 日，周某 1 将筹集到的资金 220 万元通过亲属银行账户转入周某 2 的银行账户，再由周某 2 的银行账户转回到周某 1 的银行账户。周某 1 和邓某后又于 3 月 16 日将二人名下的两套房产抵押给周某 2。2018 年，债权人余某勤提起民事诉讼，要求周某 1、邓某偿还借款 300 万元及相应利息，法院作出民事判决，由周某 1、邓某限期偿还余某勤的借款及利息共计约 580 万元，周某 1、邓某遂唆使周某 2 以此前捏造的借款协议等材料为依据，向某区人民法院提起民事诉讼。某区人民法院基于三人捏造的债权债务关系，先后出具民事调解书和多份执行法律文书。其后，周某 1、邓某将之前抵押给周某 2 的二人名下的两套房产抵偿给周某 2，并伙同周某 2 将房产出售给他人，导致余某勤等债权人的债权无法实现。法院经审理认为，被告人周某 1、邓某与被告人周某 2 恶意串通，捏造债权债务关系，向人民法院提起民事诉讼，已构成虚假诉讼。

【分析】

在审查民事案件时，发现存在恶意串通，采取伪造证据、虚假陈述等手段，捏造民事案件基本事实，虚构民事纠纷，向人民法院提起民事诉讼，妨害司法秩序或者严重侵害他人合法权益，可能构成犯罪时，法院应及时将相关线索移送至有管辖权的公安机关等司法机关追究刑事责任。审查中应注意：第一，虚假诉讼在民刑领域既有紧密联系又相互区别，民事虚假诉讼和虚假诉讼罪并不是非此即彼的关系。因刑事犯罪行为要求的行为危害后果更严重，因此虚假诉讼在刑事领域要求的侵害后果要重于民事领域中的虚假诉讼。第二，虚假诉讼不均以恶意串通为前提条件，单方以捏造的事实提起民事诉讼的，也可以构成虚假诉讼。民事虚假诉讼可分为恶意串通型、单方欺诈型、部分捏造事实型三种。

本案的争议焦点为借贷关系是否真实存在？三被告人是否构成虚假诉讼罪？周某 1、邓某与邓某的亲属周某 2（被告人）签订借款协议，但从其银行流水记录来看，周某 1 将筹集到的资金 220 万元通过亲属银行账户转入周

[①] 最高人民法院新闻局：《最高人民法院发布依法惩治通过虚假诉讼逃废债典型刑事案例》，载最高人民法院官网，https://www.court.gov.cn/zixun/xiangqing/421712.html，最后访问时间：2024 年 6 月 17 日。

某 2 的银行账户，再由周某 2 的银行账户转回到周某 1 的银行账户，制造周某 2 向周某 1 交付 220 万元的资金流水记录，属于伪造周某 1 和邓某向周某 2 借款 220 万元的事实，双方之间并不存在真实的借贷关系。周某 1、邓某遂唆使周某 2 以伪造的借款协议等材料作为证据向人民法院起诉，试图通过人民法院出具的法律文书将自身已被抵押的房产转移给周某 2，属于恶意串通，实施虚假诉讼行为转移财产以达到逃避履行债务的非法目的，直接侵害债权人的合法权益，主观上存在故意，客观上实施了捏造债权债务关系并向人民法院提起民事诉讼的行为，构成虚假诉讼罪，应当追究其刑事责任。

【规范指引】

《最高人民法院、最高人民检察院、公安部、司法部关于进一步加强虚假诉讼犯罪惩治工作的意见》第 22 条。

第三，单位恶意制造、参与虚假诉讼，人民法院应当对该单位进行罚款，并可以对其主要负责人或者直接责任人员予以罚款、拘留；构成犯罪的，应当移送有管辖权的司法机关追究刑事责任。

第三节　名为其他法律关系实为借贷关系的认定及裁判规则

穿透式审判思维是《民商事审判会议纪要》中强调的一种审判理念，旨在追求当事人间的真实意思，究其源头可追溯至金融领域的"穿透式监管"。近年来，民间借贷与房屋买卖、租赁、合伙等捆绑的交易模式屡见不鲜，判断当事人之间法律关系的性质，不能仅看合同名称、形式，更重要的是分析、把握当事人之间法律关系的实质。法院在审理此类案件时，应注意穿透式审判思维在个案中的运用，综合当事人双方所作书面交易安排和实际交易运作情况等因素去探寻各方当事人的真实意思，探求其真实法律关系，必要时作出"名为 A，实为 B"的认定。

一、名为房屋买卖，实为借贷

问题1：如何区分房屋买卖合同与借款合同

部分借贷案件中，当事人会签订房屋买卖合同和借款合同两份合同，此时，法院需对两份合同分别单独有效，还是房屋买卖合同仅为借款合同的担保作出区分。两种情形主要有以下不同。

1. 真实意思表示不同

真实的房屋买卖中，双方当事人真实意思表示是转移房屋所有权。名为房屋买卖、实为借贷的情形中，当事人之间签订购房合同、回购协议等合同是为实现资金融通提供担保，而非取得房屋所有权。

2. 合同约定内容不同

真实的房屋买卖中，双方当事人通常会就房屋基本情况、销售方式、价款确定方式及付款方式、支付期限、交付使用条件及日期、供水、供电等配套基础设施和公共设施的交付、解决争议的方法、违约责任等重要内容进行详细约定。名为房屋买卖，实为借贷的情形中，当事人就房屋买卖合同的约定较为简单，甚至可能缺少交付条件和日期等关键合同条款。

3. 房款交付方式不同

真实的房屋买卖中，付款方式一般为分期给付，部分房屋买卖交易因房屋价值较大，还存在支付首付款待办理过户登记贷款后进行房屋尾款支付的约定，无论何种方式，资金流向一般有据可查。名为房屋买卖，实为借贷的情形中，当事人双方就房款交付方式往往约定不明，资金给付往往一步到位，并且可能为现金给付。

4. 房屋交付实际不同

真实的房屋买卖中，买卖双方一般会按合同约定的交付日期、交付使用条件进行房屋交付。名为房屋买卖、实为借贷的情形中，房屋买受人一般是在借款合同约定的借款期限届满后再要求出卖人履行买卖合同。

5. 区分时的注意事项

一是在法院认定当事人之间以签订房屋买卖合同作为民间借贷担保的行为时，该行为通常具备以下三个要件：第一，双方之间签订房屋买卖合同；第二，双方之间存在民间借贷法律关系；第三，房屋买卖合同和民间借贷合同之间具有牵连性和重合性。若房屋买卖合同的签订并非双方的真实意思表示，且无证据证实双方之间存在民间借贷法律关系的，应不予认定双方之间实为民间借贷法律关系。

二是当事人以签订房屋买卖合同作为民间借贷合同的担保，借款到期后借款人不能还款，出借人请求履行房屋买卖合同，人民法院应当按照民间借贷法律关系审理，并向当事人释明变更诉讼请求，当事人拒绝变更的，人民法院不应支持出借人要求履行房屋买卖合同的诉讼主张，应当裁定驳回起诉。

三是法院审理期间，若被告对买卖法律关系提出抗辩的，应举证证明，人民法院应审查被告提供的证据；若被告未抗辩，原告亦未提交证据证明，但认定房屋买卖合同有效，可能损害国家、集体、第三人利益或者存在虚假诉讼可能的，人民法院应当依职权对双方之间的真实法律关系进行审查。

四是若当事人双方为履行借款合同，签订了相应的商品房预售合同，并办理了预购商品房预告登记。但在借款人未偿还借款本息的情况下，借款合同双方当事人经协商一致，终止借款合同关系，将借款合同关系转变为商品房买卖合同关系，将借款本金及利息转化为已付购房款并经对账清算的，不属于法律规定禁止的情形，该商品房买卖合同的订立目的，已不属于作为民间借贷合同的担保。在不存在合同无效的情况下，该商品房买卖合同具有法律效力。但对转化为已付购房款的借款本金及利息数额，法院应当结合借款合同等证据予以审查，以防止当事人将超出法律规定保护限额的高额利息转化为已付购房款。

【案例】高某、杨某与毕某、安某民间借贷纠纷案[①]

毕某、安某向法院诉请判令：（1）高某、杨某偿还借款本金13万元；（2）判令高某、杨某偿还从2015年12月15日起至本息还清日，利息按3分计算；（3）毕某、安某对高某名下某小区一处住宅变现价值优先受偿权；（4）高某、杨某承担本案的诉讼费用。高某、杨某辩称房屋没有办理抵押登

---

① 参见辽宁省鞍山市中级人民法院（2023）辽03民终405号民事裁定书。

记，毕某、安某没有优先受偿的权利。法院经审理查明：因高某、杨某向毕某、安某借款，毕某、安某于 2015 年 12 月 15 日向高某、杨某给付现金 10 万元，高某、杨某庭审中自认借款时约定还款期半年，利息为五分利，至今未偿还上述款项。一审法院判决：一、高某、杨某于判决生效后十日内偿还毕某、安某借款本金 10 万元及利息；二、驳回毕某、安某的其他诉讼请求。宣判后，高某、杨某提出上诉。辽宁省鞍山市中级人民法院驳回上诉，维持原判。

【分析】

借款合同是借款人向贷款人借款，到期返还借款并支付利息的合同。合法的借贷关系受法律保护。高某、杨某与毕某虽签订的是农村房屋买卖合同，但双方均承认双方之间实为民间借贷关系，且高某、杨某在一审中自认收到借款本金 10 万元，双方借贷关系真实存在，被告方应偿还借款本息。高某、杨某在二审主张其并不是实际借款人，没有实际取得借款的意见，因二人在一审中自认收到借款本金 10 万元，且与毕某签订了名为买卖实为借贷的农村房屋买卖合同，二人并不能就一审、二审陈述不一致作出合理解释，也并未提供能够证明其该项主张的证据，或反驳毕某、安某主张的证据，故有理由相信双方借贷关系真实存在。法院在办理案件时，双方当事人虽签订房屋买卖合同，但有证据证实双方真实意思表示是为借贷合同提供担保，并且房屋买卖合同中缺少房屋情况、售卖价格、转让过户时间等重要合同条款的，应认定法律关系名为房屋买卖、实为借贷。

【规范指引】

《民法典担保制度解释》第 23 条、第 25 条、第 31 条。

二、名为融资型买卖，实为借贷

问题 2：如何区分融资性买卖与民间借贷

"融资性贸易"是以商业贸易为名，实为出借资金的交易行为，表现形式多样，具有一定的隐蔽性。从形式上来看，融资性买卖完全符合一般买卖（尤其是期货买卖）的特征，二者的根本区别在于当事人的真实效果意思为融资而非买卖，即效果意思与表示行为之间不一致，区分时应注意以下几点。

第一,在代垫资金型的融资性买卖中,借款方确有向供货方购买货物的真实意图和货物需求,只是因资金紧缺无力直接从供货人处购得标的物,故而通过第三方托盘融资,由第三方代垫资金向供货方购得标的物,然后借款人再通过与第三方签订付款期限延后的买卖合同取得标的物,并以买卖差价或资金占用费的形式向贷款方支付固定的利息收益。

第二,在名为融资型买卖,实为借贷的情况中,参与交易的各方当事人都没有真实的买卖意图,真实意思表示为融资,买卖标的物通常存放于第三方仓库中,不实际交付流转,甚至很多情形下根本不存在标的物。

第三,法院在审理名为融资性买卖,实为借贷的案件时,要通过对融资性买卖合同的内容、交易环节、交易流程等外在形式证据的综合考量,找出其与正常的买卖交易习惯存在的明显不同之处,进而揭示出当事人的真实动机和目的。在查明事实的基础上,依据《民法典》第146条之规定,对当事人虚假的意思表示及隐匿的意思表示分别作出处理。在人民法院将法律关系性质或者民事行为效力作为焦点问题进行审理后,当事人仍坚持原诉讼请求的,因原诉讼请求所依据的事实、理由与人民法院审理查明的事实不一致,除法律明确规定外,人民法院不宜依据查明的事实直接进行裁判,而应依法判决驳回诉讼请求,否则侵犯当事人的处分权。

第四,对于融资性买卖合同的效力,应当采用辩证的观点,根据不同情况区别对待。首先,对于不具备从事金融业务资质的企业,主要经营放贷业务,并以放贷取得的高额利润作为企业主要经济来源的,属于以合法形式掩盖非法目的的行为,应当认定借贷合同无效。其次,对于具备从事金融业务资质的企业之间,或者企业因生产经营需要所进行的临时性资金拆借,且提供资金一方并非以资金融通为常业的,并不违反国家金融管制的强制性规定,应当认定借贷合同有效。

【案例】浙江某化工公司诉宁波某化工储运公司、杭州某燃料公司、杭州某化工公司仓储合同纠纷案[①]

浙江某化工公司向法院诉请判令:(1)被告交付原告甲醇1200吨(价值240万元);(2)如被告不能交付,则按市场价值240万元赔偿原告损失。被告宁波某化工储运公司提出原告与杭州某燃料公司、杭州某化工公司之间名为买卖实为借贷,买卖合同为民间借贷的担保,应属无效,本案仓储合同亦

---

① 参见浙江省高级人民法院(2017)浙民申2660号民事裁定书。

为无效的抗辩。第三人杭州某燃料公司、杭州某化工公司辩称二公司均系邢某实际控制的公司，涉案甲醇实际不存在，《入库证明》是应要求提供的，本案没有实际的货物交割，业务系融资而非买卖。法院经审理查明：杭州某燃料公司、杭州某化工公司均系邢某实际控制的公司。为融资所需，邢某以二公司的名义与原告浙江某化工公司签订买卖合同，进行封闭式循环买卖。具体流程为原告先向杭州某燃料公司购买甲醇再以略高的价格卖给杭州某化工公司，即借款给杭州某燃料公司再由杭州某化工公司偿还，差价作为利息，货物并不实际交割，而仅进行名义上的货权转移。4笔甲醇交易中，每一次交易循环标的物相同且未实际交付流转。本案属于"名为买卖、实为借贷"的贸易性融资。一审法院判决：驳回原告浙江某化工公司的诉讼请求。宣判后，浙江某化工公司向浙江省宁波市中级人民法院提起上诉。浙江省宁波市中级人民法院判决驳回上诉，维持原判。浙江某化工公司向浙江省高级人民法院申诉再审，浙江省高级人民法院驳回再审申请。

【分析】

法院认定当事人之间法律关系的真实性质，不能仅对当事人签订的合同等进行形式判断，而应立足于当事人的约定并综合合同价款、交易过程、交易目的等因素全面客观审查。当事人之间不具备真实的买卖意图和货物需求时，所谓的买卖只是资金融通的外在形式，实质上是当事人之间以买卖形式掩盖的企业间借贷行为。但买卖合同与仓储合同系两个独立的合同，没有主从的依附关系，仓储合同不能因买卖合同无效而无效。浙江某化工公司与杭州某燃料公司、杭州某化工公司之间的4次甲醇交易过程是以不存在货物的货权凭证虚构买卖标的物，进行没有实物的资金空转型买卖。当事人之间实质上是以买卖形式掩盖的企业间借贷行为。在此情况下，原告与被告之间不具备缔结仓储合同的意思表示，原告以仓储合同为依据主张被告履行仓储人返还货物的义务，没有事实和法律依据。至于被告是否应承担赔偿责任，应以参与融资性买卖的多份合同主体作为整体进行考量，原告可另案主张。

【规范指引】

《民法典》第667条；《民间借贷司法解释》第2条、第15条。

三、名为房屋租赁，实为借贷

问题 3：如何区分房屋租赁与民间借贷

房屋租赁合同是出租人将房屋交付承租人使用、收益，承租人支付租金的合同。区分当事人之间是否存在真实的房屋租赁关系，应当从以下几方面进行。

1. 审查房屋租赁合同内容

在真实的房屋租赁中，房屋租赁合同内容一般包括房屋的具体情况、租赁期限、租金及其支付期限和方式、房屋维修责任约定等条款。在名为房屋租赁，实为借贷的情况中，双方就房屋买卖合同的约定较为简单，甚至会忽略关于房屋的维修责任约定条款。

2. 审查承租人是否实际占有和使用房屋

在真实的房屋租赁中，承租人有实际房屋居住需求，并且在房屋租赁合同约定的承租期限内一般会实际占有和使用房屋。在名为房屋租赁，实为借贷的情况中，一般出借人以签署《房屋租赁合同》的名义将资金出借给借款人，最根本的原因是涉案房屋已存在多重权利限制，出借人难以获得借款人房屋担保物权时，出借人以房屋使用权担保债务或要求借款人支付超额违约金，故借款人通常在相当长的时间内不会要求占有和使用房屋。

3. 审查房屋租金交付情况

在真实的房屋租赁中，租金标准符合一般市场租金标准，租期通常较短，租金一般按月或按半年、一年交付。在名为房屋租赁，实为借贷的情况中，租金金额明显高于一般市场租金，并且租期长达数年，租金分期交付的期数较少，甚至存在租金一次性全额付清的情况。

4. 审查后处理情况

（1）在名为房屋租赁，实为借贷的案件中，双方之间的租赁合同系双方虚假意思表示，应为无效，应按实际成立的借贷合同依据民间借贷法律规定及合同效力的规定予以处理。

（2）在租赁合同被认定无效，实际构成借贷法律关系的情形下，裁判者不能简单认为双方之间没有利息的约定，而应依据最高人民法院《民间借贷司法解释》，结合民间借贷合同内容，根据交易习惯、市场报价利率等因素确定利息。关于具体的利息标准，尽管租赁合同已经被认定无效，但如有证据能够证明双方之间对利息有明确约定或实际履行的，亦可参照该约定确定利息标准。

【案例】张某与山东某商贸公司、济南某物业公司、杭州某公司、山东某贸易公司合同纠纷案[①]

原告张某向法院诉请判令：（1）山东某商贸公司向其支付回购本金；（2）山东某商贸公司向其支付违约金；（3）济南某物业公司向其支付租金和违约金；（4）杭州某公司、山东某贸易公司对济南某物业公司的付款义务承担连带担保责任；（5）诉讼费由山东某商贸公司、济南某物业公司、杭州某公司、山东某贸易公司承担。法院经审理查明：张某与山东某商贸公司签订《商铺租赁合同》的同时，又依据山东某商贸公司的要求与济南某物业公司、杭州某公司、山东某贸易公司签订《经营租赁合同》及补充协议，张某仅负责提供资金和收取每月固定收益，且在租赁期满后收取"租金"的100%款项，张某并未实际接收及交付商铺，且涉案商铺之间无有形隔断，现实中亦无相应编号，本案不具有商铺租赁的真实内容，可以认定原告、被告之间的行为名为房屋租赁实为借贷行为。另山东某商贸公司以现场推广、广告宣传等多种方式向社会公开宣传，并与众多自然人签订形式相同的商铺租赁合同、经营租赁合同，涉及金额巨大，已涉嫌刑事犯罪，应移送公安机关或检察机关处理。法院判决：驳回原告张某的起诉。

【分析】

原告（出借人）以租赁合同纠纷为由提起诉讼，要求出租人（借款人）支付租金、违约金时，人民法院应结合房屋租赁合同的签订情况，租金标准及支付方式，双方沟通的证据来判断真实意思表示和真实的法律关系。

【规范指引】

《民事诉讼法》第119条第4项；《民间借贷司法解释》第23条。

---

① 参见山东省济南市市中区人民法院（2018）鲁0103民初8735号民事裁定书。

四、名为合伙，实为借贷

问题 4：如何区分合伙关系与民间借贷

合伙法律关系本质上是一种具有高度人身依赖性质的合同关系。合伙合同，是指两个以上合伙人为共同事业目的，订立的共享利益、共担风险的协议。通常而言，合伙协议需要对合伙人的出资数额、盈余分配、债务承担、入伙、退伙、合伙终止等事项进行约定。由此，合伙法律关系最为核心的法律特征即合伙人共享利益、共担风险，这就要求非经利润分配或者清算后分配剩余财产，合伙人不得拿走合伙财产。伴随着商品经济及市场化不断发展，在意思自治的背景下，合伙各方之间签订的合伙协议与传统典型的合伙存在诸多不同，实践中，常有借贷双方以合伙协议的名义建立借贷关系。但合伙与借贷仍有实质区别，人民法院在审理此类案件时应从以下方面识别真实法律关系。

1. 审查合伙人身份是否对外披露

在签订合伙协议时，该当事人是否对外披露其为合伙人至关重要。如果合同各方签订合伙协议后，一方当事人在市场监督管理局等相关行政主管部门登记为合伙企业的合伙人那么在对外经营的过程中，该当事人为合伙人。

2. 审查合同目的

人民法院应当运用穿透式思维，判断合同各方的真实意思。虽然合伙关系的出资人和借贷关系的出借人都是基于出资而获利，但合伙关系的出资人明显是基于事业目的期待分红利润，而借贷关系则是基于资金的出借获得固定的资金占用费。合伙和借贷的合同目的不同应是区分协议各方真实意思，判断法律关系的重要因素。

3. 审查协议各方是否共担风险

合伙关系中需要合伙人就共同事业共担风险。合伙协议内部通常会约定本金保底条款，实践中，有一些法院在审理该类案件时，一旦发现本金保底条款即认定属于名为合伙实为借贷，此种裁判理念实质上是武断的。许多合伙虽有本金保底条款，但若项目不营利，合伙人承担的巨额资金利息风险损失可能超过本金。本金保底条款作为合同各方的意思自治，没有损害国家、公众利益和他人利益的情况下，不能仅就合伙各方对风险承担所作的内部约定，即认为各方不承担风险或认定各方是借贷关系。实践中，人民法院应当将本金保底条款作为探求合同真实意思表现之一的因素，综合考虑合同目的、获益、是否实际参与经营等多方面因素对真实法律关系进行认定。

4. 审查协议关于获益的约定

合伙关系与借贷关系关于获益的期待有实质区别，合伙关系期待的是共同事业之利润，借贷关系期待的是资金占用费之利润。如果协议约定的获益明显不是对出资利息的期待，则应认定为合伙关系，反之则应认定为借贷关系。

【案例】李某诉余某民间借贷纠纷案[①]

李某以余某作为被告、张某作为第三人向法院诉请判令：（1）余某向李某返还款项本金共计人民币 480 000 元；（2）余某向李某支付以判决的本金数额的 30% 计算的违约金；（3）诉讼费由余某承担。法院经审理查明：2017 年 3 月 22 日，余某作为甲方与作为乙方的张某、李某签订《合伙协议》，约定甲、乙双方共同出资经营位于新疆的某煤炭生产业务，煤炭生产资金由双方共同出资支付，双方共同经营管理，共同营利，共担风险，并就出资款和出资时间、结算时间、合伙比例、合伙生产经营年限、入伙、退伙以及违约金（按守约方实际损失的 30% 支付违约金）进行了约定。同日，双方又签订了《返款协议》，约定鉴于双方的《合伙协议》约定的甲方向乙方出资 200 万元的事实，若甲方按《合伙协议》出资 200 万元，乙方须向甲方返还出资款本金 200 万元，返还期限为一年；若乙方按期向甲方返还出资款本金 200 万元，甲方自愿在乙方返款期间停止向乙方收取利息；若乙方未按期支付上述出资款，甲方有权要求乙方支付违约金 200 万元。后续，李某委托案外人伍某向余某转款 200 万元，张某受李某委托向余某转款 25 万元。余某向新疆某煤炭公司法定代表人毕某转款 50 万元。一审法院判决驳回了原告李某的诉讼请求。李某不服向重庆市第五中级人民法院上诉，二审法院经审理后认为双方既约定合伙又约定了返款，双方约定不明，采纳李某关于双方名为合伙实为借贷的上诉理由，认定双方成立民间借贷法律关系，予以改判。

【分析】

合同双方当事人一方面约定共享收益共担风险，另一方面又在返款协议

[①] 参见重庆市第五中级人民法院（2020）渝 05 民终 4541 号民事判决书。

中约定了一方的按期返款义务，不符合合伙法律关系中共担风险的特征，而符合民间借贷关系资金融通的特征。本案中，从明示的意思表示来看，一方面约定了李某和余某共享收益共担风险，另一方面又在返款协议中约定了余某的按期返款义务，已难以与合伙的法律特征相容。从默示的意思表示来看，没有证据证明该《合伙协议》签订后双方在按照合伙的模式运作合伙事项以行为践行合伙，故不论是从明示的角度还是从默示的角度来看，双方的法律关系均不应被认定为合伙法律关系。此外，李某与余某、张某在三方签订的《合伙协议》中约定了共同经营管理、共负盈亏、共担风险，又在同一天签订的《返款协议》中约定余某要向李某返还出资款，前述约定相互矛盾，应视为约定不明。余某并未举示证据证明双方在履行过程中实际共负盈亏，故法律关系应认定为民间借贷关系。双方交易的实质是一种民间借贷行为，应当参照民间借贷合同的规定处理双方的法律关系。

【规范指引】

《民法典》第667条；《民间借贷司法解释》第29条。

五、名为委托理财，实为借贷

问题5：如何区分委托理财与民间借贷

委托理财，是指委托人将其资金、证券等资产委托给非金融机构或自然人等受托人，由受托人将委托资产投资于证券、期货等金融市场进行投资，所得收益由双方按照约定进行分配或由受托人收取代理费的经济活动。委托理财与民间借贷形式上均具有收益期待的投资性特征，但两者存在重要区分，绝不可混为一谈。

1. 性质及各方目的不同

委托理财是指委托人将其资金交付给受托人投资于金融市场并获利的资产管理行为，委托人的目的是获取投资收益最大化，而受托人的目的是获得融资资金进行理财项目投资，以得到更大的报酬。而民间借贷是指自然人、法人、其他组织之间及其相互之间进行的资金融通行为，出借人的目的是借钱给他人并获取资金占用的利息对价，借款人的目的是获得资金融通。

2. 可期待收益确定性不同

委托理财通常约定预期收益率或浮动收益率，鉴于投资的风险属性，在委托理财结束前收益均处于不确定的状态，具有不可预见性。而对于民间借贷而言，出借人的借款本金是固定的，利息通常由双方进行约定，收益具有可预见性。

3. 市场风险程度不同

对于委托理财，因金融市场的风险属性，受托人较难保证理财行为必然获得收益，因此委托人需要承担较大的市场风险。而对于民间借贷，借款的本金及利息在借款合同订立时就已明确约定，合同到期借款人需按照约定还本付息，出借人需要承担的市场风险较小。

4. 资金的使用权限不同

在委托理财关系中，委托人转移给受托人的仅仅只是对资产的一定支配权和使用权，受托人不能随意使用资金，需要严格按照委托人的指示来将资金用于双方约定的理财行为。而民间借贷关系中，出借人转移给借款人的是资金的所有权，借款人可以取得对资金的完全控制权，出借人一般不得干预借款人正常的运用资金的行为。

5. 收益及利润分配方式不同

委托理财的收益主要是资产管理行为产生的超出固定收益的部分，委托人可依据委托理财合同的约定，享有按照一定比例分配投资所获收益的权利。而民间借贷的收益是固定本息回报，不论借款人利用所借资金获得多少收益，出借人均不享有分配该收益的权利。

6. 资金的交易去向不同

委托理财中受托人收到理财款项后需要将款项用于理财项目。而民间借贷中借款人收到借款后，借款去向并不影响民间借贷关系的成立。

辨析是否属于名为委托理财关系、实为民间借贷关系的情形时，应当关注如下几个要点。

第一，是否存在"保底条款"。如果合同中存在"保底条款"，即双方约定无论投资盈亏，委托人都能获得固定的本息回报，此时，投资的风险性和利益不确定性实际上已经消除，双方之间仅为简单债权债务关系，此类合同应当按照民间借贷关系处理。

第二，收益分配机制如何约定。委托理财的核心特征之一是风险共担，即委托人应当根据投资的盈亏获取收益或承担损失，如果双方的合同对收益的约定仅是按照固定利率计算，此类合同应当认定为民间借贷合同。

第三，委托人的参与程度如何。委托理财关系中，委托人通常对投资项目有一定的管理权或决策权，如果合同中仅约定委托人的义务仅限于提供资金，而无权对受托人如何利用其提供的资金进行干涉，此种情形也是认定合同为借贷关系的重要依据。

实践中，还应当注重审查合同双方的交易记录、通信记录等证据，以确定双方交易的真实意愿和合同的实际履行情况。比如，双方在电话、微信聊天中讨论的内容是否更符合借贷合同的履行内容。

另外，信托公司、商业银行等金融机构作为资产管理产品的受托人与受益人订立的含有保证本息固定回报、保证本金不受损失等保底或者刚性兑付条款的合同，人民法院应当认定该条款无效。受益人请求受托人对其损失承担与其过错相适应的赔偿责任的，人民法院应予支持。

【案例】林某与朱某、上海某实业有限公司民间借贷纠纷案[①]

林某向法院诉请判令：（1）朱某、上海某实业有限公司共同偿还林某借款本金 5 400 000 元及利息；（2）朱某、上海某实业有限公司协助将车牌号为沪 C×××××的车辆过户至林某名下；（3）本案诉讼费、保全费由朱某、上海某实业有限公司承担。朱某辩称双方实为委托理财关系，林某应当共同承担出现的亏损。上海某实业有限公司抗辩称案涉款项并未用于公司经营周转，其不应当对案涉款项承担共同还款责任。法院经审理查明：2019 年 4 月 11 日至 2021 年 3 月 25 日，林某通过银行转账的方式向朱某转账总计 5 400 000 元。后朱某出具还款计划，并承诺将上海某实业有限公司名下车牌号为沪 C×××××的车辆在 2022 年年底完成过户至林某名下。截至 2022 年 1 月 6 日，朱某尚欠林某 4 700 000 元。另查明，朱某为上海某实业有限公司法定代表人。一审法院判决：朱某于判决生效后十日内给付林某借款本金 4 700 000 元及利息。朱某、上海某实业有限公司于判决生效后三十日内协助林某将车牌号为沪 C×××××的汽车过户至林某名下。驳回林某的其他诉讼请求。宣判后，朱某提出上诉，二审法院判决驳回上诉，维持原判。

【分析】

是否承担投资风险，是区分委托理财合同及民间借贷合同性质的主要标准，若合同约定委托人将资产交由受托人进行投资管理，受托人无论盈

[①] 参见江苏省泰州市中级人民法院（2023）苏 12 民终 4404 号民事判决书。

亏均保证委托人获得固定本息回报，超额投资收益均归受托人所有的，属于"名为委托理财、实为借贷关系"之情形，应认定双方成立借款合同关系。

本案中，朱某与林某并未签订任何书面委托理财协议，亦未就投资项目、收益、风险等内容进行过明确具体的约定，林某并不参与具体投资项目，对于投资的具体经营收益等情况亦不知情，故本案不符合民间委托理财的基本特征，应当认定朱某与林某之间成立民间借贷法律关系，朱某应当向林某偿还借款本金 4 700 000 元及利息。而林某主张借款用于上海某实业有限公司经营周转，但不能提供相关证据予以证据，故上海某实业有限公司对案涉借款不应当承担共同还款责任。

【规范指引】

《民法典》第 667 条、第 675 条、第 676 条；《民商事审判会议纪要》第 92 条。

六、名为典当，实为借贷

问题 6：如何区分典当与民间借贷

典当，是指当户将其动产、财产权利作为当物质押或者将其房地产作为当物抵押给典当行，交付一定比例费用，取得当金，并在约定期限内支付当金利息、偿还当金、赎回当物的行为。典当关系与民间借贷关系的交叉之处在于，两者在本质上均属于借贷关系，只是在借贷性质和方式上存在一定差别。

1. 法律关系主体不同

典当是一种特许经营的行业，典当关系的出借方必须是符合《典当管理办法》中规定的条件并申请取得典当经营许可证、专门从事典当活动的公司。而民间借贷的主体为非金融机构的自然人、法人、其他组织。

2. 法律关系的内容不同

典当关系以物的担保为前提，且必须由当户提供担保，借贷关系与担保关系没有主次之分，且合同的形式为统一格式的当票。而民间借贷并不必然要求存在担保，即使要求担保也并不限制借款人或第三人的担保，借贷关系与担保关系存在主次之分，担保关系从属于借贷关系，同时借款的合同并不限制合同形式。

3. 权利义务的条件不同

典当关系是一种有偿借款，是附期限、附条件的，且必须以交付当物的方式才能取得现金。而民间借贷并不必然是有偿借款，或者要求附条件。

4. 法律后果不同

在典当关系中，如发生绝当，典当行仅能先以当物抵偿债务，不足部分再向当户追偿，也即典当行在未就当物进行处置前不能直接诉请对方偿还当金本息。而民间借贷行使担保权或向保证人主张责任是借款人的权利，如借款人逾期不能偿还借款，担保物权人可与担保人进行协商，如协商不成可通过诉讼或者仲裁行使优先受偿权。

5. 费率不同

典当除了依照标准收取利息以外，还可以根据典当物的属性收取管理费、综合费等。而民间借贷仅能在国家规定的利率上限内收取利息。

实践中，辨析是否属于名为典当关系、实为民间借贷关系的情形时，应当关注如下几个要点。

第一，是否存在无当物发放信用贷款的情形。典当关系以物的担保为前提，若没有当物而直接向借款人发放信用贷款，或者作为当物的动产未依法转移占有，不动产、财产权利未依法进行登记，一般应当认定为借贷关系。

第二，出借资金是否为典当行的自有资金。若存在委托第三方发放贷款而不走典当行公账、集资或者向第三方拆借资金用于开展业务等情形时，一般应当认定为借贷关系。

如典当行存在以营利为目的多次发放信用贷款、委托第三方发放贷款而不走典当行公账、集资或者向第三方拆借资金用于开展业务等行为，还应当注意审查其行为是否因违反法律规定或部门规章中的强制性规定，客观上影响金融市场及金融体系的稳定和安全，损害社会公共利益，进而导致合同无效。

如典当行只是偶发提供信用贷款，借款合同应当是有效的。此时，合同中约定的如月综合费率等问题应参照民间借贷相关法律法规进行处理，即对于以利息和综合费率名义收取的超出民间借贷法律规定利息上限的部分以及预收的息费，应当用于冲抵本金。

【案例】日照某典当有限公司与崔某、山东某建材有限公司民间借贷纠纷案[①]

日照某典当有限公司向法院诉请：（1）判令崔某偿还借款本金 6 328 000 元及利息；（2）判令山东某建材有限公司对上述借款承担连带清偿责任；（3）加倍支付迟延履行期间的债务利息；（4）案件受理费由崔某、山东某建材有限公司承担。被告崔某、山东某建材有限公司抗辩称双方系典当关系。法院经审理查明：2014 年 3 月 28 日，崔某向日照某典当有限公司出具借据一份，约定借款本金 800 万元，借款月利率为 3%，借款期限为 2014 年 3 月 28 日至 2014 年 4 月 6 日。同日，双方就上述借款再次签署《典当借款合同》一份，约定借款金额 800 万元，借款期限自 2014 年 3 月 28 日起至 2014 年 4 月 2 日止，为期 10 天，借款月综合费用率为 2.7%，借款月利率为 0.3%。山东某建材有限公司为崔某的上述借款提供连带责任保证担保。后日照某典当有限公司向崔某指定的账户分两笔共计转入款项 7 928 000 元。此后崔某偿还部分款项后未再还款。一审法院判决：一、崔某于判决生效之日起十日内偿还日照某典当有限公司本金 5 763 818.84 元及利息；二、山东某建材有限公司对崔某上述欠款本息承担连带还款责任；三、驳回日照某典当有限公司本案其他的全部诉讼请求。宣判后，崔某、山东某建材有限公司提出上诉，二审法院判决驳回上诉，维持原判。

【分析】

典当关系的成立首先应具备一定的形式要件，如出借人应为依法设立、合规经营的典当行，典当行与当户应当签署典当借款合同，典当行应当向当户出具当票凭证等。但实质要件才是认定各方法律关系的内核，也即当户是否向典当行交付当物或办理抵押登记、典当行是否发放当金及收取综合费率等息费等。若合同并不具备典当关系的实质要件，则应当认定为"名为典当合同，实为借款合同"。

典当关系的成立需要具备交付当物质押、发放当金、收取综合费等约定及履行内容等实质条件。本案中，日照某典当有限公司与崔某虽签订《典当借款合同》，但双方签订的合同并不完全符合《典当管理办法》的相关规定，且双方并未办理抵押登记，崔某也未提供当物，故日照某典当有限公司与崔某之间的法律关系名为典当，实为借贷，双方民间借贷合同关系成立且合法

[①] 参见山东省日照市中级人民法院（2022）鲁 11 民终 1902 号民事判决书。

有效，现借款期限已经届满，崔某应当将尚欠的借款本金及利息偿还日照某典当有限公司。同时，山东某建材有限公司应当对前述借款承担连带清偿责任。

【规范指引】

《民法典》第410条、第447条、第667条、第675条、第676条；《典当管理办法》第3条、第38条、第40条、第43条。

七、名为保理，实为借贷

问题7：如何区分保理与民间借贷

保理，是指应收账款债权人将应收账款转让给保理商，由保理商向其提供资金融通、应收账款管理或者催收、应收账款债务人付款担保等一项或几项服务的业务。通常来说，保理业务中存在基础合同与保理合同两个合同关系，债权人与债务人之间存在买卖合同、服务合同等基础合同关系，而后债权人基于此基础关系与保理商继续签订保理合同，并将应收账款转让给保理商，由保理商向债权人提供融资、销售分户账管理、应收账款催收、资信调查与评估、信用风险控制及坏账担保等综合性金融服务，形成保理合同关系。保理关系与民间借贷的相同之处表现为二者的结果指向均为融资，但是二者之间具有诸多不同之处。

1. 法律关系主体不同

保理商必须是按照相关法律法规规定，并经相关主管部门批准从而开展保理业务的商业保险公司或金融机构。而民间借贷的主体为非金融机构的自然人、法人、其他组织。

2. 法律关系的内容不同

保理关系的成立以基础合同真实存在以及基础合同债权转让为前提。而民间借贷是相对独立的法律关系，并不以其他合同或者债权转让为前提。

3. 提供资金一方的角色不同

在保理业务中，保理商提供资金的本质是预先支付的购买应收账款的代价，保理商除提供资金外，一般还会提供账户管理、催收款项、资信调查评估、信用风险控制及坏账担保等相关服务。而民间借贷中，借款人提供资金并收取利息,其直接目的仅为融资。

4. 还款一方的角色不同

保理关系中的第一还款来源是基础合同也即应收账款的债务人,而并非债权人直接向保理商归还保理融资款项。而民间借贷中的还款来源为借款人直接还款,一般不涉及第三人还款。

5. 合同形式不同

保理关系中,债权人与保理商应当签订书面的保理合同。而民间借贷中,出借人与借款人并非必然需要订立书面的借款合同。

6. 利益分配不同

保理关系中,保理商在收取债务人依照基础合同支付的应收账款后,应当将扣除保理融资本息及相关保理服务费以后的剩余款项返还债权人。而民间借贷中,债务人应当将全部借款本息及利息支付给债权人。

常见的"名为保理、实为借贷"的情形主要包括六种:一是保理商明知不存在应收账款仍提供资金;二是保理商不以应收账款转让为前提而实际为债务人提供资金;三是转让的应收账款为将来的应收账款,或应收账款不明确;四是保理融资款履行期限和应收账款履行期限不对应或存在冲突;五是保理商提供融资的对象为基础法律关系中的债务人;六是保理商未对应收账款进行过管理、催收。

实践中,还应当注重审查保理人是否尽到了审慎核查义务。如有不存在应收账款或基础交易不真实的情况,只要保理人能够证明已经尽到审慎核查义务,而应收账款债权人或债务人无法提供证据证明保理人明知的,一般仍应认定为保理关系。对于"名为保理、实为借贷"的合同,如不存在法律规定的合同无效情形,原则上应认定合同有效。

【案例】上海某商业保理有限公司与深圳某商业连锁有限公司、深圳某投资合伙企业、刘某民间借贷纠纷案[①]

上海某商业保理有限公司向法院诉请判令:(1)深圳某商业连锁有限公司偿还上海某商业保理公司借款本金 52 267 794.92 元并支付利息 767 315.17元;(2)深圳某商业连锁有限公司向上海某商业保理有限公司支付罚息;(3)刘某、深圳某投资合伙企业对深圳某商业连锁有限公司的债务承担连带给付责任。被告深圳某商业连锁有限公司认可双方之间保理合同应为无效,

---

① 参见北京市高级人民法院(2019)京民终 1433 号民事判决书。

但认为双方之间成立金融借贷关系。法院经审理查明：2017年8月8日，上海某商业保理有限公司与深圳某商业连锁有限公司签订《保理融资业务合同》，约定深圳某商业连锁有限公司将其与下游买方基于商务合同产生的应收账款转让给上海某商业保理有限公司作为保理商。刘某、深圳某投资合伙企业自愿为前述合同提供最高额保证。上海某商业保理有限公司依申请向深圳某商业连锁有限公司发放了融资款，此后深圳某商业连锁有限公司偿还了部分本息后未再还款。另查明，本案保理合同履行过程中，没有转让应收账款债权，且深圳某商业连锁有限公司提交基础合同中其实际为买方。一审法院判决：一、深圳某商业连锁有限公司于判决生效之日起十日内向上海某商业保理有限公司偿还本金52 267 794.92元并支付利息767 315.17元；二、深圳某商业连锁有限公司于判决生效之日起十日内向上海某商业保理有限公司支付罚息；三、刘某和深圳某投资合伙企业对上述判决第一项、第二项确定的深圳某商业连锁有限公司的债务承担连带清偿责任，刘某和深圳某投资合伙企业承担保证责任后，有权向深圳某商业连锁有限公司追偿。宣判后，深圳某商业连锁有限公司提出上诉，二审法院判决驳回上诉，维持原判。

【分析】

保理业务是以债权人向保理商转让其应收账款债权为前提，集应收账款催收、管理及融资于一体的综合性金融服务。债权人与债务人之间的基础合同是成立保理业务的前提，而债权人与保理商之间的应收账款债权转让则是保理法律关系的核心。若合同中未约定应收账款转让的实质性内容，或虽然约定转让应收账款但保理人明知应收账款不存在，则应当认定为"名为保理合同，实为借款合同"。

本案中，上海某商业保理有限公司与深圳某商业连锁有限公司虽然签订了保理合同，但深圳某商业连锁有限公司作为买方，实际为债务人而并非债权人，且其并未向上海某商业保理有限公司转让应收账款债权，不符合保理法律关系的特征，本案法律关系名为保理实为借贷。因合同无法律规定的无效事由，依法成立并生效，深圳某商业连锁有限公司应当向上海某商业保理有限公司偿还借款本金、利息及罚息，深圳某投资合伙企业、刘某应当就前述款项承担连带还款责任。

【规范指引】

《民法典》第545条、第667条、第675条、第676条、第761条。

第四节　民间借贷与其他法律关系所发生的款项区分与裁判规则

一、夫妻之间借款的认定

问题 1：夫妻之间借款是否构成民间借贷

在婚姻关系存续期间，夫或妻一方向另一方借款并且出具借条，法院在认定"婚内借款"时考虑到夫妻特殊的身份关系，通常与处理普通自然人之间的借贷纠纷有所不同。①《最高人民法院关于适用〈中华人民共和国民法典〉婚姻家庭编的解释（一）》第 82 条规定："夫妻之间订立借款协议，以夫妻共同财产出借给一方从事个人经营活动或者用于其他个人事务的，应视为双方约定处分夫妻共同财产的行为，离婚时可以按照借款协议的约定处理。"认定夫妻双方是否存在民间借贷关系，须具备以下条件。

1. 款项来源为夫妻共同财产

对于夫妻共同财产的认定，应根据不同夫妻财产制的情况分别加以认定。在法定财产制下，若一方向另一方配偶借款，除负举证义务的一方证明该款项为一方个人财产外，应推定借款来源为夫妻共同财产。在约定财产制下，若一方向另一方配偶借款，除负举证义务一方证明该款项为夫妻共同财产外，应推定借款为夫或妻一方的个人财产。

2. 款项用于个人事务或个人经营

对于款项用途的判断，可参考以下情形加以判断：（1）投资开立公司的，财产是否与夫妻共同财产混同；（2）实际经营过程中是否只由夫妻一方进行经营管理，另一方或其他家庭成员是否参与经营管理；（3）双方是否明确经营活动完全由一方负责。

---

① 姚邢、龙翼飞：《〈民法典〉关于夫妻间财产协议的法律适用》，载《法律适用》2022 年第 2 期。

3. 在婚姻关系存续期间，借款方未偿还借款

夫妻间借贷案件纠纷的起诉时间主要分为三类：婚姻关系存续期间、离婚时和离婚后，起诉时间不同，案件性质认定也存有差异。在婚姻关系存续期间起诉的，法院一般认为该行为属于夫妻共同财产的处分，不符合夫妻间借贷诉讼的程序要件，驳回返还款项的诉请。在离婚时或离婚后起诉的，符合夫妻间借贷案件的法定时间要件，法院通常认定借款关系成立。

二、恋爱关系中借款的认定

问题 2：恋爱期间男女互相借款是否构成民间借贷

对恋爱期间经济往来中借贷关系是否成立，重点应审查双方对借贷关系是否达成合意、是否实际交付借款等条件。鉴于恋爱关系期间的男女一般不会签订书面借款协议，因此借贷合意的审查成为司法实务中法官的审查重点。恋爱期间男女互相借款认定为民间借贷须具备以下条件。

1. 达成借贷的合意

如男女双方以书面或口头等形式缔结民间借贷合同，证明双方就借贷事项达成一致意见，但原告仅以转账凭证、交易流水起诉的，不易被法院纳入"有借贷合意"的范畴。

2. 款项已实际交付

原告在诉请被告归还借款时，需提供款项实际交付的证据，如转账凭证、交易流水等。

司法实践中，若具有以下情形，法院一般认定男女之间不成立民间借贷关系：一是对于合理范围内的小额财物赠与或日常消费支出，通常认定为一般赠与。譬如日常生活中的购买衣物，请客吃饭，以及如情人节、生日、纪念日等特殊节日的赠与，或者是特殊金额的赠与，如 520 元、999 元、1314 元等金额以及其他小额赠与，通常被推断为双方表达爱意的赠与，没有特殊缘由不能要求返还。二是对于恋爱期间大额转账的认定，一般认定为以结婚为目的的附条件赠与。如用于购房购车的款项，当结婚目的未能实现时，解除条件成立，该款项属于不当得利应予返还。

【案例1】黄某、欧某民间借贷纠纷案①

黄某与欧某自2017年9月至2020年2月为情侣关系,欧某分别于2018年9月15日、2018年11月21日、2019年7月30日、2019年12月24日通过某银行手机银行向黄某转账18 888元、48 000元、38 888元、30 000元,后欧某起诉黄某要求归还借款。

【分析】

转账虽存在带有通俗的吉利意义数字、特定的时间的特点,但该类转账金额实际已超出一般情侣间情感的表达,特别是2019年1月28日凌晨转账的三笔50 000元(合共15万元),已大大超出情侣间通俗意义上情感表达的一般金额。黄某主张上述转账为欧某对其的赠与,对于赠与事实的认定高于一般事实"高度盖然性"的证明标准,其亦无提供证据证明欧某转账时有赠与或表达爱意的意思表示,不足以认定系欧某对黄某的赠与。故两审法院均依法认定欧某、黄某之间就该类转账成立借贷关系。除此之外,还需要注意以下情形。

第一,一方当事人提供的证据不足以证明双方存在借贷合意,且另一方主张为恋爱时赠与的,应当就赠与关系的成立承担举证责任。

第二,以结婚为目的赠与的彩礼,可以视情追回。超过日常生活消费和属于以结婚为目的的赠与,这类给付通常是以结婚或者以共同生活并维系身份关系为目的的大额支付,属于附条件的赠与。当双方未办理结婚登记手续,或办理结婚登记手续但确未共同生活,或婚前给付并导致给付人生活困难的,赠与一方可请求接收一方返还相关款项。

【规范指引】

《民间借贷司法解释》第2条、第16条、第28条第2款第1项;《最高人民法院关于适用〈中华人民共和国民法典〉时间效力的若干规定》第1条第2款。

【案例2】刘某与邓某民间借贷纠纷案②

邓某在2018年5月至2020年3月以偿还本人名下信用卡、支付孩子学费、偿还其个人名下车贷及邓某本人其他贷款等理由先后多次向刘某提出借款并给出偿还承诺,刘某总共出借邓某202 000元。在邓某承诺还款期限到期

---

① 参见广东省广州市中级人民法院(2022)粤01民终7429号民事判决书。
② 参见云南省昆明市西山区人民法院(2020)云0112民初7271号民事判决书。

后，刘某多次向邓某提出偿还要求，但邓某以自己暂时没钱过后偿还，以及邓某向刘某的全部借款都是刘某对其本人感情偿还款等原因为理由拒绝向刘某偿还所有借款。

【分析】

涉案款项往来期间原告与被告是男女朋友关系，双方之间款项往来频繁、数额零散无规律，时间跨度长，符合男女朋友之间为维持亲密关系而相互支出的情形，故仅凭转账凭证不足以认定双方之间存在借贷关系。同时，原告在庭审中对借款经过、借款利息、借款期限等陈述不清，也不符合一般人对关乎自身财产的审慎态度，故原告的举证不能认定涉案款项的性质为借款，原告理应承担进一步的举证证明责任，但原告现未能进一步举证证明双方之间就涉案款项有借贷合意，故原告依法应承担举证不能的法律后果。

【规范指引】

《民法典》第667条；《民间借贷司法解释》第2条第1款。

三、父母为子女支付购房款的性质认定

问题3：父母为子女支付购房款是否构成民间借贷

在现实生活中，基于彼此间密切的人身财产关系，父母对子女的借贷往往没有借条，父母对子女的赠与也往往没有明确的表示。此时应严格执行"谁主张、谁举证"原则，对于借贷关系的审查应着眼于"借贷合意"是否成立。父母起诉子女主张为借款法律关系的，应当由父母就其与子女或夫妻双方存在借款合意的事实承担举证责任。在夫妻双方婚姻关系存续期间，父母为双方购置房屋出资的，对该出资的性质有约定的，按照约定处理。对于没有约定或约定不明的，若父母一方主张款项性质为借款，一般由父母一方承担举证责任。[①]

当父母为子女支付购房款时，对于款项性质约定不明的，一般认定为赠

[①] 黄庆楠：《婚后夫妻购房款中父母出资部分的性质认定研究——以〈民法典婚姻家庭编的解释（一）〉为视角》，载《法制博览》2021年第21期。

与行为。父母无法举证证明双方达成借贷合意，如对于出资的性质没有约定或约定不明，原则上应认定该出资为赠与行为。子女结婚前，父母为双方购置房屋出资的，应当认定为对自己子女个人的赠与，但父母明确表示赠与双方的除外。

【案例】夏某华、楚某与夏某、赵某民间借贷纠纷案[1]

被告夏某系原告夏某华和原告楚某的女儿，被告赵某系被告夏某配偶，两被告于 2017 年 8 月 28 日登记结婚，两被告于 2020 年 1 月 2 日找到原告，向两原告诉说，两人欲购买昆明市官渡区某公寓，但是没有钱付首付，希望两原告借款 240 000 元作为首付款购买房屋，两原告表示同意，并签订《协议书》，约定预计借款 240 000 元，并约定收回房款的情形，后原告把银行卡给被告，两被告去买房时刷了原告银行卡，合计 244 813 元，另有 10 000 元现金借款，合计 254 813 元，2020 年 1 月 11 日原告和被告签订了《借款协议》，约定被告向原告借款买房本金 254 813 元，利息按银行贷款利息计算，未约定还款期限，现两被告离婚，原告要求两被告归还借款及利息，但两被告均以没有钱为由拒不归还。

【分析】

原告、被告间签订了《借款协议书》，且协议书明确两被告须孝敬父母、尊老爱幼、家庭和睦，如违反协议约定，原告有权收回该笔首付款，可知原告、被告之间的法律关系应当认定为附义务的赠与。除此之外，还需特别区分以下情形。

第一，父母起诉子女主张为借款法律关系的，应当由父母就其与子女或夫妻双方存在借款合意的事实承担举证责任，无法达到"高度盖然性"的证明标准，或父母仅依据转账凭证起诉，被告对其抗辩未能尽到举证责任达到"高度可能性"标准的，则应当视为赠与。

第二，基于彼此间密切的人身财产关系，父母的借贷往往没有借条，父母的赠与也往往没有明确的表示。此时应严格执行"谁主张、谁举证"原则。

第三，父母出资赠与的真实意思表示，一般应发生在出资的当时或在出资后，父母日后再主张借贷关系则一般不能得到支持。

第四，一方父母出资为子女购房，子女没有出具借条，或者仅己方子女出具借条，配偶方对借条不知情、不同意、不追认，无法形成借贷合意，此

---

[1] 参见云南省昆明市盘龙区人民法院（2021）云 0103 民初 12977 号民事判决书。

种情形下认定为赠与居多。

【规范指引】

《民法典》第 657 条、第 667 条。

四、建设工程"垫资款"的认定

问题 4：建设工程"垫资"行为是否构成民间借贷

《建工合同司法解释（一）》第 25 条规定："当事人对垫资和垫资利息有约定，承包人请求按照约定返还垫资及其利息的，人民法院应予支持，但是约定的利息计算标准高于垫资时的同类贷款利率或者同期贷款市场报价利率的部分除外。当事人对垫资没有约定的，按照工程欠款处理。当事人对垫资利息没有约定，承包人请求支付利息的，人民法院不予支持。"在建设工程施工过程中，发包人对承包人有资金借支需求的，往往会在建设工程施工合同之外与承包人另行达成借款的合意，并订立名为"工程垫资协议"实为"借款合同"的书面合同，但是二者的产生原因、所对应的对价义务与所在的法律关系大相径庭，不能混为一谈。① 在以下情形中，宜将"垫资款"认定为借款。

一是出借资金没有实际投入建设工程之中，未"物化"为建设工程的一部分，法院通常认为属于发包人与承包人之间的拆借资金行为，不属于真正的垫资款，亦不属于建设工程价款。

二是合同中仅约定出借款项及孳息的交付、偿还时间、方式及数额等，则该款项的性质并不是工程垫资款，而是借款。

三是虽然双方约定"垫资款"，但承包方没有履行工程总承包单位应尽的对涉案工程设计、采购、施工监理等方面的管理职责。双方以"垫资"为名行资金拆借之实，该款项不属于工程垫资款，而是借款。

在以下情形中，法院通常将"借款"认定为垫资款。

一是款项的性质为发包方欠付承包方的工程进度款，属于承包方为案涉工程进行施工所垫付的资金。

---

① 王登山：《如何认定名为借款实为垫资？》，载《中国建筑金属结构》2021 年第 3 期。

二是出借资金实际用于工程建设，已实际"物化"为建设工程的一部分。

三是已到达支付工程款条件。在司法实务中，法官一般会审查是否已达到支付工程款的条件，如施工方不能举证证明其已满足支付工程款的条件，该款项应认定为借款，否则应认定为工程款。

【案例1】云投某生态公司、某区住房和城乡建设局等建设工程施工合同纠纷案①

原告云投某生态公司与某区政府签订的《框架协议》《投资合作备忘录》中约定，由云投某生态公司以工程建设的方式先行垫资对已具备实施条件的项目进行施工，项目年投资回报率不超过7%。云投某生态公司与某区住建局签订的《示范点工程施工协议》中约定其他原因造成的各方损失双方依照2017年4月签订签署的《框架协议》和《投资合作备忘录》协商处理。后原告起诉某区政府和区住建局向原告支付欠付的工程价款24 596 457.39元。

【分析】

原告与被告虽然约定垫资，但并未约定具体垫资金额，应视为对垫资约定不明，案涉款项应按照工程欠款处理。

【规范指引】

《民法典》第807条；《建工合同司法解释（一）》第25条。

【案例2】中国某建设有限公司、南京某视讯文化传播有限公司等建设工程施工合同纠纷案②

2012年8月8日，南京某视讯公司、投资咨询公司、通信服务公司、通讯设备公司与某建筑公司签订《总承包合同》，约定工程名称为南京某视讯研发大楼工程，资金来源自筹。依据合作协议约定，某建筑公司为该工程融资，南京某视讯公司按年15%融资费率支付财务费用，财务费用以工程造价形式体现。双方在2017备忘录中进一步确认按合作协议约定的上述原则结算融资费用。双方约定"财务费用以工程造价形式体现"，在总承包合同履行中，体现为工程进度款和工程结算款的支付。后双方因工期延误责任、融资费用如何结算等问题经协商不成后形成诉讼。

【分析】

在工程竣工验收合格后，承包人垫付的款项转化为发包人应向承包人支

---

① 参见云南省曲靖市沾益区人民法院（2021）云0303民初2690号民事判决书。
② 参见最高人民法院（2021）最高法民终1241号民事判决书。

付的工程价款，此时该款项应当认定为工程欠款，而据以计算的财务费用应当被认定为工程款利息。综上所述，垫资只发生在工程施工期间，工程完工后垫资款的性质转化为工程欠款。除此之外，还需特别区分以下情形。

第一，对于建设工程垫资款需有明确约定，否则将会被认定为工程欠款。

第二，垫资只发生在工程施工期间，工程完工后垫资款的性质转化为工程欠款。

第三，发包人就欠付进度款向承包人出具借条，属承包人垫付资金，并非借款，法院仅支持同期同类贷款利率范围内的利息。

第四，司法实践中，对于款项的区分，法官一般审查转账凭证备注的用途是否为借款、借款合同约定的内容是否符合正常的借贷逻辑，分析双方之间的基础法律关系，查明当事人之间是否存在借款的意思表示。若符合借款合同的要素，则认定为借款。

第五，虽然双方未签订书面借款合同，当一方已实际垫付，另一方已实际使用时，双方已形成事实上的借款法律关系，一般可认定双方借款合同成立，按借款关系处理。

【规范指引】

《民法典》第 799 条；《建工合同司法解释（一）》第 6 条。

五、"合作投资款"的性质认定

问题 5："合作投资"是否构成民间借贷

投资关系与借贷关系分属不同的法律关系，但两者在资金投入等方面有一定的相似性，在实践中容易产生混淆。在司法实务认定名为投资实为借贷法律关系时，主要考虑以下因素：一是出借人不参与企业实际经营管理；不承担企业的经营风险。可要求借款企业在约定借款期限内足额返还本金及利息。二是资金性质为出借款，借款期限届满后，出借人可要求借款人足额归还本金及利息。三是出借人按照约定的利息取得固定的利息，但也存在无偿民间借贷行为。四是无论借款人经营状况如何，出借人有权要求借款人按时足额归还借款本金及利息。

司法实践中，认定名为借贷实为投资主要考虑以下因素：一是投资主体可以直接或者间接参与企业实际经营管理，作为合伙人或者股东享有决策权、利润分配权，需要履行出资义务，承担出资不足或瑕疵出资的责任。二是出资后成为企业法人财产，仅可通过股权转让、减资、清算等法定程序收回投资款项。三是出资后可获得一定经济利益或者社会效益。投资者收益由企业利润决定，按照约定比例或者投资比例分配利益。四是投资者同时享有企业的利益分配权、重大事项决策权并承担企业的经营风险。

【案例】黑龙江某科技公司、付某借款合同纠纷案[1]

黑龙江某科技公司与付某签订的《投资合作协议》约定，付某向黑龙江某科技公司支付1300万元款项，借款一年后，按照3000万元的收益计算回报；超过3000万元，按照实际收益计算回报；黑龙江某科技公司承诺四年内支付给付某的收益达到其投资的数额。协议内容表明，付某所获收益是以固定回报方式计算，且约定无论公司经营情况如何，是否亏损，付某均按标准获得投资收益，后付某诉请被告归还借款1300万元。

【分析】

当事人之间签订的《投资合作协议》并不具有共同经营、共享收益、共担风险的投资合作特征，而是约定一方出资后，无论公司经营情况如何，是否亏损，均按标准计算并享有固定投资收益。应认定双方之间法律关系的性质"名为投资、实为借贷"。除此之外，还需特别区分以下情形。

第一，投资行为的本质特征是共同出资、共同经营、共担风险、共享利益；而借款行为的本质特征则是借款到期，借款人无条件按约还本付息。

第二，司法实践中，对名为投资实为借贷的认定，法院会着重审查协议约定的是否为固定收益或回报，是否共担经营风险，是否履行法律意义上的共同出资程序，是否存在投资的合意。

【规范指引】

《民间借贷司法解释》第25条第2款。

---

[1] 参见最高人民法院（2020）最高法民申7050号民事裁定书。

第五节　民间借贷中的债务清偿

债务清偿,是指债务人依照法律规定或合同约定全面、正确、适当地履行了债务,并使债的目的得到实现。这是债权债务终止最常见的情形,也是债得以消灭的主要原因。民间借贷活动中的债务清偿,是指借款人按照民间借贷合同的约定向出借人偿还本金、支付利息的行为。[①] 故借款人只有按照约定全部清偿本息及履行完成其他约定的义务,出借人的债权才能全部实现,民间借贷之债才得以全部消灭。

本节结合近年来民间借贷等债权债务纠纷相关司法案例以及《民法典》《民间借贷司法解释》《民法典合同编通则解释》等法律、司法解释的规定,从债务履行、债务抵销、以物抵债等方面剖析民间借贷纠纷审理中的疑难复杂问题,以供读者参考。

一、债务人向第三人履行债务的情形

（一）债权转让

《民法典》第545条规定:"债权人可以将债权的全部或者部分转让给第三人,但是有下列情形之一的除外:（一）根据债权性质不得转让;（二）按照当事人约定不得转让;（三）依照法律规定不得转让。当事人约定非金钱债权不得转让的,不得对抗善意第三人。当事人约定金钱债权不得转让的,不得对抗第三人。"

债权转让,是指债权人与第三人协议,将其债权的全部或者部分转让给第三人的行为。在民间借贷关系中,债权人是出借人,即债权让与人,第三人接受债权转让后,成为新的债权人。其中,对于债权全部转让的,受让人取代原债权人的法律地位,成为新的债权人;对于债权部分转让的,除了有特殊约定外,出让人与受让人共同按份享有债权。如果债权部分转让增加了债务人的履行负担,根据《民法典》第550条的规定,该部分增加的履行费用,由让与人负担。同时在债权转让协议中,所转让的债权应当具体明确,

---

[①] 陈兴良主编:《民间借贷操作指引与纠纷解决》,中国法制出版社2015年版,第364页。

否则合同难以成立。

民间借贷的债权转让通常具有一定原因，比如甲借给乙 10 万元资金周转费，而甲欠丙 10 万元货款，故甲可以与丙签订债权转让合同约定，将自己对乙的 10 万元债权转让给丙，用以抵偿甲欠丙的 10 万元货款，然后通知乙向丙偿还欠款，乙清偿完 10 万元债务后，甲乙之间的债权债务关系消灭，欠款得以清偿。

1.债权转让通知的效力及主体

《民法典》第 546 条规定："债权人转让债权，未通知债务人的，该转让对债务人不发生效力。债权转让的通知不得撤销，但是经受让人同意的除外。"《民法典合同编通则解释》第 48 条规定："债务人在接到债权转让通知前已经向让与人履行，受让人请求债务人履行的，人民法院不予支持；债务人接到债权转让通知后仍然向让与人履行，受让人请求债务人履行的，人民法院应予支持。让与人未通知债务人，受让人直接起诉债务人请求履行债务，人民法院经审理确认债权转让事实的，应当认定债权转让自起诉状副本送达时对债务人发生效力。债务人主张因未通知而给其增加的费用或者造成的损失从认定的债权数额中扣除的，人民法院依法予以支持。"

在债务人效力层面，《民法典》第 546 条规定的转让通知决定了债务人向何者履行债务会发生债权消灭的效果，有利于明晰实践中受让人取得债权时间与转让通知到达债务人时间错位可能引发的错误履行及被请求重复履行的风险。《民法典合同编通则解释》第 48 条又对上述规则进行了明确，即债务人在接到债权转让通知前已经向让与人履行，发生债权消灭的效果；接到通知后仍然向让与人履行，不发生债权消灭效果。

对于债权转让通知的主体，从《民法典》的规定来看，应由债权人即让与人通知，因为债权转让通知若由其他主体向债务人作出，债务人需要核实债权转让的真实性，增加其额外负担。但是《民法典》第 764 条对保理合同的有关规定，突破了只能由让与人进行债权转让通知的规定，该条表明"保理人向应收账款债务人发出应收账款转让通知的，应当表明保理人身份并附有必要凭证"。也就是说，即使作为受让人，也可能会成为债权转让通知的主体，但是基于保理合同自身的特殊性，一般的债权转让合同并不适宜参照此规则适用，因为即便受让人能够在通知中表明身份并附相关凭证，但是作为债务人仍需进行核查，增加负担的同时也存在核查不清导致错误清偿的风险。但是如果可以在不增加债务人核查负担的情况下就进行正确清偿，那么认可受让人也能成为债权转让通知主体对于审判实践来说具有积极意义。而且在债权转让中，受让人受让债权后便成为新的债权人，在一定情况下由受让人作为通知主体也更有利于促进交易便捷展开以及保护债务人。而且《民法典合同编通则解释》第48条第2款规定，受让人可以直接以起诉的方式进行债权转让通知，故从程序法的角度看，该款已经蕴含了受让人可以在一定情况下作为债权转让通知主体的态度。

【案例】张某诉李某等民间借贷案[①]

2012年3月16日，潘某借给姚某1、姚某2、李某100万元，并通过银行转账方式付至姚某1账户。2014年7月，潘某向张某借款，后仍欠350万余元，潘某表示愿意将针对李某、姚某1、姚某2的100万元债权全部转让给张某以抵偿债务，张某表示愿意接受，双方签署《债权转让协议》并经过公证。后张某于2015年5月将债权转让通知分别邮寄给李某、姚某1、姚某2，后收到的邮寄回执收件人签名一栏写有两个"姚"字和一个"李"字；但该三人否认收到张某邮寄的债权转让通知。

【分析】

在认定债权转让通知对债务人的法律效力时，应当将债务人是否知晓以及能否确认债权转让事实作为认定债权转让效力的关键。在可以确认债权转让真实性的前提下，不应否定该通知的法律效力。受让人直接通过向人民法院提起诉讼的方式向债务人主张权利的，亦可认定为通知债权转让的一种方式，在相关诉讼材料送达债务人时，该债权转让通知对债务人发生法律效力。故债权受让人是债权转让通知义务履行的适格主体，只要实施了有效的通知行为，就有资格向债务人主张权利。就本案而言，首先，债权转让的事实有相关公证文书为证，且潘某作为债权人在本案重审庭审后向李某、姚某1、姚某2出具了债权转让告知函亦足以证实本案债权转让是存在的；其次，张某通过向上述三人寄送邮政快递的方式主张债权已转让并要求偿还借款，故可认定李某、姚某1、姚某2已知晓债权转让的事实。

【规范指引】

《民法典》第546条。

---

① 参见广西壮族自治区高级人民法院（2019）桂民再487号民事裁定书。

2.债权转让通知的方式和内容

《民法典》没有规定债权转让的通知应采取的形式，故意味着通知可以采取口头或者书面的形式。在基础合同中对通知方式有约定的，按照合同约定；对于约定适用电子方式通知的，在符合相关法律规定的情形下的电子通知也应认定为有效的债权转让通知。若合同没有约定通知方式，有效的债权转让通知可以包括：让与人在债权转让通知文件上签章并实际送达债务人的，如将转让通知以邮寄方式向债务人法定注册地址或约定通信地址邮寄且已经实际送达的、将转让通知向产生债权的基础合同中债务人指定的联系人邮寄且已实际送达的；让与人在所转让的对应发票上对转让主体与内容等事项予以明确标记，且债务人收到该发票的；受让人与让与人、债务人共同签订债权转让合同的；经公证证明债权转让通知已经送达债务人的，但有相反证据足以推翻的除外。

转让通知的内容应指明转让的事实、受让人的范围、被转让的权利、转让的范围等。如果转让通知未全面明确以上必要内容，对债务人而言，债权转让的标的和受让人就无法确定，进而无法准确履行债务，故在债务人未接到符合条件的通知之前有权拒绝履行债务，或者基于债权人不清，可以将给付的标的物进行提存。

对于债权转让中通知债务人的具体形式法答网也作了精选回答：债权依法转让的，虽然应当通知债务人，但通知只是转让对债务人发生效力的要件，而并未将通知作为债权转让本身成立和生效的条件，是否通知债务人并不影响受让人合法取得被转让债权的法律效果。向债务人通知的意义在于，使债务人知晓债权转让的事实，避免债务人重复履行、错误履行或者加重履行债务负担，并于此后负有向债权受让人履行债务的义务。债务人是否收到通知及知晓债权转让的事实，所影响的仅是债务人是否向新债权人履行义务以及履行义务的起始时点。而在通知债务人前，债务人对原债权人的清偿仍发生债务清偿之法律效果。

有关因债权转让而变更申请执行人的司法解释中也未将转让通知送达到债务人作为审查的重点。由此也可表明，通知的具体方式、生效时间等，可以相对灵活掌握。《最高人民法院关于金融资产管理公司收购、处置银行不良资产有关问题的补充通知》（法发〔2005〕62号）第3条指出："金融资产管理公司转让、处置已经涉及诉讼、执行或者破产等程序的不良债权时，人民法院应当根据债权转让协议和转让人或者受让人的申请，裁定变更诉讼或者执行主体。"《最高人民法院关于民事执行中变更、追加当事人若干问题的规定》第9条规定，申请执行人将生效法律文书确定的债权依法转让给第三人，且书面认可第三人取得该债权，该第三人申请变更、追加其为申请执行人的，人民法院应予支持。对于变更申请执行人申请的审查，重点应当审查的是债权转让本身，人民法院应审查的是债权转让是否真实、合法、确定以及无争议。

【案例】王某诉张某民间借贷案[①]

2020年3月，李某某通过微信向被告张某指定的财付通账户转账4899元，当天又通过支付宝向被告张某账户转账22 000元，后经李某某多次催要，张某未偿还该款项。2020年5月，李某某与本案原告王某签订《债权转让协议》，约定将上述债权转让给王某，并于2020年6月在省级报刊上刊登《债权转让通知书》，债权金额为27 000元及利息，并请有关债务人立即向受让方履行偿还借款本息的全部义务。被告张某至今未偿还该款项，原告王某诉至法院要求偿还借款及利息。

【分析】

根据法律规定，债务应当清偿。债权转让的生效条件系债权人通知债务人，无须债务人同意即生效。然而，我国法律并未对通知方式作出明确规定，故根据日常交易习惯，采用口头、书面、邮寄等方式均系合法。对于采用公告方式通知债务人是否必然产生债权转让的效力，应当从公告的必要性、债务人是否故意逃避债务以及公告形式综合审查。本案中，被告张某存在逃避债务的故意，李某某及原告王某均无法通过口头、书面、邮寄等方式向被告张某送达债权转让通知书，故李某某采用公告方式向被告张某告知债权转让事项有其必要性，且原债权人李某某通过在国内有广泛影响力的省级报刊上刊登债权转让事宜，已尽到合理通知义务。故原告王某作为债权受让人有权要求被告张某偿还借款及相应利息。

【规范指引】

《民法典》第546条。

3.债权多重转让的优先顺序

在出现债权多重转让的情形下，各界对于债权利益的最终归属问题都存在不同观点，大体观点有受让在先模式、通知在先模式、登记在先模式三种

[①] 参见山东省济宁市任城区人民法院（2021）鲁0811民初2787号民事判决书。

类型。登记在先模式被《民法典》第 768 条保理合同所写入，《民法典担保制度解释》对该条进行扩充，但是保理合同应用此规则有其自身的特殊性，因为现实中并非所有债权都可以进行登记。有学者认为，在现有法律制度框架下，采取"通知优先"最为合理，而当多个受让人均未通知、债务人也未履行时，由转让在先的受让人取得债权更符合法理。[①]

《民法典合同编通则解释》第 50 条规定："让与人将同一债权转让给两个以上受让人，债务人以已经向最先通知的受让人履行为由主张其不再履行债务的，人民法院应予支持。债务人明知接受履行的受让人不是最先通知的受让人，最先通知的受让人请求债务人继续履行债务或者依据债权转让协议请求让与人承担违约责任的，人民法院应予支持；最先通知的受让人请求接受履行的受让人返还其接受的财产的，人民法院不予支持，但是接受履行的受让人明知该债权在其受让前已经转让给其他受让人的除外。前款所称最先通知的受让人，是指最先到达债务人的转让通知中载明的受让人。当事人之间对通知到达时间有争议的，人民法院应当结合通知的方式等因素综合判断，而不能仅根据债务人认可的通知时间或者通知记载的时间予以认定。当事人采用邮寄、通讯电子系统等方式发出通知的，人民法院应当以邮戳时间或者通讯电子系统记载的时间等作为认定通知到达时间的依据。"

根据此条规定，司法解释最终采取的是"通知优先"模式。首先，该模式有利于激励受让人积极督促出让人发出通知，从而保障先来后到规则的实质实现；其次，有利于合理分配风险，受让人若不积极监督出让人履行通知义务，由此导致实际在后的受让人取得优先地位，则由其自负风险；最后，该种模式也符合立法精神，由于债权转让只有在通知后才对债务人有效，故通知到达后债务人应当向通知载明的受让人履行。但是该司法解释并未对债务人未向任何受让人履行债务且各受让人均向债务人主张权利的情况进行规定。[②]

4. 债务人履行规则

债权多重转让中的债务人保护涉及的是多重转让的情形下，债务人与多个受让人之间关系如何处理的问题，即债务人向谁履行才会发生债的消灭效

[①] 贾玉慧：《债权转让规则的具体适用及相关问题研究——以〈民法典合同编通则解释〉第 48 条 –50 条为中心》，载《中国应用法学》2024 年第 1 期。

[②] 贾玉慧：《债权转让规则的具体适用及相关问题研究——以〈民法典合同编通则解释〉第 48 条 –50 条为中心》，载《中国应用法学》2024 年第 1 期。

果。根据《民法典合同编通则解释》第 50 条规定，债务人向最先达到的转让通知中载明的受让人履行债务后即可免责。根据《民法典》第 546 条规定，债权人转让债权未通知债务人的，该转让对债务人不发生效力，且债权转让通知未经受让人同意不得撤销。因此，当第一个债权转让通知到达债务人后，债务人就应当向通知载明的受让人履行。后面转让的通知如果与先到达的转让通知全部或者部分冲突，意味着要撤销部分在前的转让通知，但是通知又未经受让人同意不得撤销，故后到达的通知在冲突范围内不会发生撤销的法律效果。这条规则使债务人无须额外审查判断谁才是真正的权利人，对债务人是很有利的。

5. 受让人权利行使规则

当债务人明知最先通知的受让人另有他人但却仍向其他受让人履行的，受让人可以行使相关救济途径。首先，最先通知的受让人可以要求债务人继续向其履行，因为按照"通知优先"的规则，最先通知的受让人是债务人新的债权人；其次，最先通知的受让人可以根据债权转让协议请求让与人承担违约责任，因为在债权转让中，让与人对受让人负有转让目标债权的义务，基于同一债权重复转让而导致合同义务无法按照约定履行的，无论在何种顺位的受让人都可以向让与人请求承担违约责任。《民法典合同编通则解释》第 50 条规定："债务人明知接受履行的受让人不是最先通知的受让人，最先通知的受让人请求债务人继续履行债务或者依据债权转让协议请求让与人承担违约责任的，人民法院应予支持。"故该条除了明确债务人履行错误时受让人的救济途径，还暗含对多个债权受让人优先顺位的态度，即最先通知的受让人享有对债务人的履行请求权。

《民法典合同编通则解释》第 50 条又规定："最先通知的受让人请求接受履行的受让人返还其接受的财产的，人民法院不予支持，但是接受履行的受让人明知该债权在其受让前已经转让给其他受让人的除外。"该规定表明一般情况下其他受让人无权要求接受履行的受让人返还财产，除非接受履行的受让人在受让债权时明确知道存在顺位在先的受让人。由于债权转让难以有效公示，任何受让人都无法清楚地知道除自己外是否还有其他受让人，也无法知道自己是否为真正权利人，这就导致当债务人向其履行时，其会理所当然的进行受领，此时其他受让人再来追索，会使交易处于一种不安定的状态。该条规定便确立了一种受领保护规则，可以使接受履行的受让人能够根据自己的财务情况安心作出决策。

6. 诉讼、执行中债权的转让

对于诉讼、执行中的债权转让，相关司法解释和司法政策中都有明确的规定。《民事诉讼法解释》第 249 条规定："在诉讼中，争议的民事权利义务转移的，不影响当事人的诉讼主体资格和诉讼地位。人民法院作出的发生法律效力的判决、裁定对受让人具有拘束力。受让人申请以无独立请求权的第三人身份参加诉讼的，人民法院可予准许。受让人申请替代当事人承担诉讼的，人民法院可以根据案件的具体情况决定是否准许；不予准许的，可以追加其为无独立请求权的第三人。"《最高人民法院关于民事执行中变更、追加当事人若干问题的规定》第 9 条规定："申请执行人将生效法律文书确定的债权依法转让给第三人，且书面认可第三人取得该债权，该第三人申请变更、追加其为申请执行人的，人民法院应予支持。"可见，无论是诉讼中，还是执行中的债权转让，司法解释和司法政策都持肯定的观点，当事人可以申请变更诉讼主体、执行主体或者作为第三人参加诉讼。

（二）向第三人履行债务

《民法典》第 522 条规定："当事人约定由债务人向第三人履行债务，债务人未向第三人履行债务或者履行债务不符合约定的，应当向债权人承担违约责任。法律规定或者当事人约定第三人可以直接请求债务人向其履行债务，第三人未在合理期限内明确拒绝，债务人未向第三人履行债务或者履行债务不符合约定的，第三人可以请求债务人承担违约责任；债务人对债权人的抗辩，可以向第三人主张。"

实践中，有些民间借贷的当事人为了节约成本、提高资金运转效率等，会特别约定由借款人向第三人履行债务。向第三人履行的合同是涉他合同中的一种，而涉他合同是对合同相对性原则的突破。因为第三人不是合同的缔约方，故合同的约定不得为第三人增加负担，双方当事人的约定不约束该第三人。根据《民法典》第 522 条规定，向第三人履行发生的依据是合同双方当事人之间的合意，故债务人向第三人履行是一种受到合同约束的、应当作出的行为，同时，根据该条第 2 款的规定，第三人根据法律规定或者合同的约定直接取得履行请求权应当是自合同当事人约定时即取得，第三人不需特别作出接受的意思表示，只要未在合理期限内明确拒绝即可。故在债务人未按照合同约定向第三人履行债务时，第三人可以请求债务人承担继续履行、赔偿损失等违约责任。

向第三人履行债务与债权转让最主要的区别是，借款人未向第三人履行债务或者履行不符合约定时，应当向出借人承担违约责任；如果有证据证明出借人对借贷的款项不再享有债权时，则属于债权转让。此外，债权转让并没有在双方当事人的借款合同中进行约定，通常是在出借人提供借款后发生的；而向第三人履行债务的约定通常会在合同中就予以明确。同时，债权转让以通知借款人为生效要件，而向第三人履行债务因出借人已与借款人在合同中约定一致，故不需要再通知借款人。

二、债务人或第三人履行债务的情形

（一）债务转移

《民法典》第551条规定："债务人将债务的全部或者部分转移给第三人的，应当经债权人同意。债务人或者第三人可以催告债权人在合理期限内予以同意，债权人未作表示的，视为不同意。"债务转移又被称为"免责的债务承担"，基本原理就是，债务人与第三人协议，将其债务的全部或者部分转移给第三人清偿的行为。根据此规定，借款人经出借人同意可以将借款债务转移给他人清偿，当借款债务被全部转移时，第三人取代借款人成为新的债务人；当债务被部分转移时，原借款债务人和新债务人对该笔借款债务承担按份还款责任，而出借人仍为债权人。与消灭既存的债才能缔结新债相比，债务转移制度克服了债的相对性，避免对本已谈妥的事项进行重新商议而引发风险，节省了交易者的时间和精力。由于债务转移改变了债务人，对债权人权利的实现有着直接影响，所以根据《民法典》的规定，债务转移必须取得债权人的同意。

在民间借贷中，出借人之所以能够同意借款人将债务转移给第三人清偿，主要是因为债务转移对出借人实现债权可能更为有利，比如借款人无力偿还借款而第三人有能力清偿，这时债务转移对债权人来说借款就有被偿还的可能。若第三人没有相应的债务清偿能力，出借人则不会同意债务转移，而未经出借人同意转移债务的，对出借人不产生法律效力。对于债务转移合同的订立，由于涉及债权人、债务人、第三人（新债务人），故可通过三种方式实现：一是由债务人与第三人订立债务转移合同；二是由第三人与债权人直接订立债务转移合同；三是由债权人、债务人和第三人共同订立债务转移合同。在债务人和第三人订立的债务转移合同中，必须存在由第三人负担债务并且债务人从债务关系中脱离出来的明确意思表示，欠缺此种明确意思表示的，即使经过债权人同意，也不能发生债务转移的法律效果。债权人的同意可以是明示的方式，比如催告新债务人还款、对新债务人提起诉讼等，也可以是默示的方式，但是单纯的沉默只有在有法律规定、当事人约定或者符合当事人之间的交易习惯时，才可以被视为债权人同意。债权人逾期不答复的，应视为不同意；债权人虽未明确作出同意的意思表示，但其主动向承担债务的第三人请求履行债务或者以实际行动接受第三人清偿债务的，应视为同意。

民间借贷债务经出借人同意后转移的法律效果，一是借款人与第三人签订的债务转移协议生效，新的债务人按照债务转移协议约定向出借人偿还借款、支付利息；就转移的债务，出借人只能向新债务人请求履行债务，而不能再向原借款人要求偿还借款。二是借款人的抗辩权也随之转移给新的债务人，《民法典》第553条第1句规定，"债务人转移债务的，新债务人可以主张原债务人对债权人的抗辩"。例如，借款利率超出法定最高限度时，借款人可以对此进行抗辩，但如果借款人未提出抗辩时债务就已经转移了，那么新债务人在支付利息时也可以提出同样的抗辩，即主张超出法定最高限度部分的利率对其无效。三是由新债务人承担有关的从债务，《民法典》第554条规定："债务人转移债务的，新债务人应当承担与主债务有关的从债务，但是该从债务专属于原债务人自身的除外。"也就是说，除双方当事人有特别的约定或者从债务专属于借款人外，从债务应当同时转移给新债务人，如债务转移后产生的利息、违约金、损害赔偿金等，应当由新债务人承担。如果相关债务在债务转移前已经产生，除非当事人之间另有约定，也可以推定一并由新债务人承担。

【案例】铁某诉李某民间借贷案[①]

李某之母史某因盖敬老院需要资金，向铁某多次借款，并于2014年3月13日出具30万元借条、2014年7月4日出具6万元借条、2014年11月26日出具5万元借条，铁某另支付一笔4万元现金，以上借款共计45万元。后铁某向史某催要借款，史某通知其子李某到场，并于2016年3月11日，在铁某、史某、李某三人均在场的情况下，李某当场向铁某出具45万元借条一份，载明"借款人李某，今借到铁某现金45万元，钱款以现金形式付给"。

---

① 参见河南省平顶山市中级人民法院（2020）豫04民终2773号民事判决书。

【分析】

合法的借贷关系受法律保护。李某所欠铁某借款本金 45 万元，有李某亲笔签字并且按指印的借条为凭，双方的债权债务关系清楚，应予以确认。李某出具了借条，虽没有直接收到 45 万元款项，但基于史某与李某的母子关系，史某已经借了铁某款项而无力偿还，且当日系史某通知李某到场，让李某向铁某出具 45 万元借条，系三人协商一致明确了新的债权债务关系，约定李某作为债务人归还该笔借款并不违反法律规定。李某作为史某的儿子被史某通知到场，受史某指示出具借条，其知道或应当知道出具 45 万元借条的原因和意义，因此，李某与铁某之间形成了真实的民间借贷法律关系。故判定李某应当承担还款义务，并按照法定逾期年利率 6% 支付逾期利息。

【规范指引】

《民法典》第 551 条、第 553 条、第 554 条；《民间借贷司法解释》第 29 条第 2 款。

（二）由第三人履行债务

《民法典》第 523 条规定："当事人约定由第三人向债权人履行债务，第三人不履行债务或者履行债务不符合约定的，债务人应当向债权人承担违约责任。"民间借贷中的由第三人履行债务，是指借款人与出借人约定，借款人的债务由第三人向出借人偿还，当第三人不按照约定偿还时，借款人应当向出借人承担违约责任的一种债务履行方式。实践中，第三人之所以向债权人履行债务，多是因为债务人与第三人之间存在其他法律关系，这时由第三人履行债务，往往具有减少交易环节、提高交易效率的功能。从我国的规定来看，由第三人履行的合同除了在《民法典》合同编中有所体现外，在特别法中比如《海商法》第 69 条规定的"约定运费由收货人支付"也有体现。

由第三人履行的合同是在债权人与债务人之间签订的，由第三人向债权人履行债务，根据合同相对性原则，第三人并非合同的当事人，该种合同订立的目的就是要确保债务人的履行，故第三人属于债务辅助履行人的性质。至于由第三人履行债务的原因则在所不问，可能是基于第三人与债务人之间的交易、委托等合同关系，也可能基于情谊、自愿履行等非法律原因。由于第三人不是合同当事人，合同对该第三人并没有法律约束力，若第三人不向债权人履行债务，可能会向债务人承担责任，而债务人则要向债权人承担违约责任。由第三人履行的合同与保证合同具有相似性，但是保证合同是从合同，由第三人履行的合同，是一种独立的合同，第三人不对债权人承担违约责任。

在民间借贷活动中，由于当事人之间表述不当或者认识不同等原因，容易发生由第三人履行债务和债务转移的混淆，比如第三人在具有第三人履行债务内容的借款合同上签字，借款人会误以为是债务已经转移给了第三人承担，然后借款人会因此拒绝出借人要求其偿还债务。区别由第三人履行的合同还是债务移转有两个主要方式：一看借款人是否退出该民间借贷关系；二看第三人的真实意思表示是什么。即当第三人参与借款人和出借人的借贷活动，表示今后借款人的借款由其履行且借款人和出借人表示同意的，构成债务转移；第三人未参与借款人和出借人的借贷活动，也未与借款人达成债务转移协议，且借款人与出借人约定借款由第三人偿还的，通常都是"由第三人履行债务"。①

【案例】刘某甲诉刘某乙民间借贷纠纷案②

刘某甲经刘某乙介绍认识案外人李某。2016年11月15日，刘某甲通过银行转账的方式向刘某乙汇款5万元，刘某乙又将该款转账给李某，当日刘某乙向刘某甲出具借条，显示内容有"今借刘某甲5万元"。后李某因涉嫌诈骗罪被立案侦查，2017年11月20日，刘某乙为刘某甲再次出具借条，显示内容有"今借刘某甲5万元"。刘某甲诉请法院要求刘某乙支付5万元。

【分析】

本案是关于第三人为债务人向债权人出具借条的性质如何认定的问题。债务加入是指第三人与债务人约定加入债务并通知债权人或者第三人向债权人表示愿意加入债务，债权人未在合理期限内明确拒绝的，债权人可以请求第三人在其愿意承担的债务范围内和债务人承担连带责任。本案中，双方当事人对于借款人系李某，借款通过刘某乙转给李某等事实均无异议，刘某乙在此情况下针对该笔债务先后两次向刘某甲出具借条，可以说明刘某乙具有加入该债务的意思表示，因第三人向债权人表示愿意加入债务，债权人亦予以接受属于债务加入的有效形式，故本案刘某乙向刘某甲出具借条的行为在法律性质上实际构成债务加入，现刘某甲向其主张借款，刘某乙应对于该5万元债务承担偿还责任。

---

① 陈兴良主编：《民间借贷操作指引与纠纷解决》，中国法制出版社2015年版，第426页。
② 参见北京市第三中级人民法院（2020）京03民终496号民事判决书。

【规范指引】

《民法典》第 552 条。

(三)第三人单方自愿代为履行

《民法典》第 524 条规定:"债务人不履行债务,第三人对履行该债务具有合法利益的,第三人有权向债权人代为履行;但是,根据债务性质、按照当事人约定或者依照法律规定只能由债务人履行的除外。债权人接受第三人履行后,其对债务人的债权转让给第三人,但是债务人和第三人另有约定的除外。"

随着社会经济的发展,各市场主体在经济生活中的交易愈加频繁多样,合同的相对性原则已经不能满足当代社会经济发展的需要,各国的立法和司法实践逐步突破了合同相对性的要求。在我国法律规定中,"向第三人履行的合同"与"由第三人履行的合同"前提都是有合同约定。但实践中,常常会出现第三人在无合同约定情况下自愿代债务人向债权人履行合同义务的情形,出于提高交易效率、有利于债权实现、减少纠纷的考虑,《民法典》对第三人单方自愿代为履行的情况进行了明确规定。

第三人单方自愿代为履行,首先,在合同中应当没有对第三人规定履行义务,即第三人不是合同当事人,如果合同中已经约定了债务由第三人履行,则应适用《民法典》第 523 条的规定。探寻第三人自愿代为履行的原因:一是基于与债务人的特殊关系或情感,如亲属之间互相帮助;二是对债务的履行第三人与债务人具有共同利益,为了避免共同利益受损,如在接续性买卖合同中,第三人会代债务人付清货款;① 三是通过此方式实现对债务人的赠与。其次,"法无禁止即可为",只要第三人履行该债务目的合法或不违反法律法规和规章的禁止性规定,即可认定为第三人对履行该债务具有合法利益。最后,根据债务性质、合同约定或法律规定,未明确将第三人代履行排除在外,此种规定的情形与《民法典》第 545 条第 1 款"不得让与的债权"存在一定程度的重合。

第三人单方自愿代履行后,债务人对债权人所负的债务应作相应扣减,

---

① 如接续性买卖合同中第二手出卖人在未结清其对第一手出卖人货款的情况下向第三人出售货物,第一手出卖人为债权人,第二手出卖人为债务人,此时逾期付款可能造成前手合同解除,从而导致第三人购买货物目的落空,债务人亦可能因此承担违约责任,此时,债务人和第三人对于第一手合同的履行具有共同的利益,为了避免该共同利益受损,第三人可能会代债务人付清货款。

但是第三人不会因其代履行的行为而成为合同当事人，原合同相对人的地位不因此发生改变，由此履行所产生的违约责任由债权人直接向债务人主张，第三人不承担。同时，第三人单方自愿代履行后，债权人对债务人的相应债权转让给第三人，但债务人和第三人另有约定的除外，此种情况无须通知债务人即可生效。债务人对原债权人所享有的抗辩可以向新的债权人即第三人主张，如同时履行抗辩、时效完成的抗辩、债权未发生的抗辩等。

第三人单方自愿代为履行与"由第三人履行的合同"的共同点是：一是在两种履行的场景下，第三人均不是合同当事人，第三人履行出于自愿，任何一方不得强制；二是第三人履行债务的后果均由债务人承担。两者的不同点是：一是在"由第三人履行的合同"中，当第三人没有按照债务人与债权人的约定履行债务时，由债务人负赔偿责任；而"第三人单方自愿代为履行"则并非一种合同类型，而是一个事实行为。二是"由第三人履行的合同"需要债权人和债务人对第三人履行债务在合同中提前约定；而第三人单方自愿代为履行则无此要求。三是在"由第三人履行的合同"中，第三人作出履行时，债权人不得拒绝受领；而在第三人单方自愿代履行的情形下，债权人有权予以拒绝。四是第三人单方自愿代为履行后，自动发生债权转让的法律效果；而由第三人履行的合同中，不发生此效果。

若第三人履行不当，一般应当审查第三人代为履行是否善意、有无明显或重大过错、债务人是否反对、违约责任与损失大小等因素，在债务人和第三人之间酌情分配赔偿责任。在涉及原合同纠纷的诉讼中，第三人不是合同当事人，但该诉讼直接关系将来第三人向债务人主张债权，诉讼结果与其具有法律上的利害关系，故其在该诉讼中应为无独立请求权第三人。而在涉及债权转让纠纷即第三人向债务人主张债权的诉讼中，第三人为原告，原债权人应为无独立请求权第三人。

三、债务抵销

《民法典》第 549 条规定："有下列情形之一的，债务人可以向受让人主张抵销：（一）债务人接到债权转让通知时，债务人对让与人享有债权，且债务人的债权先于转让的债权到期或者同时到期；（二）债务人的债权与转让的债权是基于同一合同产生。"债务相互抵销，是指当事人互负债务、互享债权，以自己的到期债权冲抵对方的债权，从而使自己的债务与对方的债务在对应额度内消灭的行为。在民间借贷活动中，债务抵销也叫"以债抵债"，即双方当事人之间互为借款债务时，各自以对等数额消灭债权债务的行为。但是出借人与借款人互负借款债权债务的情况非常少见，因为借款人向出借人借钱后，当出借人需要用钱时，一般会直接向借款人主张债权，而不是反过来向借款人借钱；当借款人尚欠出借人钱款的情况下，向出借人交付金钱通常是用来清偿自己的债务，而不是把钱借给出借人。实践中经常遇到的情况是，借款人对出借人享有其他金钱债权，例如，借款人向出借人借款后，出借人后来又欠该借款人货款钱没有结算；又如，借款人向出借人借款后，借款人将房屋卖给出借人，而出借人欠借款人房款没有结清。因这些债权债务都是金钱之债，债务标的物种类、品质相同，就完全可以等额抵销债务。

当事人之间进行债权债务抵销具有以下功能：一是可以实现债权，债权人无须通过诉讼并申请强制执行，即可实现自己的债权。二是可以节约交易成本和费用，通过抵销使债的关系消灭，实现与清偿同样的效果，同时免除了双方当事人的实际履行行为，方便了当事人也节约了履行的手续及费用。三是可以发挥担保功能，当一方当事人只行使债权而不履行债务或无法履行债务时，对方当事人可以通过主张抵销，确保在等额限度内实现自己的债权。《企业破产法》第40条前段规定："债权人在破产申请受理前对债务人负有债务的，可以向管理人主张抵销。"这就使交叉债权人获得相对于普通债权人的优先受偿地位，是抵销权担保功能的具体体现。四是可以减少各种债务纠纷。交易过程中，双方相互负债，乃至多方当事人相互欠债的"三角债""连环债"等现象十分常见，抵销制度可以有效地避免或减少当事人通过诉讼解决纠纷。如有一方当事人资信恶化，对方当事人可以在不要求债务人履行债务的情况下，通过行使抵销权，抵销双方的债权债务关系，从而减少各类债务纠纷的发生。债权债务抵销可分为法定抵销与协议抵销两种情况。

（一）法定抵销

法定抵销又称通知抵销，是指一方当事人直接按照法律规定以通知的方式告知对方当事人用自己的债权相抵自己的债务的行为。《民法典》第568条规定："当事人互负债务，该债务的标的物种类、品质相同的，任何一方可以将自己的债务与对方的到期债务抵销；但是，根据债务性质、按照当事人约定或者依照法律规定不得抵销的除外。当事人主张抵销的，应当通知对方。通知自到达对方时生效。抵销不得附条件或者附期限。"

法定抵销必须具备三个基本条件：第一，双方当事人互享债权、互负债务，且都合法有效。第二，对方的债务已届清偿期，即主张抵销的主动债权已届清偿期，否则等于强制要求债务人提前履行。但是在破产领域有例外情形，《企业破产法》第46条第1款规定："未到期的债权，在破产申请受理时视为到期。"据此，未到期的债权，在破产申请受理时视为到期，当事人可以主张抵销。第三，债务标的物种类、品质相同，对民间借贷而言，双方当事人之间必须互为金钱之债且币种相同，但是破产抵销可以例外，即双方互负债务标的物种类、品质不同的也可以抵销。

法定抵销在符合上述条件时，当一方的抵销通知到达对方时即发生法律效力，相应的债权债务关系消灭，另一方反对无效。抵销的通知行为系不要式行为，可以口头也可以书面方式作出。为防范因一方的行为给对方造成侵害，债权债务的处置通常要求双方协商，而法定抵销以一方抵销通知到达对方为生效条件，把抵销权交由单方决定，这并不侵害对方的利益。这是因为对民间借贷而言，债权债务的标的物种类均为金钱之债且已到期，单方主张抵销对消灭债权债务关系有利无弊。但是，一方行使抵销权必须符合法定条件，否则就有可能侵害对方的利益。在债务承担的情形中，原债务人对债权人享有债权的，新债务人不得向债权人主张抵销。

当主动债权数额不足以抵销全部被动债权数额时，会发生抵充问题，此时应当参照适用《民法典》第560条、第561条的规定。对抵销的抵充问题，《民商事审判会议纪要》第43条也作出了规定，双方互负的债务数额，是截至抵销条件成就之时各自负有的包括主债务、利息、违约金、赔偿金等在内的全部债务数额。行使抵销权一方享有的债权不足以抵销全部债务数额，当事人对抵销顺序又没有特别约定的，应当根据实现债权的费用、利息、主债务的顺序进行抵销。

（二）协议抵销

协议抵销，是指双方当事人在互负债权债务的情况下，经协商一致抵销债权债务的行为。《民法典》第569条规定："当事人互负债务，标的物种类、品质不相同的，经协商一致，也可以抵销。"当双方当事人互负债务的标的物种类或品质不相同的，为了防范一方给对方造成侵害，不能适用单方通知抵销，只能由双方协议抵销。比如，借款人借用出借人的金钱是美元，而出借人尚欠出借人的货款是人民币，两者的标的物种类不同，双方容易就债务形成至抵销时的美元兑换人民币的汇率不同而发生纠纷，如果此时也由单方决定抵销，就有可能会不利于对方，因此只能协议抵销。

协议抵销是比较自由的，只要不违反法律、行政法规的禁止性规定，双方当事人都可以约定抵销。例如，借款人在借款到期后未偿还，出借人借用借款人物品未返还，此时双方可以借用的物品折价抵销借款债务。又如，约定抵销不受债务是否到期的限制，即一方或双方债务未到期，经双方协商一致，也可相互抵销。协议抵销体现当事人意思自治原则，不拘束于法定抵销的其他条件。法定抵销权的行使是单方当事人表示意思的行为，而协议抵销是双方当事人自愿合意抵销的行为。双方当事人互负债务、全部抵销的，债权债务关系全部消灭；双方债务部分抵销的，剩余部分仍需履行。

【案例】卢某诉陈某借款合同纠纷案[1]

陈某与卢某均属同一高校且均从事旅游推广服务，2016年9月，陈某因组织旅游项目资金紧张，便陆续向卢某借款8600元。2016年10月，卢某找到陈某商议共同经营节日活动以营利，双方协商一致后签订《合伙协议》，决定二人合伙以陈某开设的旅行社的名义推广此次活动，合伙经营期间旅行社员工的工资由双方共同负担，陈某是合伙事务执行人，负责对外开展经营活动等。后陈某以旅行社的名义与旅游公司签订合同，组织同学开展推广活动，但活动效果不佳，亏损万余元。陈某与卢某就员工工资以及债权债务问题进行协商，卢某提出不再要求陈某偿还借款，合伙期间拖欠员工工资由陈某负责解决，卢某不承担责任，陈某对此表示同意。为此，卢某将陈某书写的借条交付员工曾某、肖某二人保管，并告知她们，当陈某发放工资后，可将借条归还陈某。后曾某、肖某二人持借条向陈某催讨工资，陈某表示自己暂时无力发放工资，二人催讨工资未果，但陈某从二人手中取得借条原件并销毁。卢某认为陈某未能按照承诺履行义务，起诉要求陈某偿还借款8600元。

【分析】

所谓合同，是平等民事主体之间设立、变更、终止民事权利义务关系的协议。本案中卢某与陈某之间存在两个不同的关系：一是民间借贷合同关系，二是合伙关系。在民间借贷关系中，卢某是债权人，陈某是债务人；在合伙

---

[1] 罗阳清：《债务抵销时商定条件对于抵销效力影响的认定》，载重庆法院网，http://cqgy.cqfygzfw.gov.cn/article/detail/2018/12/id/3615184.shtml，最后访问日期：2025年4月17日。

关系中，因合伙出现亏损，需要合伙人分担债务。对外是陈某的旅行社负债，对内则是卢某与陈某共担债务，旅行社对外偿还债务后，需要按照合伙协议的约定进行内部追偿，即在合伙协议中，陈某是债权人，卢某是债务人。此时，卢某与陈某互负债务、互为债权人，且债权债务种类相同，均系金钱债务。

本案中，卢某向陈某提出的"条件"，属于合伙关系中对外负债的内部分担方式。这个"条件"不构成债权债务抵销的附加条件，因为就合伙本身而言，卢某与陈某均需要对合伙债务对外承担连带清偿责任，对外承担责任的方式不受双方商谈条件的影响。即，卢某与陈某债权债务抵销后，卢某不需要在合伙内部承担合伙债务，由陈某独自承担合伙债务——这个债务无论表现形式是劳务报酬还是其他，均不影响债权债务抵销的效力和法律后果。因此，卢某与陈某之间达成的债务抵销合意并未附有法律意义上的条件。债权债务的意思表示已经到达对方，债权债务抵销已经发生法律效力。陈某对卢某所负民间借贷债务已经灭失，卢某无权再要求陈某清偿债务。因此本案应当判决驳回原告的诉讼请求。

【规范指引】

《民法典》第 569 条。

四、以物抵债

（一）以物抵债的成立

关于以物抵债协议成立及其性质的认定从司法实践看，最高人民法院在 2017 年公报案例中的甲公司与乙公司建设工程施工合同纠纷案[①]中提出，对以物抵债协议的效力履行等问题的认定应以尊重当事人的意思自治为基本原则，一般而言，除当事人有明确约定外，当事人于债务清偿期届满后签订的以物抵债协议并不以债权人现实地受领抵债物或取得抵债物所有权、使用权等财产权利为成立或生效要件。只要双方当事人的意思表示真实，合同内容不违反法律、行政法规的强制性规定，合同即为有效。最高人民法院的裁判中体现对以物抵债协议的性质认定为诺成合同。在《民商事审判会议纪要》第 44 条、第 45 条中未对以物抵债的性质作出规定。

---

① 参见最高人民法院（2016）最高法民终字第 484 号民事判决书。

在《民法典合同编通则解释》施行后，其中明确规定以物抵债协议的性质。《民法典合同编通则解释》第27条第1款规定："债务人或者第三人与债权人在债务履行期限届满后达成以物抵债协议，不存在影响合同效力情形的，人民法院应当认定该协议自当事人意思表示一致时生效。"该条明确规定债务履行期限届满后达成以物抵债协议属于诺成合同。第28条第1款规定："债务人或者第三人与债权人在债务履行期限届满前达成以物抵债协议的，人民法院应当在审理债权债务关系的基础上认定该协议的效力。"该规定为以物抵债协议成立与性质的认定提供指引作用并对此进行约束。我国司法实践中对该类合同采用诺成合同说。

综上所述，在我国，以物抵债协议属于诺成合同而非实践合同，不以抵债物的交付为成立要件。[①]

（二）以物抵债的类型

根据《民商事审判会议纪要》及《民法典合同编通则解释》相关规定，以物抵债协议分为履行期限届满前达成的以物抵债协议和履行期限届满后达成的以物抵债协议。

1. 履行期限届满前达成的以物抵债协议

履行期限届满前达成的以物抵债协议是指债务人或者第三人与债权人在债务清偿期届满前达成的当债务人不能按照约定期限清偿债务或发生约定情形时，以债务人或第三人的金钱外财产抵偿债务的协议。[②]期前以物抵债协议是无名合同的一种，这类合同应遵循《民法典》合同编的一般规定，并可参考合同编或其他最相似的规定。即期前以物抵债协议的成立及生效需满足《民法典》第143条所规定的条件：一是双方当事人的真实意思表示；二是不违反法律和行政法规的强制性规定、不违反社会公共利益；三是不违背公序良俗，其法律效力是应当被确认的。该类以物抵债协议的认定以诺成合同为一般情形，实践合同为例外情形。

根据《民商事审判会议纪要》第45条及其相关解释，期前以物抵债协议分为以下四类情况：一是让与担保。即双方当事人在签订履行期限届满前

[①] 最高人民法院民事审判第二庭编著：《〈全国法院民商事审判工作会议纪要〉理解与适用》，人民法院出版社2019年版，第302页。

[②] 刘保玉、梁远高：《期前以物抵债协议：性质、效力与规则适用》，载《清华法学》2024年第1期。

以物抵债协议时将抵债物移转至债权人处分。二是后让与担保。即在双方当事人在签订履行期限届满前以物抵债协议时还未将抵债物移转至债权人处分。例如，甲与乙约定签订以物抵债协议后，若甲在六个月内未能清偿债务，则履行以物抵债协议，甲将抵债物移转至乙（债权人）处分。三是新债清偿。债务人为了偿还原有的债务，向债权人承担了一项新的债务。随着新债务的履行，原有的债务也随之被消除。双方通过协商一致用一种新的偿还方式来替代原有的清偿方法，以实现债务的偿还。四是债务更新。例如，甲和乙约定将履行还款债务变更为履行用抵债物偿还还款。

值得注意的是，如果双方当事人在债务清偿到期前签订以物抵债协议，约定若债务人未按时履行，债权人将直接获得抵押物所有权。一旦完成动产交付或不动产和权利的过户变更登记，该协议符合让与担保要件，应适用《民法典担保制度解释》关于让与担保的相关规定。即当事人约定直接取得抵债物的条款无效，但并不因此影响已有效成立的让与担保物权的实现。①

2. 履行期限届满后达成的以物抵债协议

在该类以物抵债协议中，当事人签订以物抵债协议是为了清偿债务，其对抵债物的现实价值有合理的判断标准；从一般理性人的角度看，当事人对不履行协议所带来的法律风险及应该承担的违约责任有所预判，基于双方的共同意愿，所达成的协议在没有法律上规定的解除原因的情况下，双方都应严格遵守。②《民法典合同编通则解释》第27条明确了协议自当事人意思表示一致时生效，即以物抵债协议是诺成合同而非实践合同。该类以物抵债协议可能构成以下几类情形：一是债的更改即成立新债务，同时消灭旧债务。二是新债清偿，即新债务与旧债务并存。基于保护债权的理念债的更改一般需有当事人明确消灭旧债的合意，否则，当事人于债务清偿期届满后达成的以物抵债协议性质一般应为新债清偿。③

在《民法典合同编通则解释》第27条第2款规定："债务人或者第三人履行以物抵债协议后，人民法院应当认定相应的原债务同时消灭；债务人或

---

① 李玉林：《论以物抵债协议的类型化适用》，载《法律科学（西北政法大学学报）》2023年第4期。

② 李玉林：《论以物抵债协议的类型化适用》，载《法律科学（西北政法大学学报）》2023年第4期。

③ 参见最高人民法院（2016）最高法民终字第484号民事判决书。

者第三人未按照约定履行以物抵债协议，经催告后在合理期限内仍不履行，债权人选择请求履行原债务或者以物抵债协议的，人民法院应予支持，但是法律另有规定或者当事人另有约定的除外。"该款明确了以物抵债与原债权债务之间的联系。除非法律有其他规定或双方有其他约定，否则在履行期限到期后达成的以物抵债协议通常被视为"新债清偿"。[①]

（三）关于新债与旧债

当事人于债务清偿期届满后达成以物抵债协议，在当事人之间形成的法律关系是新债清偿，还是新债与旧债并存，司法实践中一直存在不同观点。《民法典合同编通则解释》施行后，第 27 条第 2 款明确了以物抵债与原债权债务之间的关系。

首先，一般认定为新债清偿。履行期限已满，以物抵债协议生效，此时新旧债务并存。新债务是清偿旧债务的一种方式，不是替代。在新债务履行前，旧债务依然有效。履行以物抵债协议后，旧债务因替代性支付而消灭，消灭时点与新债务履行完成时点一致。在履行前，旧债务的担保等约定继续有效。

其次，若在以物抵债协议不履行或者不完全履行的情况下，债权人可以选择履行原债务或者以物抵债协议。当以物抵债协议的履行期限届至，若债务人或第三方未能完全遵守协议条款，债权人应迅速发出催告。在新债务履行完成之前，新旧债务是共存的，旧债务不会因新债务的存在而被消除。如果以物抵债协议未被完全履行，债权人拥有选择权，既可以要求债务人继续履行新债务，也可以要求恢复履行旧债务，这有助于保障债权人的利益。

最后，若法律另有规定或者当事人另有约定的为排外情形。在这种情况下，双方应严格遵守法律的具体规定或双方之间的明确约定。如果法律对以物抵债有特别的规定，或者双方在协议中已经就如何处理以物抵债的情况达成了共识，那么这些规定或约定将优先适用，而不是一般意义上的以物抵债协议的规则。

[①] 最高人民法院民事审判第二庭、研究室编著：《最高人民法院民法典合同编通则司法解释理解与适用》，人民法院出版社 2023 年版，第 312~315 页。

问题 1：债务履行期限届满前达成的以物抵债协议的法律效果

【案例】李某、陈某民间借贷纠纷案[①]

2011年9月15日，上诉人（原审被告）李某与被上诉人（原审原告）陈某签订《借款合同》。《借款合同》载明：李某向陈某借款30万元，约定借款期限两个月。借款用途：作经商周转资金。《借款合同》第3条约定：甲方（李某）必须在每月15日前将利息支付清楚。第4条约定：甲方用自己购买的某市商品房作抵押。第5条约定：合同期满，甲方不能还清借款，甲方将与乙方协商是否续签合同，过期（限5天）不还款又不协商，则甲方所购房屋将自动属于乙方所有，任何人无权干涉。欧某作为在场人在借款合同上签名。《借款合同》签订后，李某将购买某商品房的商品房买卖合同、个人住房（商业用房）借款合同等购房手续交与陈某。双方未办理抵押登记手续。一审法院判决李某返还陈某30万元，李某不服上诉，二审法院认为该约定系在履行期届满前达成的以物抵债协议，合同约定的房屋并未交付给陈某，应按原债权债务关系处理，故驳回上诉。

【分析】

当事人设立民间借贷法律关系后，在债务履行到期之前，就借贷合同设立以物抵债协议，约定到期未还款，则可以进行以物抵债。然因种种原因在债务履行到期前未能交付以物抵债协议中约定的"物"，应审慎认定当事人之间的关系。该文书裁判理念与现行《民法典合同编通则解释》第28条第1款规定相契合。《民法典合同编通则解释》第28条第1款明确规定"债务人或者第三人与债权人在债务履行期间届满前达成以物抵债协议的，人民法院应当在审理债权债务关系的基础上认定该协议的效力"。根据该条司法解释的规定，意味着债务履行期间届满前以物抵债协议的效力认定与主债权债务关系密切相关。以物抵债协议约定系在履行期届满前达成的，若合同约定的"物"并未实际交付，应按原债权债务关系处理。当事人可依据原债权债务关系提起诉讼。

---

① 参见贵州省毕节市中级人民法院（2019）黔05民终6895号民事判决书、贵州省大方县人民法院（2019）黔0521民初4209号民事判决书。

【规范指引】

《民间借贷司法解释》第 2 条、第 15 条；《民法典合同编通则解释》第 28 条第 1 款。

问题 2：债务履行期限届满后达成的以物抵债协议的法律效果

【案例】甲公司与乙公司及丙公司合同纠纷案[①]

甲公司申请再审，认为其与乙公司之间的基础法律关系为民间借贷合同关系，双方达成以物抵债协议的时间在债务履行期限届满前，债权人应以民间借贷法律关系提起诉讼，且甲公司涉及诉讼及执行案件十余件，涉及未履行本金 5535 万元，故本案双方签订的以物抵债协议因损害其他债权人利益而应当认定为无效。

法院再审审查认为，乙公司、甲公司于 2013 年 12 月 20 日达成了以物抵债的合意并签订了《还款协议》《债务清偿协议》《房屋批量销售价格锁定合同》，综合约定了以物抵债的事项，乙公司与甲公司之间的债权债务关系真实存在，双方签订以物抵债协议的原因是甲公司无法偿还借款，双方并无以合同为名损害第三人合法权益的恶意，加之甲公司在一审、二审中均未提出前述协议损害第三人合法权益的主张，而本案双方在物抵债协议的履行过程中，对补充签订的 61 份《商品房购销合同》均办理了备案登记予以公示，前述以物抵债协议不存在恶意损害第三人合法权益的情形。前述《还款协议》《债务清偿协议》《房屋批量销售价格锁定合同》也不存在其他无效事由，二审法院依法予以支持并无不当。因双方在《还款协议》中约定，在甲公司未履行还款义务的情况下，乙公司可要求甲公司履行还款义务，因此双方达成的以物抵债协议在性质上应属于新债清偿协议，系双方当事人另行增加一种清偿债务的方式，乙公司有权选择请求甲公司交付案涉 61 套房屋并承担违约责任，原审以合同纠纷审理并无不当。

【分析】

对于当事人于债务清偿期届满后达成的以物抵债协议，可能构成债的更改，即成立新债，同时消灭旧的债务，也有可能属于新债清偿，即成立新债

[①] 参见最高人民法院（2021）最高法民申 1460 号民事裁定书。

务，与旧债务并存。基于保护债权的理念，债的更改一般需有当事人明确消灭旧债的合意，否则一般应认定为新债清偿。性质为新债清偿的以物抵债协议，只有在新债务合法有效履行完毕后，旧债务才归于消灭。该公报案例对处理债务履行期限届满后达成以物抵债协议的案件具有一定指引和参照。

《民商事审判会议纪要》第44条对以物抵债作了规定，要求人民法院着重审查协议是否存在损害第三人合法权益的情形，并对当事人在二审程序撤回上诉进行了限制，在一定程度上有利于防止虚假诉讼的发生。[①] 在涉及民间借贷的以物抵债案件中，当事人在债务履行期限届满后达成以物抵债协议，抵债物未交付债权人，债权人请求债务人交付的，经审查不存在恶意损害第三人合法权益等虚假诉讼情形，且无其他无效事由的，依法应予以支持。上述以物抵债协议如未约定消灭原有的金钱给付债务，应认定系双方当事人另行增加一种清偿债务的方式，与旧债务并存，债权人既可以根据新债主张继续履行、违约责任，也可以恢复旧债的履行。

【规范指引】

《民商事审判会议纪要》第44条。

问题3：第三人参与签订的以物抵债协议的法律效果

【案例】甲公司、唐某民间借贷纠纷案[②]

徐某因资金需要向唐某、郑某借款。唐某、郑某与乙公司、徐某签订《抵押、保证担保协议》，约定乙公司对该协议项下借款本息承担连带保证责任，并将其某广场商业裙楼部分在建物业及上某场公寓在具备该协议约定条件时预先抵押给唐某、郑某。唐某、郑某和徐某、甲公司签订《抵债协议》，约定：徐某确认其尚欠唐某、郑某本金1000万元，利息计370万元。甲公司将位于某市某路的部分房产抵偿唐某、郑某及李某、唐某借款本金共计5700万元。2015年5月22日，唐某、郑某与李某、唐某签订《抵债财产分配协议书》。甲公司用于抵债的房产均已抵押给某银行某分行。因徐某未归还借款，

---

① 《最高人民法院关于适用〈中华人民共和国民法典〉合同编通则若干问题的解释》起草工作组：《最高人民法院关于适用〈中华人民共和国民法典〉合同编通则若干问题的解释》重点问题解读》，载《法律适用》2024年第1期。

② 参见江西省高级人民法院（2017）赣民终11号民事判决书。

唐某、郑某诉至法院。一审判决宣判后，甲公司不服一审判决，提出上诉。

二审法院另查明，《抵债协议》第 2 条注明诉争房产均已抵押给某银行某分行，办理项目开发贷款。第 6 条约定：甲公司抵偿给唐某、郑某、李某、唐某 2 的房产因甲公司缘故暂不能在房管局办理预售备案登记，甲公司承诺自本协议签订之日起，本协议项下之抵债房产归唐某等所有。第 9 条约定：徐某、唐某、郑某等于 2014 年 12 月 24 日与乙公司签订的《抵押、保证担保协议》继续有效。唐某、郑某等有权择优以本协议项下抵债资产或《抵押、保证担保协议》项下抵押物实现名下债权，若有不足部分从两份协议所涉资产中互相调配。甲公司以唐某、郑某依照 2015 年 5 月 22 日与李某、唐某 2 签订的《抵债房产分配协议书》分得的房屋价值以抵押权人某银行某分行实现抵押权后的余额为限，对徐某尚欠唐某、郑某的 1000 万元本金承担连带清偿责任。法院认为，根据《抵债协议》，各方当事人的真实意思表示是甲公司以诉争房产的一定价值为徐某尚欠唐某、郑某等诉争债务的履行提供的担保。该种担保不属于我国物权法、担保法规定的物权担保，而是债权性质的担保。

【分析】

法院认为，《抵债协议》的性质应根据当事人在合同中的真实意思表示来确定。第一，看内容，甲公司有以诉争房产替徐某抵偿债务的意思表示，虽约定了自协议签订之日起协议项下抵债房产归唐某、郑某等所有，但该约定在法律上不能发生物权变动的效力，且诉争房产因设定了抵押无法办理网签备案和所有权转移登记，故唐某、郑某在客观上无法取得诉争房产的物权，甲公司、徐某及唐某、郑某对此均是明知的。因此，各方的真实意思表示并非以诉争房产的物权抵偿徐某的债务。第二，根据《抵债协议》第 9 条的约定，丙公司也为诉争债务的履行提供了担保，债权人唐某、郑某对丙公司提供的担保和甲公司提供的以物抵债协议的履行可以选择。由此，说明诉争《抵债协议》与丙公司提供的担保是并列的债权担保方式。第三，徐某并不因《抵债协议》的签订完全免除承担清偿债务的责任，《抵债协议》第 3 条约定根据《抵债协议》的实际履行情况视为徐某已清偿等价相应债务，如果该协议未履行或未完全履行或履行后仍不能抵偿全部债务，徐某仍需继续清偿债务。且无证据证明《抵债协议》签订后，唐某、郑某等无权再向徐某主张权利。因此，根据《抵债协议》，各方当事人的真实意思表示是甲公司以诉争房产的一定价值为徐某尚欠唐某、郑某等诉争债务的履行提供的担保。该种担保属于债权性质的担保。

在以下两种场景中，通常结合合同目的来认定合同的性质：一种是一方当事人越过合同的内容主张权利义务，通过考察合同目的后对此予以认可；另一种是双方当事人均认可合同的内容约定，但依据合同目的另行确定合同性质。于此两种场景中，合同目的均被认为能够还原当事人的真意。[①] 民事主体通过意思表示使自身的内心意思和选择予以外化和显示，从而实现民事法律关系的设立、变更和终止。在债务履行期届满前，第三人为担保债务的履行与债权人签订的以物抵债协议，性质为非典型担保，依物权法定原则，其系债权性质的担保而非物权担保，应当在审理债权债务关系的基础上认定该协议的效力。

【规范指引】

《民法典》第 7 条、第 394 条；《民法典合同编通则解释》第 28 条。

第六节　夫妻共债的认定及裁判规则

一、夫妻共债的含义与类型

（一）夫妻共债的含义

夫妻共同债务，是指夫妻双方为了家庭共同生活或履行法定义务，而需要共同承担的债务。它产生于夫妻关系存续期间，夫妻双方同为债务的主体。一方所负债务超出家庭日常生活的正常需要，且未用于夫妻共同生活、生产经营的，不属于夫妻共同债务。夫妻共同债务的认定，不仅关系着夫妻财产权利，而且关系着债权人的利益及交易安全。审理这类案件需严格遵循夫妻共同债务的认定标准，确保举证责任的合理分配，并维护各方当事人的合法权益。

---

① 阚梓冰：《论合同定性中的"目的"——以名实不符合同为视角》，载《法学家》2023 年第 6 期。

（二）夫妻共债的类型

《民法典》第 1064 条规定：夫妻双方共同签名或者夫妻一方事后追认等共同意思表示所负的债务，以及夫妻一方在婚姻关系存续期间以个人名义为家庭日常生活需要所负的债务，属于夫妻共同债务。夫妻一方在婚姻关系存续期间以个人名义超出家庭日常生活需要所负的债务，不属于夫妻共同债务；但是，债权人能够证明该债务用于夫妻共同生活、共同生产经营或者基于夫妻双方共同意思表示的除外。

通过类型化研究方法对夫妻共同债务类型化区分，夫妻共同债务主要分为四种类型，即"共债共签"型、"家庭日常生活所需"型、"共同生活"型、"共同生产经营"型。

1."共债共签"型的认定

"共债共签"，即所有债务必须经由夫妻双方通过共同签名等共同意思表示确认，才能认定为夫妻共同债务。共同意思表示可以以明示的方式作出，也可以以默示的方式作出。"共债共签"这一规定意在引导债权人在形成债务尤其是大额债务时，应秉持预防胜于治疗的理念，尽可能要求夫妻共同签署，以此作为债务确立的基石。这一制度，一方面，有利于夫妻间知情权和同意权的尊重和保护，从源头遏制单方"被动负债"的风险萌芽；另一方面，也可以有效避免债权人因后续举证困难而遭受不必要的损失，对于保障交易安全和夫妻一方合法权益，具有积极意义。

【案例】吴某与周某、骆某民间借贷纠纷案[①]

周某与骆某系夫妻关系。2019 年 4 月，双方向吴某借款 5 万元，并共同出具借条。周某和骆某未能向吴某偿还借款。

【分析】

周某和骆某借款时，双方在借条上共同签名确认，该笔债务属于夫妻共同债务。

【规范指引】

《民法典》第 667 条、第 675 条、第 679 条、第 1064 条。

2."家庭日常生活所需"型的认定

"家庭日常生活需要"涵盖了夫妻双方及其共同生活的未成年子女在日常生活中的必要开支，包括正常的衣食住行消费、日用品购买、医疗保健、子

---

① 参见云南省昆明市官渡区人民法院（2019）云 0111 民初 6068 号民事判决书。

女教育、老人赡养，以及正当的娱乐、文化消费等。前述开支，其数额与用途均需遵循"日常性"和"合理性"原则，以确保家庭资源的合理分配与有效利用。

【案例】张某某与李某、陈某民间借贷纠纷案①

李某与陈某系夫妻关系。2020年1月17日至2020年5月18日，被告李某向张某某借款78 000元。李某提交的与陈某该期间的微信聊天记录显示，二被告明确为家庭日常生活支出而向原告张某某借款20 000元。李某提交的2020年1月9日的录音证据中，双方明确于该日期之前已有夫妻共同债务200 000元，同时李某向法院提供了日常消费记录、物业费票据、支付宝交易流水、微信明细交易证明等证据。

【分析】

李某自2020年1月7日至2020年5月18日向张某某持续借款78 000元，用于归还网贷，为孩子购买奶粉、尿不湿等生活用品，缴纳电费、燃气费、物业费、暖气费等日常生活费用，系家庭日常生活支出，属于夫妻共同债务。

【规范指引】

《民法典》第667条、第675条、第679条、第1064条。

3."共同生活"型的认定

随着我国经济社会的蓬勃发展，人民生活水平日益提升，消费模式日趋多元，众多夫妻的共同生活开支不再局限于传统的家庭日常消费范畴，而是包括诸多超出家庭日常所需的支出。这些支出或是夫妻双方共同消费支配，或者用于形成夫妻共同财产，或者基于夫妻双方的共同利益管理共同财产所产生的，本质上均属于夫妻共同生活的一部分。因此，夫妻共同生活支出可定义为夫妻双方共同消费支配、形成夫妻共同财产或者基于夫妻共同利益管理共同财产产生的支出，如购房、购车、装修等。

【案例】吴某1、郭某某诉吴某2、孟某某民间借贷纠纷案②

2016年，吴某2向吴某1、郭某某出具借条，载明："今借到父亲吴某1、母亲郭某某现金200万元整，用于购买北京一套房子。双方约定还款日期：如有婚变，即刻还款。一式两份，双方各持一份。"吴某2在下方借款人

---

① 参见陕西省西安市莲湖区人民法院（2021）陕0104民初11921号民事判决书。
② 参见北京市第二中级人民法院（2022）京02民终284号民事判决书。

处签名。

吴某1分别于2017年5月12日、2017年8月31日向吴某2中信银行尾号为1418的账号转账50万元、150万元。银行流水显示，该账号在2017年5月12日50万元款项转入前，余额为2719元。200万元转入后，该账户后续与孟某某账户、吴某2其他银行账户发生交易。

吴某2及吴某1、郭某某主张于2017年5月31日支出120 800元、2017年6月3日支出50 000元、2017年6月6日支出50 000元、2017年6月16日支出75 888元，以及2018年1月9日支出63 000元为吴某2、孟某某出国举办画展及游玩，主张于2017年6月16日至2017年9月11日向孟某某账户转账，以满足孟某某日常生活及出国换汇需要，于2017年9月23日支出17 000元、2017年11月4日至11月6日支出1 450 000元、2018年2月12日支出220 000元购买天津市津南区房屋等。孟某某陈述前述2017年5月至2017年6月的支出系用于吴某2、孟某某及孩子出国旅游的花费，2017年6月至2017年9月吴某1、郭某某转账的具体用途记不清，但是属于吴某2工资范围内的支出，转账给孟某某用于二人共同生活，2018年2月12日支出的220 000元系为二人移民所提供的款项，不是房屋装修费用。

2017年11月4日，吴某2与孟某某购买天津市津南区房屋，登记于吴某2名下，房屋价款270万元，其中145万元来源于吴某2中信银行尾号为1418的账户。

【分析】

关于本案借款是否为夫妻共同债务，孟某某是否应该与吴某2一起返还借款、支付利息。夫妻一方在婚姻关系存续期间以个人名义超出家庭日常生活需要所负的债务，债权人以属于夫妻共同债务为由主张权利的，人民法院不予支持，但债权人能够证明该债务用于夫妻共同生活、共同生产经营或者基于夫妻双方共同意思表示的除外。吴某1、郭某某向吴某2出借款项发生在吴某2与孟某某婚姻关系存续期间，虽借款汇至吴某2个人账户，但在吴某1、郭某某的200万元借款到账后，从吴某2该账户的银行转账记录可以看出，吴某2与孟某某购买天津市津南区房屋的270万元款项中,145万元来自吴某2的该账户，其余涉案款项亦用于吴某2与孟某某夫妻间日常消费、出国旅游等。虽孟某某称上述花费均系吴某2的工资收入而非借款，但在2017年5月12日吴某1、郭某某的50万元款项转入前，该账户余额仅为2719元。孟某某应与吴某2共同偿还本案借款并支付自孟某某得知被起诉之日起计算的利息。

【规范指引】

《民法典》第 667 条、第 675 条、第 679 条、第 1064 条。

4."共同生产经营"型的认定

夫妻共同生产经营主要是指夫妻双方在生产和经营方面共同决策，或是其中一方在决策过程中，获得了另一方的充分授权与支持。

【案例】温某与高某某、田某某民间借贷纠纷案[1]

高某某、田某某原系夫妻关系，二人共同经营某客运公司、某汽车公司。田某某于 2015 年 9 月 24 日向温某借款 600 000 元，借期一年，约定利率为月息 2.5 分；2016 年 6 月 24 日，田某某再次向温某借款 600 000 元，借期两年，月息 2%，两次共向温某借款 120 万元。田某某到期后未及时归还本金，但一直支付利息。2018 年 10 月 20 日，田某某为温某出具还款协议一份，内容为"田某某在温某处借款人民币共壹佰贰拾万元整，现温某已两次要求田某某还款，田某某未能按时还上，现承诺 2018 年 11 月 30 日还 50 万，2018 年 12 月 30 日还 50 万，另 20 万也尽快归还，若到期还不能准时归还承担一切责任，温某有权要求田某某为法人的某客运公司、某汽车公司承担还款义务"。田某某在承诺人处签名捺印，某客运公司、某汽车公司在连带单位处加盖印章。期限届满后田某某并未归还温某借款本金。

【分析】

本案借款发生于高某某与田某某夫妻关系存续期间，上诉人高某某虽主张对本案借贷事实不知情，但根据被上诉人温某提供的某汽车公司企业信用信息公示报告显示，2015 年 4 月 24 日至 2021 年 12 月 23 日，该公司投资人为田某某、高某某，田某某为执行董事兼经理、高某某为监事；根据某客运公司的企业信用信息公示报告显示，2007 年 4 月 24 日至 2021 年 8 月 9 日，该公司投资人为田某某、高某某，田某某为执行董事兼经理、高某某为监事。本案借款发生在田某某、高某某共同经营、管理某汽车公司和某客运公司期间。温某将借款存入田某某招商银行尾号为 7185 的银行卡中，该卡已经由某汽车租赁有限公司盖章确认改为对公账户，说明该款用于公司经营。结合上诉人高某某于上诉状中自认被上诉人田某某因公司经营需要而借款的事实，案涉借款应为夫妻共同债务。

---

[1] 参见辽宁省沈阳市中级人民法院（2022）辽 01 民终 511 号民事判决书。

【规范指引】

《民法典》第 667 条、第 675 条、第 679 条、第 1064 条。

二、夫妻共同债务范围的认定

夫妻共债法律制度的历史变迁，体现法律对于权利保护维度上的调整。我国现行法律明确，夫妻共同债务的清偿应以夫妻共同财产为基础。因而界定夫妻共同债务的范畴，成为法律实践中的关键一环。根据《民法典》第 1064 条的明确规定，夫妻共同债务包括以下情形：夫妻双方共同签名确认的债务或夫妻一方事后追认的债务，以及夫妻一方在婚姻关系存续期间，以个人名义为满足家庭日常生活需要所负的债务。但须注意，夫妻一方在婚姻关系存续期间以个人名义超出家庭日常生活需要所负的债务，原则上并不视为夫妻共同债务。然而，当债权人能提供证据证明该债务实际上用于夫妻共同生活、共同生产经营，或基于夫妻双方共同意思表示的，则此债务仍应被认定为夫妻共同债务。该法律规定，旨在寻求夫妻间财产权益的平衡，确保在债务清偿的过程中都能实现对各方当事人合法权益的公平、合理保护。同时，也为债权人铺设了维权路径，让其有明确的法律依据追讨债权。

（一）夫妻共同债务的认定

1. 夫妻就债务达成合意的认定

夫妻双方共同签名、夫妻一方事后追认或者有其他共同意思表示共负债务的，应认定为夫妻共同债务。配偶双方的合意，既可以明示也可以默示。明示包括夫妻双方共同签署借条或一方以短信、微信等方式表达债务共同承担合意；非举债配偶，若以其名下财产为借款设立抵押，或是借款后主动归还借款，这些行为亦被视为对债务的追认。默示包括作出能合理推断出有共同负债意思表示的行为，如借款汇入配偶实际掌控的银行账户等。值得注意的是，非举债配偶事后知情但未作出追认的，不应将其视为已就共同负担债务达成一致。

认定合意型夫妻共同债务的核心在于夫妻双方是否存在借款的共同意思表示。对于何为共同意思表示，《民法典》第 1064 条第 1 款列举了两类情形，一种是"夫妻双方共同签名"，另一种是"事后未举债方进行追认"。鉴于行为人内心的想法复杂多变，且表达可能存在模糊之处，当配偶一方未作出与举债方一致的意思表示，或者其意思表示模糊不清时，是否应据此否认夫妻间的共同举债合意,这在司法实践中常引发争议,主要体现在以下两种情形中。

(1)夫妻双方共同签名的认定。当夫妻双方在借款合同上共同作为借款人签字时,该借款无疑被视为夫妻共同债务,这一点并无争议。然而,当仅有一方作为借款人,而另一方则以"担保人""借款人配偶""保证人""见证人"等身份签字时,关于该债务是否应认定为夫妻共同债务存在争议,实践中主流观点倾向于将此类债务认定为夫妻共同债务。夫妻共同财产制的核心在于,夫妻双方对于共同财产享有平等的权利,包括占有、使用、收益和处分。同样地,对于夫妻共同债务,也应遵循这一原则。"夫妻双方共同签名"不能狭隘地理解为所有债务均需双方形式上的共同签字。关键在于,债务形成是否违背了夫妻双方对于财产和债务平等享有权利这一基本原则。只要未违背此原则,该债务即可视为基于夫妻共同意思所负担。当配偶一方以保证人、担保人等身份签字时,这一行为本身就蕴含了愿意承担债务的意思表示,一般应认定夫妻之间存在合意。此外,如果非举债方对举债的事实知情且未明确表示反对,这同样应视为配偶方对举债行为的默示同意。如在李某某与刘某、高某某民间借贷纠纷案[①]中,广东省佛山市南海区人民法院认为:"涉案借款发生在两被告婚姻关系存续期间,且高某某在借条上以担保人身份签字,即高某某对涉案借款有共同借款的意思表示,故被告高某某应对本案借款承担共同清偿责任。"

(2)未举债方事后追认的认定。根据《民法典》第1064条第1款的规定,夫妻共同债务不仅限于双方共同签名后负担的债务,也包括一方事后追认的债务。事后追认的形式灵活多样,电话录音、短信通知、微信确认及邮件回复等方式均能有效表达非举债方对债务的认同与承担。实践中基于非举债方事后明确追认的意思表示认定该债务属于夫妻共同债务,争议较少。然而,当非举债方并未在借款合同上签字,而仅是债权人将借款资金汇入其账户,或事后非举债方有向债权人偿还部分款项的行为。此种情形下,非举债方并未直接向债权人表达加入债务的意愿,能否推定其具有追认的意思表示?我们倾向于认为,非举债方在知晓债务存在且未表示反对的情况下,视为双方已达成了默示的合意。如在李某与许某某、肖某某民间借贷纠纷案[②]中,广东省潮州市中级人民法院认为:"肖某某对许某某向李某借款一事清楚

---

① 参见广东省佛山市南海区人民法院(2020)粤0605民初27511号民事判决书。
② 参见广东省潮州市中级人民法院(2019)粤51民终148号民事判决书。

知晓且并未提出异议。结合李某收到肖某某的转账合计 68 700 元，用于支付案涉四笔借款利息的情况，可以推定许某某、肖某某有共同举债的合意。"

2. 夫妻一方负债用于家庭日常生活的认定

根据《民法典》第 1064 条第 1 款规定："夫妻一方在婚姻关系存续期间以个人名义为家庭日常生活需要所负的债务，属于夫妻共同债务。"对于"家庭日常生活需要"的界定，有观点认为，认定家庭日常生活需要时，可参考八大类家庭消费，即食品、衣着、家庭设备用品及维修服务、医疗保健、交通通信、文娱教育及服务、居住、其他商品和服务，同时，还需结合夫妻双方的实际情况，如各自的职业、身份、资产状况、收入水平、个人兴趣、家庭成员以及当地普遍的社会生活习惯来进行综合考量。

在实践中，对于夫妻一方对外所负担的债务如何被认定为"为家庭日常生活需要"的夫妻共同债务，通常遵循以下三种核心标准：一是金额标准。有观点认为通过考量债务的金额大小来界定是否属于家庭日常生活需要范畴，债权人无须再额外证明债务的具体用途。然而，对于何为合理的数额，学术界与实务界均未作出较为合理的界定。司法实践中，部分法院直接依据金额标准来判断夫妻一方所负的债务是否符合"为家庭生活需要"的条件，认为"借款的数额已超出家庭日常生活所需，而未提供证据证明该借款债务用于夫妻共同生活、共同生产经营或者基于夫妻双方共同意思表示，故当事人主张不应对本案借款债务承担连带清偿责任，符合法律规定，法院予以支持"。二是用途标准。部分法院倾向于采用用途标准来判断"为家庭日常生活需要所负债务"。该观点认为，家庭日常生活需要的范畴涵盖了夫妻双方及其共同生活的未成年子女在日常生活中的各项基本开销，包括但不限于日常的衣食住行消费、日常用品的采购、医疗保健支出、子女教育费用、对老人的赡养支出，以及文化消费等。三是用途标准与金额标准相结合。也有观点认为，单纯以金额来衡量是否属于日常生活范畴显得片面，主张"家庭日常生活需要"的范畴应当依据日常家事代理的目的及支出合理性进行考量。具体而言，第一，借款应当用于家庭的日常开销，如维系生活、子女教育、医疗健康等方面的支出；第二，支出具备合理性。如周某、漆某与珠海某银行股份有限公司中山分行金融借款合同纠纷案[1]，广东省高级人民法院认为："漆某与某银行中山分行签订的《个人信用贷款申请合同》明确约定借款用于购买家电家私，

---

[1] 参见广东省高级人民法院（2018）粤民申 8681 号民事裁定书。

考虑到周某确认其与漆某曾有两处房产，涉案借款数额尚属家庭日常生活合理支出范围。依据上述规定，在周某未能提交有效证据反驳上述事实的情况下，一审、二审法院认定涉案借款为夫妻共同债务，并无不当。"

在认定债务是否"为家庭日常生活需要所负"过程中，应结合负债金额大小、家庭财富状况、夫妻关系是否安宁、当地经济水平及交易习惯、借贷双方的关系、借款用途、资金流向等因素综合予以认定。要注意以下几点：首先，要综合债务金额，当地经济水平，借款用途，夫妻双方的社会地位、职业背景、资产持有情况及收入状况等因素来认定债务是否超出了日常家事代理的合理范围，并在裁判文书中详细阐述判断的逻辑与推理过程；其次，若债务金额与家庭在负债当时的收入状况及消费模式基本保持一致，视为合理的匹配；最后，交易时债权人应已尽到审慎的注意义务，通过对举债人及其家庭支出需求、借款意图等方面的审查，有充分的理由确信该债务确系出于家庭日常生活的实际需求。

3.债权人能够证明以夫妻一方名义对外负有债务属于夫妻共同债务的认定

相对于家庭日常生活需要所负的债务，对于夫妻一方以个人名义对外所负债务且明显超出家庭日常生活范畴时，债权人需证明该债务用于夫妻共同生活、共同生产经营或者基于夫妻双方共同的意思表示。

（1）用于"夫妻共同生活"的认定。用于"夫妻共同生活"的债务包括夫妻双方共同消费支配、用于形成夫妻共同财产、基于夫妻共同利益管理共同财产所产生的债务。

司法实践中对"共同生活"这一概念呈现出两种不同层次的理解方式。一种观点认为，债权人需举证证明举债的初衷为"用于夫妻共同生活"，方能认定为夫妻共同债务。持该观点的学者强调，"共同生活"的界定，应紧扣家庭日常生活需求中的实际受益原则，将那些与家庭利益紧密相关，但非直接惠及家庭生活的债务排除在外，即仅包含直接带来家庭福祉的债务。诸如，举债方因购买家庭必需品或服务而产生的债务，或是将借款明确无误、直接投入"共同生活"的各项开支，均应被视为夫妻共同债务。

另一种观点认为，债权人的举证，能够间接证明举债目的系为夫妻共同生活所需，从而认定为夫妻共同债务。部分学者主张，间接受益亦应纳入共同生活的界定范畴，此举显著拓宽了共同生活的涵盖边界。通过剖析负债期间的家庭经济收支状况，能够间接推断借款是否用于"共同生活"之目的。

这意味着，在借款具体用途难以确凿查证的情况下，倘若能证实借款有用于"共同生活"的可能性，同样有可能被视为夫妻共同债务。

我们倾向认为，下列情形可认定为债务用于"夫妻共同生活"：一是购买住房和车辆、装修、休闲旅行、投资等金额较大的支出；二是夫妻一方因参加教育培训、接受重大医疗服务所支付的费用；三是夫妻一方为抚养未成年子女所支付的出国、私立教育、医疗、资助子女结婚等，以及为履行赡养义务所支付的费用。非举债配偶能够提供证据证明上述大宗支出资金来源的除外。

在认定债务是否"为夫妻共同生活所负"时，应着重关注以下两方面：一是婚前举债但用于婚后夫妻共同生活的，仍可根据实际用途认定为夫妻共同债务；二是对于大额借贷中存在部分用于夫妻共同生活、部分用于个人消费的情形，法院应在充分查明事实的基础上，依据债务的实际用途分别处理，未有证据证明用途部分的债务为个人债务。

（2）"夫妻共同生产经营"的认定。司法实践中，在认定夫妻共同生产经营的问题上，学界主要有两种讨论。

讨论一：未举债方是否实际参与经营管理。有学者认为，夫妻双方共同参与经营管理，那么债务应被视作夫妻共同债务。如有学者指出，当夫妻双方共同或参与企业经营管理，或者具有相应的外部特征，若一方所负债务被用于企业投资，而另一方由于参与经营管理的缘故，明确知晓或理应知晓这一情况，那么可以合理推断，该债务所带来的利益是服务于"家庭整体利益"的，因此，该配偶所负债务应认定为夫妻共同债务。司法实践中，为判断未举债方是否真正参与到公司经营中，通常会从多个维度进行考量，包括但不限于未举债方在公司中的具体职位，以及公司是否仅有夫妻双方为股东。当夫妻双方分别在公司中担任董事长、监事长、执行董事、总经理、经理、监事等重要职务，或是作为公司的实际控制人时，法院倾向于认定存在"夫妻共同生产经营"。

讨论二：未举债方是否享受了该经营活动带来的收益。有学者认为，无论夫妻双方是否共同参与企业的日常经营，只要未举债方从经营活动中获取了经济上的利益，则该债务应属于夫妻共同债务。有学者进一步阐释道，若其中一方将负债所得资金注入自己创办的企业，随后依据其股份占比分配所得企业利润……若夫妻双方通过法定共同财产制度共享股权收益或其他企业利润，该笔负债无疑应认定为夫妻共同债务。此外，还有学者提出，共同生产经营不仅涵盖了夫妻双方以共同意愿和实际行动共同参与的经营活动，也包括了夫妻一方独自经营但另一方间接享受了经营成果的情形。

我们倾向认为夫妻共同生产经营审查包括三个要素：债务用途专项性（债务资金专门用于生产经营活动）、夫妻经营共同性、经营利润共享性。其中，夫妻经营共同性是指生产经营活动系夫妻双方基于共同意志协力经营，体现为夫妻双方共同参与决策过程、共同投入资本、分工合作，并协同管理经营事务。经营利润共享性指的是无论生产经营活动的最终成果是营利还是亏损，其所得收益均被视为家庭的主要经济来源，或用于夫妻双方的共同生活。有明确证据可以确定债务用途专项性和夫妻经营共同性时，则对经营利润共享性，可不再作为必要审查条件。当夫妻经营共同性难以明确界定，则可借助债务用途专项性、经营利润共享性综合判断该债务是否属于夫妻共同债务。

【案例】秦某与汪某、马某民间借贷纠纷案[①]

被告汪某与马某系夫妻关系，双方于 2004 年 8 月 16 日登记结婚。2014 年 5 月 1 日，汪某出具借条一张，内容如下："今汪某向秦某借款用于 A 公司厂房工程施工履约保证金，借款不能另作他用，否则乙方可以提前收回借款并要求支付利息。一、借款金额：人民币 5 000 000 元，大写伍佰万元整。二、利息（无）。三、借款时间共八个月。自 2014 年 5 月 1 日至 2015 年 1 月 1 日止，到期日一次性还清。"B 公司、A 公司项目部在借条中"汪某"签名上加盖公章。另查明：秦某于 2014 年 4 月 30 日、2015 年 5 月 14 日分别向汪某银行账户转账支付 150 万元，共计 300 万元。审理中，被告汪某自述其是 B 公司委派到 A 公司工程项目部的项目执行经理。被告马某自述其自 2006 年左右就无业，一直在家带孩子。另，马某的中国银行账户中自 2014 年 4 月 30 日至 2018 年 2 月 7 日有多笔通知存款利息到账及购买理财产品的记录。借款到期后，秦某多次向二被告主张还款，但二被告均以各种理由拖延搪塞，至今未清偿。一审法院判决被告汪某、马某偿还原告秦某借款本金 3 000 000 元及利息；二审法院判决驳回上诉，维持原判；再审法院判决驳回马某、汪某的再审申请。

【分析】

对于共同生产生活之债，即超出日常家事范畴的债务，债权人主张系夫妻共同债务的，应举证证明此债务系用于夫妻共同生产生活。实践中通常需

---

① 参见安徽省高级人民法院（2022）皖民申 614 号民事裁定书。

要考虑到债务用途、是否共同参与以及未举债一方是否基于债务所带来的利益而受益。于本案而言，按照日常生活经验分析及逻辑推理，如何判断"债务用于夫妻共同生活及共同生产经营"，应从以下几点进行考量：（1）负债期间购置大宗资产等形成夫妻共同财产的；（2）举债用于夫妻双方共同从事的商业或共同投资；（3）举债用于举债人单方从事的生产经营活动，但配偶一方分享经营收益的等。经查，汪某、马某婚后购置的 11 套房产（包括 7 套门面房、2 套办公用房、2 套住宅）均登记在马某名下，而马某婚后没有工作，其虽称有婚前财产且用婚前财产在婚后进行了理财，但未提供证据证明其确实存在足以满足日常生活支出及购置 11 套房产的婚前财产。另外，马某提供的"理财确认单"可以证明其婚后有理财行为，不能证明其购买理财产品的资金来源于婚前财产。故，根据上述事实，说明马某实际享受了汪某各项收入（包括对外借款及对外经营）所产生的利益。由此法院确认案涉借款属于汪某、马某的夫妻共同债务。

【规范指引】

《民法典》第 667 条、第 675 条、第 679 条、第 1064 条。

（二）个人债务的认定

1. 一方以个人名义所负超出家庭日常生活需要债务的认定

夫妻一方在婚姻关系存续期间以个人名义所负超出家庭日常生活需要的债务，不属于夫妻共同债务。债权人能够证明该债务用于夫妻共同生活、共同生产经营或者基于夫妻双方共同意思表示的除外。

【案例】陈某某与齐某某、崔某某民间借贷纠纷案[①]

2014 年至 2016 年，齐某某因工程建设周转，向陈某某多次借款，累计达 80 万元。陈某某分别于 2014 年 6 月 14 日、2014 年 9 月 17 日、2014 年 11 月 27 日通过银行转账的方式向齐某某转账 60 万元。齐某某给陈某某打了两张借条。第一张借条落款为 2016 年 10 月 8 日，载明："今由本人齐某某向陈某某借款人民币贰拾万元整（￥200 000）进行资金周转，特立此据，以此为由。"第二张借条落款为 2016 年 11 月 5 日，载明："今由本人齐某某向陈某某借款人民币陆拾万元整（￥600 000）进行资金周转。本人承诺于 2017 年 1 月 30 日前归还，特立此据，以此为由。"现还款期限已过，齐某某未偿还借款。另

---

① 参见北京市房山区人民法院（2017）京 0111 民初 12207 号民事判决书。

查明，2006年，齐某某与崔某某结婚，双方于2015年10月13日离婚。陈某某诉至法院要求齐某某、崔某某连带偿还借款并支付利息。

【分析】

夫妻一方非用于共同生活的大额举债为个人债务。第一，关于20万元是否为夫妻共同债务的问题。本案中，陈某某无法清楚陈述20万元债务所对应款项的具体给付时间、过程等事实，亦无转账凭证证明，故此笔债务应按照借条上载明的时间确定债务的形成时间。此债务的形成时间并非夫妻婚姻关系存续期间，故必然非夫妻共同债务，应为齐某某的个人债务。第二，关于60万元债务是否为夫妻共同债务的问题。根据《婚姻法》第41条[①]的规定："离婚时，原为夫妻共同生活所负的债务，应当共同偿还。"故应确定本案的债务是否为夫妻共同生活所负。对此，主要通过两个方面衡量：一是借款是否为夫妻双方合意；二是借款用途是否用于夫妻共同生活。(1)本案的借款无夫妻共同合意。根据本案中的书证借条和钱款转账事实，均无证据指向崔某某对债权知情或认可。2017年5月2日，陈某某向法院提交诉状时，并未列崔某某为共同被告，而仅列齐某某为被告。后陈某某追加了崔某某为本案被告，亦无证据显示在起诉之前，陈某某曾向崔某某主张过涉案债务。故陈某某未与崔某某达成借款给其本人或家庭的共同意思表示。(2)关于借款用途。借款用途是衡量涉案债务是夫妻共同债务抑或个人债务的重要依据之一。本案中，关于借款用途，根据崔某某、齐某某的陈述及证人的证言，表明借款是用于齐某某经营，非用于夫妻共同生活。证人证明齐某某夫妻自2012年至离婚时处于分居状态，无共同生活之事实。《婚姻法》第41条中"共同生活所负"表明，借款用途应当是用于夫妻共同生活，然本案中，无任何证据显示此笔借款用于夫妻共同生活。(3)从债务形成时间、债务性质等方面考量，无法得出此债务为夫妻共同债务的结论。①从债务形成时间来看，证人证明此债务形成期间，齐某某与崔某某处于分居状态。根据崔某某提供的离婚协议书和离婚证，齐某某与崔某某在60万元钱款转账后一年左右离婚。在离婚之前，双方陈述因孩子年龄过小未离婚。本案中，无证据显示双方有因共同生活而需共同举债的必要。②从债务的性质来看。崔某某有稳定工作，无证据显示齐某某与崔某某的家庭有大额支出，且同期齐某某向多人数次举债用于经营，本案债务属于明显超出日常生活所需的举债，涉案债务无证据

---

① 现对应《民法典》第1089条。该条规定："离婚时，夫妻共同债务应当共同偿还。"

证明用于夫妻共同生活。此外，本案也无证据证明崔某某参与齐某某的经营活动或有证据显示双方存在恶意转移财产的行为。综合上述理由，此债务并非为夫妻共同债务，应回归合同的相对性，由齐某某承担还款义务，崔某某无还款义务。

【规范指引】

《民法典》第 667 条、第 675 条、第 679 条、第 1064 条。

2. 与夫妻共同生活明显无关的不合理开支的认定

债务系用于夫妻一方，且明显与夫妻共同生活无关，则视为不合理开支，不应具有家庭使用的性质，而应明确界定为个人债务。如夫妻一方为前婚所生子女购置房产、车辆，或进行过度挥霍（如购买远超自身经济能力的奢侈品、负债向网络主播打赏等），乃至违反婚姻忠诚义务（如包养情人等），以及任何可能危害家庭利益的行为所产生的债务，均不应认定为夫妻共同债务。

3. 虚假债务及非法债务的认定

为家庭利益所负债务，应当具有正当性和合法性。在夫妻关系中，若一方在离婚之际，通过虚构的债务来侵吞共同财产，则不应认定为夫妻共同债务。同样地，当夫妻一方因盗窃、抢劫、赌博、非法集资等违法犯罪行为而产生的债务，即便是出于家庭利益，也不构成夫妻共同债务。

4. 债权人、债务人明确约定为个人债务的认定

如果债务人与债权人之间明确约定为个人债务，或夫妻之间约定为分别财产制且债权人知情的，也应当直接认定为个人债务。

【案例】甲公司诉林某某、陈某某民间借贷纠纷案[①]

林某某出具《借据》一份，主要内容为："本人兹向甲公司借款人民币贰仟万元整。请将上述借款汇入户名乙公司、账号31×××10、开户行中国建设银行上海某支行。款到账之日起计算，借款期限2013年3月11日至2013年5月10日止，还款届满时未能还清本息，应按未还款的日千分之三付违约金，特立此据。本借据正式失效日为款项汇入借款约定账户日。"《借据》落款时间为 2013 年 3 月 11 日。甲公司分别于 2013 年 3 月 7 日、3 月 11 日、3 月 12 日向乙公司汇款 600 万元、800 万元、600 万元，共计 2000 万元，汇款凭证上载明"用途：往来款"。一审审理中林某某向一审法院递交《追加被告申请书》，申请追加乙公司、林某某、黄某某等为本案共同被告。甲公司不同意

---

① 参见最高人民法院（2018）最高法民再 20 号民事判决书。

林某某的前述申请。另，陈某某与林某某于 2011 年 2 月 17 日登记结婚，于 2014 年 3 月 1 日协议离婚。

【分析】

根据《民法典》第 1064 条第 2 款的规定，夫妻一方在婚姻关系存续期间以个人名义超出家庭日常生活需要所负的债务，债权人以属于夫妻共同债务为由主张权利的，人民法院不予支持，但债权人能够证明该债务用于夫妻共同生活、共同生产经营或者基于夫妻双方共同意思表示的除外。甲公司提交的汇款凭证，案涉 2000 万元借款分别于 2013 年 3 月 7 日至 3 月 12 日汇入乙公司账户。林某某出具《借据》的落款时间为 2013 年 3 月 11 日，而在《借据》出具的当天及此前，甲公司就已向案外人乙公司汇款 1400 万元，且诉争《借据》最后载明"本借据正式失效日为款项汇入借款约定账户日"，民间借贷案件应以借款实际发放为借款合同生效的要件，合同中一般无须再约定生效日期，故甲公司关于《借据》中"失效"实为"生效"系笔误的主张不能成立。结合诉争《借据》该项特殊约定，林某某关于甲公司出借款项时就已明知其不是实际借款人，仅是中间人的抗辩，可信度更高，予以采信。因甲公司出借款项均已汇入指定账户，故依《借据》的该特殊约定，诉争《借据》已于 2013 年 3 月 12 日失效，不具有法律效力。本案中，案涉《借据》仅由林某某作为借款人签名，且甲公司并不否认林某某作为借款中间人的身份，应当认定甲公司明知该借款并非用于林某某与陈某某的夫妻共同生活、共同生产经营，也并非基于其夫妻双方共同意思表示。甲公司关于案涉借款构成林某某、陈某某的夫妻共同债务的诉讼主张，并无相应的事实和法律依据。

【规范指引】

《民法典》第 667 条、第 675 条、第 679 条、第 1064 条。

问题 1：举债方通过配偶名下账户走账是否可以认定夫妻二人具有"共债合意"

这一问题在司法实践中一直存在广泛争议，争议的焦点在于如何准确划分"债务的知情"与"共债合意"之间的界限。学界存在两种不同的见解。一种观点认为，鉴于个人银行账户的实名管理制度，未举债配偶应当对其个人账户负有管理责任。在现实生活中，银行账户往往与持卡人的手机号码绑定，任何资金变动都会实时通知到持卡人。因此，若出借人在转账时明确备注了借款用途，而未举债配偶在知情后未予退还，则可视为其对借款的默示同意。相反，若转账款项未注明性质，则不能简单地推断未举债配偶已知情并同意借款。另一种观点则持不同看法，认为夫妻未约定分别财产制的情况下，相互使用银行账户的情况相当普遍。即便有证据证明登记持卡人知晓配偶使用其账户借款，但根据《民法典》第 140 条的规定，"行为人可以明示或者默示作出意思表示。沉默只有在有法律规定、当事人约定或者符合当事人之间的交易习惯时，才可以视为意思表示"，故不能仅凭配偶的知情和为表示反对就推定其同意配偶的对外借款行为，并需共同承担还款责任。

我们倾向认为，根据举债配偶通过未举债配偶账户走账等情形推断其是否与未举债一方达成"共债合意"，需要考虑两个关键条件：一是未举债配偶知情。未举债配偶对举债配偶通过其账户走账的事实必须知情。二是资金用于共同生活、生产经营等。未举债配偶必须将已到账的资金用于夫妻共同生活、生产经营。

司法实践中，如举债配偶用未举债一方账户走账，则债权人可以通过银行流水查证收款人的账户信息，然后从收款人的账户信息查证是否为未举债配偶，请求人民法院出具调查令或申请调查取证，查证该账户自债权债务形成之日至申请调查令之日的银行流水。未举债一方在明知举债配偶用其账户走账的情形下仍将该账户用于家庭日常开支消费，会造成款项混同。所以查明未举债配偶将转账款用于超市购物、网上购物、给亲属转账等日常消费情形成为认定夫妻二人具有"共债合意"的关键。

【案例】张某某与刘某、杜某某民间借贷纠纷案[①]

刘某与杜某某原系夫妻关系，两人于 2003 年 1 月 15 日登记结婚，于 2018 年 10 月 9 日登记离婚。2016 年 1 月 17 日，张某某通过转账方式向杜某某名下尾号为 5919 的某银行账户转入 60 万元。同年 4 月 13 日，张某某通过转账方式向杜某某名下尾号为 5919 的某银行账户转入 40 万元。2018 年 7 月 1 日，刘某出具承诺书一份，确认向张某某所借 100 万元，于 2018 年 8 月前一次性归还。2018 年 11 月 17 日，张某某与刘某签署借款协议一份，约定刘某向张某某借款 100 万元，借款期限自 2018 年 1 月 17 日起至 2019 年 1 月 17 日止，借款利息按照月利率 1.8% 计算，按日结算，利随本清。借款人未按约

[①] 参见上海市第二中级人民法院（2021）沪 02 民终 1596 号民事判决书。

定期限还本付息的，利息调整为月利率 2.18%，每逾期一天，在支付约定利息的基础上，借用人将无条件再支付给出借人同等利息作为违约金，违约金按每日万分之七点九一计算；每逾期一日，在支付约定利息、违约金基础上，借用人将无条件再支付给出借人每日 3‰ 作为罚金，并承担由此产生的一切费用包括但不限于诉讼费、保全费、律师费等。借款协议还就其他事项作出约定。张某某为本案诉讼支付律师费 4 万元。一审法院审理中，张某某表示借款发生后，刘某和杜某某从未归还过借款本金，借款利息按月利率 1.8%，支付至 2018 年 9 月 20 日。其中 2018 年 9 月 20 日支付的利息是 2018 年 8 月 18 日至 2018 年 9 月 17 日的借款利息，因此张某某诉请的利息起算时间为 2018 年 9 月 18 日，借款协议约定违约利息应按照每月 2.18% 计算，但张某某自愿调整为按照每月 2% 计算。

【分析】

本案争议焦点为涉案借款是否属于夫妻共同债务。根据法律规定，夫妻一方在婚姻关系存续期间以个人名义超出家庭日常生活需要所负的债务，债权人以属于夫妻共同债务为由主张权利的，人民法院不予支持，但债权人能够证明该债务用于夫妻共同生活、共同生产经营或者基于夫妻双方共同意思表示的除外。

针对上述争议焦点，杜某某辩称涉案银行卡交于刘某控制，用于公司经营及其个人经济往来，杜某某对于该账户中的钱款往来并不知情，其不具有举债合意。然案涉款项发生于刘某、杜某某婚姻关系存续期间，杜某某基于其与刘某的夫妻关系，知晓并同意刘某使用自己名下的银行卡对外开展业务或与他人进行经济往来，应视为其作为配偶认可刘某通过其名下银行卡所从事的经济活动，在杜某某未提供证据证明本案存在虚假债务的情况下，应当认定双方具有共同举债的合意。对于杜某某辩称其从未参与公司的实际经营，刘某因公司经营产生的债务与其无关一节，根据当事人陈述及在案证据，刘某与杜某某共同设立公司，杜某某为控股股东，其是否实际参与经营仅系其与刘某的内部分工，若涉案款项实际用于公司经营，依法亦应认定为夫妻共同经营产生的债务。故杜某某据此主张涉案债务与其无关，于法无据。综上所述，张某某要求杜某某承担共同还款责任，法院予以支持。

【规范指引】

《民法典》第 667 条、第 675 条、第 679 条、第 1064 条。

问题2：夫妻一方婚前所负债务，配偶一方因此获益的，是否属于夫妻共同债务

原则上，一方婚前所负债务，通常被视为个人债务，应由其个人财产独立承担清偿责任。然而，在特定情形下，若此债务实质上惠及了配偶一方，诸如资金被用于婚后家庭生活的共同支出，或已转化为夫妻双方共同所有的财产，则该债务应被认定为夫妻共同债务，由夫妻双方共同分担偿还责任。在解决此类债务问题时，需全面审查债务的性质、用途，以及夫妻双方的财产状况，以确保双方的权益得到公平合理的法律保障。

【案例】王某1诉王某2等民间借贷纠纷案[①]

张某1、王某2原为夫妻关系。2006年6月13日下午，王某1与张某1签订房屋买卖协议，购买张某1、王某2共有的位于北京市平谷区某小区21号楼3单元2号楼房一套及车库一个，价款共计52万元。当日，王某1将款付给张某1，未办理过户手续（张某1将房产证、楼房及车库钥匙交给王某1）。张某1出售该楼房时与王某2关系尚好。张某1购房不久，对该楼房进行了装修，并缴纳了相应的取暖费、物业费。2008年3月11日，张某1、王某2在北京市平谷区民政局协议离婚，约定双方共同所有的北京市平谷区某小区21号楼2单元2号楼房一套、北京市平谷区某小区25号楼1单元3号楼房一套、平谷区某底商楼房一套、北京市平谷区某小区18号楼5单元9号楼房一套及汽车3辆归双方之子张某2所有，上述楼房的贷款由张某1负责偿还，张某1、王某2未保留、分得财产。2008年4月23日，王某1与张某1签订房屋买卖补充协议，约定由王某1借给张某1款项26万元，以办理银行解押手续，从而使王某1办理所购楼房过户手续。当日，王某1借给张某1款项26万元，张某1将北京市平谷区某小区21号楼2单元2号楼房一套、北京市平谷区某小区21号楼3单元2号楼房一套的贷款还清，并协助王某1办理了北京市平谷区某小区21号楼3单元2号楼房的过户手续。此后，张某1始终未偿还王某1借款。故王某1诉至法院，要求张某1、王某2连带偿还所欠借款26万元。张某1、王某2各自以答辩理由拒绝偿还王某1借款。

[①] 参见北京市第二中级人民法院（2010）二中民终字第22343号民事判决书。

关于借款偿还期限，张某 1 称当初其提出 5 年内还清王某 1 借款，王某 1 口头表示同意；王某 1 则称其口头表示张某 1 可以慢慢偿还，但未同意张某 1 在 5 年内还清借款。

关于王某 2 对于张某 1 出售北京市平谷区某小区 21 号楼 3 单元 2 号的楼房是否知情，王某 1 称看房时王某 2 在家，签买卖协议时亦在场，并提供证人刘某出庭证实。张某 1 否认王某 2 知情，并提供其弟证人张某 3 证实看房、签订房屋买卖协议时王某 2 不在场。

法院经公开审理查明：在张某 1 与王某 2 签订的离婚协议书中约定，位于北京市平谷区某小区 18 号楼 5 单元 9 号楼房一套归张某 1 之子张某 2 所有，该楼房未还清的贷款由张某 1 负责偿还。二审审理期间，王某 2 认可其与张某 1 离婚协议书中约定的归张某 2 所有的房屋现已过户登记在自己名下。张某 1 在一审审理期间称，其 2006 年 6 月从王某 1 处收到的房款用于偿还朋友借款和饭店所欠的材料款等。

【分析】

本案争议的焦点是离婚后一方所负用于婚姻关系存续期间家庭共同生活的债务是否应为夫妻共同债务。本案中张某 1 从王某 1 处借款虽发生在张某 1 与王某 2 办理完毕离婚手续之后，但该笔借款是用于偿还北京市平谷区某小区 21 号楼 2 单元 2 号房屋和该楼 3 单元 2 号房屋的银行贷款，该贷款是张某 1 与王某 2 婚姻关系存续期间的共同债务。随着该贷款的偿还，张某 1 与王某 2 的夫妻共同债务的范围减少，夫妻共同财产范围增加，无论夫妻共同财产在夫妻离婚时如何分配，该笔离婚后产生的债务应视为夫妻共同债务，由二人共同偿还。综上所述，在办理完离婚手续之后离婚一方当事人借款，如果该笔借款是用来偿还婚姻关系存续期间家庭共同生活的债务，如两人婚房的银行贷款，那么这笔借款仍然属于夫妻共同债务，要由二人共同偿还。

【规范指引】

《民法典》第 667 条、第 675 条、第 679 条、第 1064 条、第 1089 条。

第七节　债的加入的认定和裁判规则

一、债的加入的构成要件

根据民法债务承担理论，并存的债务承担即为学理上所称的债的加入。债的加入属于单务合同、诺成合同、不要式合同、无名合同。根据《民法典》第552条规定，第三人与债务人约定加入债务并通知债权人，或者第三人向债权人表示愿意加入债务，债权人未在合理期限内明确拒绝的，债权人可以请求第三人在其愿意承担的债务范围内和债务人承担连带债务。即债务人并不脱离原合同关系，第三人加入债权债务关系后，与债务人共同向债权人履行债务。同时，《民法典合同编通则解释》第51条对加入人追偿权及其限制作出了明确规定，既回归了连带债务的效力基础，也参酌了其担保功能，对其他争议问题的解决具有启发意义，即第三人加入债务并与债务人约定了追偿权，其履行债务后主张向债务人追偿的，人民法院应予支持；没有约定追偿权，第三人依照《民法典》关于不当得利等的规定，在其已经向债权人履行债务的范围内请求债务人向其履行的，人民法院应予支持，但是第三人知道或者应当知道加入债务会损害债务人利益的除外。债务人就其对债权人享有的抗辩向加入债务的第三人主张的，人民法院应予支持。

在债的加入中，第三人在其承诺的范围内与债务人一起对债权人承担连带责任，根据我国法律规定，债的加入，本质上是增加一个新的债务人来保障债权实现，属于对债权人利益的行为，无须债权人同意，在第三人与债务人约定加入债务的场合，应当通知债权人，抑或第三人直接向债权人表示愿意加入债务。债的加入主要有两种形式：一是第三人与债务人约定的债的加入，此时应当通知债权人；二是第三人与债权人达成的债的加入协议。司法审判实务中，比较常见的方式是债权人、债务人、第三人通过三方协议成立的债的加入。由于债的加入本质上是为保障债权人债权实现而额外提供的增信措施，是一种对债权人的利益行为，故此，债的加入的设定通常无须债权人同意，并且在第三人直接向债权人表示加入债务或者在三方协议设定债的加入的场合，其实际上已经取得了债权人同意。

其构成要件主要有以下四方面。

（一）债务存在且合法有效

债的加入首先要求必须有一个合法有效的债务存在。也就是说，债的加入的前提是债权人与原债务人之间已经有了一个有效的债务关系。如果没有有效的债务，那么债的加入就无从谈起在债的加入中，债务人与第三人共同负担的是同一债务。原债务是否合法有效，关涉第三人对债务是否承担履行清偿义务。如果原债务违法不成立，或者是被认定无效，或被当事人撤销，则第三人得以免除债务清偿责任。如果法律规定或者当事人之间的约定禁止转让，或者债务具有特定人身性质不能转让，那么第三人就无法加入。

（二）第三人承诺加入债务

债的加入是典型的加重第三人义务，故其核心要件是第三人自愿承担原债务人的全部或部分债务。第三人必须明确表示愿意承担债务，并且这个承诺必须是自主、自愿的。第三人可以与债务人签订协议，也可以与债权人签订协议，但必须有明确的承诺行为。应在当事人合意或单方允诺不改变原债务人债务的基础上，第三人加入债务负担的允诺。允诺应当是真实意思表示，而不是被胁迫、欺诈等。当事人可在允诺中就债的加入的种类、范围、金额、履行期间等进行明确。债的加入的核心要件是第三人自愿承担原债务人的全部或部分债务。第三人必须明确表示愿意承担债务，并且这个承诺必须是自主、自愿的。第三人可以与债务人签订协议，也可以与债权人签订协议，但必须有明确的承诺行为。就协议而言，则主要分为全部债务承担（第三人承诺与原债务人共同承担全部债务责任）和部分债务承担（第三人仅承诺承担原债务人的部分债务责任）。

（三）不为债权人所反对

根据《民法典》第552条的规定，债务人无论以哪种方式加入原债权债务中，均要求债权人未在合理期限内明确拒绝，该要求不同于债务转移，因债务转移中原债务人脱离了债权债务关系，需要债权人明确的同意才能成立并生效。原因在于，对于第三人直接向债权人表示愿意加入债务，即使未经过债务人同意，由于第三人与债务人共同承担债务，债权人又愿意接受第三人的履行使债务全部或部分归于消灭，在债权人基于连带责任直接向第三人主张清偿责任时，减轻了债务人的清偿责任，或者至少对于债务人并无不利，故此通常认为，第三人与债权人之间的债的加入合意，可以不必经过债务人的同意即可生效，即使不符合债务人的本意，也应认可其效力。

（四）与原债务人共同承担责任

债的加入并不消灭原债务人的责任，第三人加入后，与原债务人共同对债务承担连带责任。这意味着，债权人可以选择向第三人、原债务人或两者共同主张债务履行。这种责任形式通常为连带责任，但也可以根据具体协议约定为按份责任。

二、债的加入的注意事项

（一）是否存在法律关系

第三人加入债权债务关系时，是否存在与债权人或借款人的法律关系便成为其争议焦点之一，原债权债务关系有效存在是债的加入的前置条件和基础，只有当原债权债务关系有效存在的情况下，第三人的加入才会产生并存的债务承担。债权人可能主张第三人与借款人有某种法律关系，例如担保关系、连带责任关系等，从而请求法院将其纳入诉讼范围。需要审查第三人与借款人之间是否存在法律关系，以确定是否有足够的法律依据将第三人纳入诉讼范围。这可能涉及第三人是否与借款人签订过担保协议、连带责任协议或其他形式的合同，以及这些合同是否具有法律效力。

（二）第三人的法律地位和权利义务

需要确定第三人在债务纠纷中的具体法律地位和相应的权利义务，第三人可能认为自己并非实际债务人，仅是债务的担保人或第三方，并不存在直接的债务关系，因此不应被迫承担债务责任。如果第三人是作为担保人加入借款合同，那么他的责任可能局限于担保金额范围内，而不涉及原始借款本金和利息。此外，第三人会就法律责任的公平分配提出抗辩。在司法审判实务中，第三人可能主张自己并非实际债务人，仅是担保人或第三方，因此需要根据其在债务关系中的实际角色和责任程度来分配法律责任，避免不合理地分配债务责任。第三人加入债务后，原债务人仍应当在原债务范围内承担履行义务，其并没有因第三人加入债务而免除其履行义务，即第三人加入债务只是在原债务人的基础上增加了一个新的债务人，在性质上具有担保债权实现的功能。如若债务人脱离了原债权债务关系，则第三人的加入实质上产生了另一个新的债权债务关系，而并非并存的债务承担。在责任承担上，债的加入系第三人自愿加入债务，与原债务人对债务负有同等的偿还义务，只要履行期限届满，债权人即可要求前者承担相应债务。虽然债的加入与连带责任保证不论是外在表现形式抑或债务清偿的实际内容均十分相似，均为第三人向债权人承担连带债务清偿的责任，但是该两者在法律关系属性、责任承担方式以及第三人权益保障方面存在着明显区别。

（三）诉讼程序的合法性

第三人可能对诉讼程序的合法性产生争议。存在质疑诉讼程序是否符合法定程序的可能，包括是否经过合法的通知程序、是否充分保障了其诉讼权利等。例如，未经第三人同意或未能提供充分的法律依据，因此请求法院驳回债权人的诉讼请求。同时第三人可能会质疑债权人提供的证据的真实性和充分性，尤其是与其相关的法律关系证据。其可能会要求债权人提供充分的证据证明其与借款人之间的法律关系，以及是否存在相应的债务责任。此外，第三人加入债务，虽不需债权人同意，但应当通知债权人，或者第三人直接向债权人表示愿意加入债务，债权人在合理期限内未明确拒绝，如果未通知债权人则对债权人不发生效力，同时债权人作为权利人，可以拒绝第三人的债的加入行为。在此方面，区别于《民法典》第551条所规定的在债务转移中，债务人可以就债务转移事宜催告债权人在合理期限内予以同意，但是应当注意的是，在此种场合债权人的默示视为不同意。

三、裁判规则

司法审判实务中，法院在裁判此类案件时，通常会依据一定的裁判规则来判断是否构成债的加入以及如何处理相关法律问题。

（一）意思自治原则

在处理债的加入案件时，首先考虑的原则是意思自治，即尊重当事人之间的意思表示。债的加入的核心在于第三人是否自愿承担债务，法院在裁判中会仔细审查第三人、原债务人和债权人之间的合意。如果第三人明确表达了承担债务的意思，通常会认定债的加入成立。这种意思表示应当是清楚的、无歧义的，并且经过债权人的同意或追认。在合同条款不明确的情况下，则根据合同解释原则，结合合同的整体内容、当事人之间的关系、交易习惯等因素，解释当事人是否达成了债的加入的合意。

（二）债务合法性和有效性

法院在审查债的加入的过程中，会首先确认原债务的合法性和有效性。债的加入的前提是原债务的存在和有效性。法院需要确认债务是否真实存在，并且该债务是否符合相关法律规定（如债务是否涉及违法行为、是否已经履行等）。如果原债务不合法或无效，那么即使第三人承诺加入债务，这种承诺也可能无法产生法律效力。

（三）债权人同意规则

债的加入通常需要债权人的同意。如果债权人不同意或事后不予追认，债的加入可能不成立。法院在处理此类案件时，会关注债权人是否明确同意第三人加入债务，并且这种同意是否符合合同或法律要求。需要综合分析债权人是否以明示方式（如书面同意）或默示方式（如行为认可）同意第三人加入债务。如果债权人未明确表示反对且在行为上接受了第三人的债务履行，法院可能认定债权人默示同意。

（四）连带责任的认定

在债的加入后，第三人通常与原债务人共同承担连带责任。法院会根据合同条款和法律规定，判断是否存在连带责任以及连带责任的范围。如果合同未明确约定责任分配，法院通常会认定第三人和原债务人对债务承担连带责任。债权人可以向任何一方主张全部或部分债务，债务人之间内部再进行清偿分担。在一些情况下，合同可能明确约定第三人与原债务人承担按份责任，即各自承担一定比例的债务。法院在审理时，会根据合同约定作出裁判。

（五）形式要求

在认定债的加入时，应审查相关协议是否符合法律规定的形式要求。某些情况下，债的加入协议可能要求书面形式，并需要经过特定程序（如公证才能生效。对于涉及较大标的额或较为复杂的债务关系的债的加入，应要求有书面协议作为证据，如果当事人无法提供书面协议或其他证据，则存在不予认定的风险。还应审查债的加入过程中是否符合法律规定的程序，如是否需要公证或备案等，如果程序不合规，可能影响债的加入的效力。

（六）善意第三人保护原则

第三人在不知情的情况下加入债务，而该债务存在欺诈、胁迫等情况时，如果第三人在签订加入债权债务关系的协议时是善意的，即不知晓债务存在问题，法院可能会保护第三人的利益，尤其是当第三人已经履行了部分或全部债务时；如果债的加入因欺诈等原因被认定无效，则原债务人或债权人应返还第三人已经支付的款项或承担的责任。

（七）举证责任分配

在债的加入纠纷中，举证责任的分配是裁判的关键。主张债的加入的一方（通常为债权人或第三人）应承担举证责任，证据一般应包括合同、邮件往来、转账记录等证明债的加入的存在和有效性。如果证据不足，法院可能不会认定债的加入成立。在特定情况下，如存在明显的不公平或欺诈行为，则可以适用举证责任倒置的原则，由被告方证明不存在债的加入的事实。

（八）合同内容的审查

在裁判时应审查债的加入合同的内容是否合理合法。任何违反法律或公共秩序的合同条款将被认定无效，并影响整个债的加入的效力。如果债的加入协议中的某些条款被认定为无效，法院会判断这些无效条款是否影响整个协议的效力，并可能对债的加入部分或全部否定。还应审查债的加入的动机和目的是否符合法律规定，例如是否为了规避法律责任或从事非法活动。债的加入的效力要件主要包括意思表示真实（双方在签订债的加入合同时，其意思表示必须是真实的，不得存在欺诈、胁迫或重大误解等情况）和内容合法（债的加入的协议内容必须符合法律规定，不能违反法律的效力性强制规定）。

（九）衡平原则

在裁判债的加入案件时，在合同条款不明确或存在明显不公平条款的情况下，应适用衡平原则，以确保各方当事人的利益得到公平对待，适用衡平原则进行调整。在权利和义务方面，应平衡债权人、原债务人和第三人之间的权利和义务，避免产生明显不公的结果，如果债的加入协议中的某些条款显失公平，应根据衡平原则进行适当调整，以确保协议的合理性。

【案例】揭东某行诉吴某标金融借款合同纠纷案[①]

肖某浩与揭东某行于2016年8月30日签订的《保证担保合同》，约定肖某浩自愿为揭东某行与某阳新能源公司、吴某标、肖某光、肖某阳签订《保证担保借款合同》所形成的债权担任债务人的保证人向揭东某行提供连带责任保证，这并不代表本案某阳新能源公司的债务转移给肖某浩。肖某浩与揭东某行于2017年1月24日签订了一份还款协议，协议约定肖某浩同意分期代为偿还某阳新能源公司结欠揭东某行的借款600万元及利息。

【分析】

第三人向债权人承诺代债务人以自己名义与债权人签订还款协议，约定第三人分期代为偿还债务人欠债权人的借款及利息，但"代为偿还"一词不能当然说明债务已转移。在没有改变原借款合同内容和债权人没有明确表示免除原债务人清偿义务的情况下，且债权人明确表示不认可债务已经转移，应认定第三人对"代为偿还款项"构成债务加入，债务加入不影响担保责任的承担，第三人应与债务人、连带责任保证人共同向债权人承担清偿义务。肖某浩与揭东某行签订还款协议的行为对于某阳新能源公司结欠揭东某行借款600万元及利息的债务构成了债务加入，并没有改变《保证担保借款合同》的内容，也没有免除原债务人的偿还义务的债务承担方式，且作为债权人揭东某行并没有明确表示免除债务人的债务，故肖某浩分期代为偿还某阳新能源公司结欠揭东某行的借款600万元及利息构成了债的加入，并不能构成债务的转移。因此，肖某浩与揭东某行签订《保证担保合同》《还款协议》不能构成本案的债务转移。

【规范指引】

《民法典》第502条、第509条、第577条、第674条、第675条、第676条、第688条、第691条、第750条。

[①] 参见广东省揭阳市中级人民法院（2019）粤52民终421号民事判决书。

第八节　民间借贷中担保问题的认定和裁判规则（含非典型性担保）

担保是指担保人为债务人的债务承担责任的法律行为。典型的担保形式包括保证担保、抵押担保、质押担保等，这些担保形式在法律中都有具体的规定和适用条件。与之相对，非典型担保则是指不符合传统担保形式的担保方式，它可能是在特殊情况下根据当事人的约定或者法院的判决产生的。典型的担保一般表现为保证担保、抵押担保及质押担保等，而非典型性担保一般则为融资租赁合同、保理合同、所有权保留买卖等。

一、民间借贷中担保问题的认定

在民间借贷中，担保问题的认定直接关涉债权人能否顺利实现债权和担保人的法律责任。随着经济活动的多样化，民间借贷担保问题也日益复杂化，因此，对担保的认定需要结合法律规定、合同约定以及实际情况进行全面分析。以下是对民间借贷中担保问题的进一步详细论述。

（一）担保合同的效力认定

担保合同是民间借贷活动中不可忽视的法律文件，其效力认定是解决担保纠纷的基础。一是合法的主体资格，担保合同的签署人是否具备合法的担保主体资格是担保合同效力的前提。担保人应当具有完全的民事行为能力。若担保人为法人，须核实法人章程中是否有相关授权，防止超越经营范围或未经合法授权的担保行为，这类担保行为可能被认定为无效。二是书面形式要求，根据《民法典》规定，担保合同应采用书面形式。没有书面合同的担保可能在法律上难以得到承认。尤其是涉及抵押、质押等物权担保的，往往还需办理相应的登记手续，以确保担保权的对抗效力。三是真实意思表示，担保合同必须是担保人真实意思的体现，不得存在欺诈、胁迫等情形。如果担保人在明知借款人无偿还能力的情况下仍然被胁迫签订担保合同，法院可能认定该合同无效。四是担保内容合法，担保合同的内容必须符合法律法规的要求。例如，担保的对象不能是法律禁止交易的物，担保合同中不能约定高利贷等违反法律强制性规定的条款。

（二）担保方式的认定及特点

在民间借贷中，常见的担保方式包括保证、抵押、质押等，不同担保方式的认定标准和效力有差异。

1. 保证担保的认定

一是保证合同内容。法院首先会审查保证合同的内容，确定保证人的责任范围和担保期限。如果合同没有约定具体的担保责任范围，一般根据法律的推定规则，只承担主债务的本金和法定利息。

二是连带责任与一般保证。在民间借贷中，保证担保可以分为连带责任保证和一般责任保证。连带责任保证意味着债权人可以在借款人未偿还贷款之前，直接向保证人追讨全部债务。而一般责任保证则要求债权人首先向借款人追讨，如果借款人无力偿还，才可向保证人追偿。这种区别影响了保证人在不同情况下的法律责任。

三是保证期间。根据《民法典》的规定，保证期间是主债务履行期届满后的六个月内。如果保证期间届满而债权人未主张权利，则保证人不再承担保证责任。

2. 抵押担保的认定

抵押，是指债务人或第三人以不转移占有的方式，将其合法所有的财产作为债权的担保。

一是抵押物的范围。抵押物必须是法律允许作为担保的财产，且该财产须为抵押人合法拥有。如土地使用权、房屋等不动产，或者机动车等特定动产。

二是抵押登记。对于不动产抵押，必须依法办理抵押登记，登记后抵押权才能成立，具备对抗第三人的效力。未登记的抵押物，虽不影响抵押合同的效力，但不能对抗善意第三人。

三是抵押物处置权。若借款人不履行债务，债权人可以申请法院拍卖、变卖抵押物，以优先受偿。需要注意的是，抵押权的实现必须通过法定程序，未经法院裁定，债权人不能自行处置抵押物。

3. 质押担保的认定

质押是指债务人或第三人将其动产或权利移交债权人占有，以作为债务履行的担保。

一是质物的移交。质押的成立通常伴随着质押物的实际交付。质押物在质权人占有期间，质权人负有妥善保管的义务，未经允许不得擅自使用或处置质物。

二是质物范围。质押物可以是动产（如存货、设备）或权利（如股权、票据、债权）。质权的设立通常需要通过转让质物的占有权来完成，质物一旦交付，质权即告成立。

三是担保责任的范围。在民间借贷担保中，担保人的责任范围与其签署的担保合同条款密切相关。如果合同没有明确规定担保责任的范围，法律一般会推定担保人只对借款本金和法定利息承担责任。

四是债务本金与利息。担保人通常仅承担借款合同中明确约定的本金和利息部分的担保责任。如果合同中没有明确约定担保范围，担保人只对本金及其法定利息承担责任。

五是违约金与损害赔偿。如果担保合同中明确约定担保人对借款人的违约金、损害赔偿责任承担担保责任，担保人也必须履行此类责任。但此类条款必须合法合理，过高的违约金条款可能会被法院调整。

六是担保期限。如果担保合同中未明确约定担保期限，法院通常依据《民法典》规定进行推定，担保期限通常为主债务履行期届满后的六个月内。

4.担保人与债务人、债权人的关系

在民间借贷中，担保人、债务人和债权人之间的法律关系也是认定担保问题的关键。

一是担保人与债务人的内部关系。担保人在为债务人提供担保后，有权利在承担责任后向债务人追偿。担保人承担的债务应视为代替债务人履行责任，但前提是担保人已清偿债务。

二是担保人与债权人的关系。担保人与债权人之间的关系通常取决于担保合同的条款内容。债权人享有对担保人的追索权，尤其是在连带保证的情况下，债权人可以直接向担保人主张权利。

三是共同担保的情况。如果民间借贷中有多个担保人，且为连带责任，债权人可以选择任何一位担保人全额主张权利。被追偿的担保人可以向其他担保人按比例追偿。

二、担保问题中的注意事项

（一）担保责任的确定

担保责任的确定是担保合同中的核心问题之一。在担保人对债务人的债务承担担保责任时，可能存在对担保责任范围的理解不同。借款人和担保人在担保合同中对担保责任范围的认识可能存在歧义。借款人可能期望担保人对所有借款承担责任，而担保人可能认为自己仅对特定借款承担责任。争议可能涉及担保责任的明确界定和约定。例如，当债务人未履行债务时，担保人应当承担全部债务金额的责任，还是只承担部分责任，或者是否存在其他责任限制。审查担保合同中的条款以确定担保人对债务人的担保责任范围。可能涉及确定担保人在何种情况下应当承担担保责任、责任的期限、责任的金额等方面。同时还应考虑法律规定和合同约定的相关内容。

（二）担保形式的选择

不同的担保形式具有不同的法律效力和约束力。因此，在选择担保形式时，债权人、债务人和担保人之间可能存在争议。借款人和担保人在选择担保方式时可能产生分歧。担保方式可能包括抵押、质押、保证等形式。争议可能围绕担保方式的选择、担保物的性质和评估，以及担保方式对债权人和担保人权益的影响展开。例如，在抵押担保和保证担保之间的选择时，可能涉及债权人的权益优先考虑、担保人的风险承受能力等方面的争议。

（三）担保范围的界定及担保物的处置

担保范围的界定涉及担保人为债务人承担担保责任的具体范围。在确定担保范围时，需要考虑担保合同的约定、法律规定以及实际情况等因素。例如，当债务人的债务包括多笔债务时，担保人的担保责任范围应如何确定是一个常见的争议焦点。如果担保合同涉及担保物，如房产、车辆等，其处置可能成为争议的焦点。债权人可能在借款人违约时要求担保人处置担保物以清偿债务，但担保人可能对处置方式、处置时机、处置收益分配等方面产生异议。

（四）担保权利的转让和终止

担保权利的转让和终止可能会引起争议。例如，当担保合同中的债权人发生变更时，原债权人和新债权人之间可能存在争议，涉及担保权利的转让程序、效力、终止原因和方式等方面的问题。担保合同中可能包含对担保人责任的限制条款，如限制担保金额、责任期限等。争议可能在于这些限制是否显失公平、是否违反法律、行政法规的效力性强制规定，以及对担保人权益的影响如何评估。应对担保合同的条款进行解释，以确保各方的权利和义务得到平等保护。如果有解除担保合同的请求，审判人员将审查解除请求的合法性、解除的条件和程序等。

（五）担保人的权利和义务

担保人作为担保合同的一方，享有一定的权利和承担一定的义务。担保人的权利和义务可能会因担保合同的不同条款而产生争议。例如，担保人对债务人是否有权利追偿、是否存在追偿权的限制、是否可以请求债权人提供担保责任范围内的证明等问题。借款人违约时，担保人可能会行使如追偿权、异议权等相应的权利，但其权利范围和限制可能引发争议。担保人在面对债权人的追偿要求时，可能提出抗辩。应审慎审查担保人提出的抗辩理由，如合同瑕疵、免责情形等，以确定抗辩的合法性和有效性。如果担保人代偿了债务人的债务，担保人有权向债务人追偿。应审查担保人提出的追偿请求的合法性，包括追偿金额的计算、追偿请求的时机等方面问题。

（六）担保合同的有效性和解释

担保合同的有效性和解释涉及合同的成立条件、要素、解释和适用等问题。例如，担保合同的成立是否符合法定条件、担保合同中条款的解释和适用是否符合法律规定等方面的问题可能会产生争议。借款人、担保人和债权人对担保合同条款的理解可能存在分歧。争议可能围绕担保责任的界定、担保物的权利义务、违约情形的认定等方面展开，需要对合同条款进行详细解释。审查担保合同的成立过程，包括合同的签订、内容确认等。合同应符合法定形式，当事人的真实意思表示应当得到充分确认。审查合同的有效性，包括但不限于合同条款是否合法、是否违反公序良俗等，以确定合同的效力。

（七）担保责任的涤除

常见的争点包括以下几方面内容：担保期间的界定方面，担保期间直接关涉担保责任是否涤除，有时合同未明确规定，容易引发纠纷；债权转让的通知方面，一般情况下，债权转让时要求债权转让通知担保人，否则担保人可以主张担保责任涤除，但实际操作中，通知的有效性和形式容易产生争议；主债务合同无效或被撤销方面，主债务合同与担保合同的效力联动关系较为复杂，尤其在担保合同与主合同性质不同或涉及多个法律关系时，容易产生不同解读，例如，如果主债务合同无效或被撤销，担保合同是否一并无效、担保人是否仍需承担责任；担保人的追偿权方面，追偿权涉及担保人与主债务人、其他担保人之间的权利义务关系，可能因合同约定、履行情况不同而产生争议；担保范围的确定方面，直接关系担保责任的大小，实际操作中，有些附带责任未明确写入担保合同，可能导致不同理解。涤除担保责任时，根据法律相关规定，应着重从主债务履行情况（主债务人是否已经完全履行了债务）、担保期间（担保期间是否已经届满，特别是在担保合同中是否明确约定了担保期限）、债务免除或变更（是否存在债权人免除主债务人债务或与主债务人达成债务变更协议）、债权转让的通知（债权是否发生转让，且是否有正式通知担保人）、主合同的效力（主债务合同是否有效，是否存在无效、撤销或解除的情况）、担保合同的条款（担保合同中是否有明确的免责条款或责任限制条款）以及担保责任的履行（担保人是否已经履行了部分或全部担保责任）等方面进行审查。

【案例】 顾某某、兰某与郑某某民间借贷纠纷案①

2015年4月16日，顾某某、兰某作为乙方，郑某某作为甲方，双方签订了《房产抵押借款协议》，该协议约定，郑某某借给顾某某、兰某人民币150 000元，借款期限为一年，利率为月息1.78%。顾某某、兰某用一房屋为该笔借款提供担保。该协议还就其他内容作了约定。协议签订后，双方针对此协议办理了公证。2015年5月6日，案外人李某某代郑某某向顾某某、兰某转账支付了借款人民币150 000元。

【分析】

顾某某、兰某主张主债权诉讼时效已过应当涤除抵押权的诉求，《担保法解释》第12条规定："当事人约定的或者登记部门要求登记的担保期间，对

---

① 参见云南省昆明市中级人民法院（2021）云01民终11350号民事判决书。

担保物权的存续不具有法律约束力。担保物权所担保的债权的诉讼时效结束后，担保权人在诉讼时效结束后的二年内行使担保物权的，人民法院应当予以支持。"该案借款合同签署于 2015 年 4 月 16 日，借款期限约定为一年，故主债权的诉讼时效起算点应当为 2016 年 4 月 17 日，在无诉讼时效中止、中断的情形存在的前提下，主债权的诉讼时效届满时间为 2019 年 4 月 17 日，被上诉人有权在 2021 年 4 月 17 日前行使担保物权。而该案顾某某、兰某一审起诉时间为 2021 年 2 月 7 日，故其抵押权不应被涤除。

（八）让与担保

所有权转移的效力问题：在让与担保中，财产的所有权在形式上转移给了债权人，但实际上出让人仍保留对该财产的使用和收益权。这种情况下，如何认定所有权的实际归属，以及债权人在实现债权时能否直接处分该财产，可能成为争议焦点。让与担保与传统的担保物权（如抵押、质押）在性质上有所不同，但在审判实务中可能引发与这些传统担保方式的冲突。例如，当出让人将同一财产多次让与担保或同时设立其他担保物权时，各权利人之间的优先受偿顺序如何确定，可能成为争议的重点。债权人在债务人违约时如何行使其担保权利，即是否可以直接将担保财产出售、转让或其他处置方式，往往会成为争议焦点。尤其是在没有明确合同约定或法律规定的情况下，这一问题更为突出。在让与担保中，担保财产的价值如何确定，特别是在债务人还清部分债务或债务金额发生变化时，担保财产的价值和范围如何调整，往往会引发争议。在让与担保中，应确认出让人是否拥有担保财产的合法所有权或其他可处分的权利，确保出让人有权进行让与担保，担保财产是否涉及案外人合法权益。应确保合同中的担保范围、财产处置方式、违约处理等条款明确具体，不存在重大歧义或显失公平。就担保物而言，应对担保物的市场价值进行估值，确保其足以担保所涉及的债务。此外，还需确认是否按法律规定对担保财产进行了必要的登记或公示，特别是在不动产或其他需要登记的财产中，以确保担保权的对抗效力。

（九）法律适用问题

担保制度是《民法典》物权编、合同编中的一项重要制度，《民法典》编纂过程中对《物权法》《担保法》关于担保制度的规定进行了重大调整和完善。《民法典》整合了《物权法》和《担保法》的规定，采用了物权与债权二分的立法方式，分别在第二编物权编的第四分编规定了担保物权（物保制度），在第三编合同编的第二分编第十三章规定了保证合同（人保制度），确立了担保物权纳入物权编的立法框架。《民法典》物权编在《物权法》和《担保法》基础上进行的修改和完善主要包括扩大了担保合同的范围、删除有关物权具体登记机构的规定、简化抵押合同和质押合同的一般条款、明确实现担保物权的统一受偿规则。《民法典》合同编中与担保制度交叉的内容，一部分在"通则"部分，包括完善担保合同效力规则（如审判实务中一方当事人违反义务不办理报批手续影响合同生效的问题），一部分在分则"典型合同"部分，包括吸收了《担保法》中关于保证的内容、增加了保证合同，以及为适应我国保理行业发展和优化营商环境的需要增加了保理合同。由于《民法典》采取了债权与物权二分的立法方式，故分别在第二编物权编的第四分编规定了担保物权，合同编的第二分编第十三章规定了保证合同。这些是传统的、典型的担保形式。另外，《民法典》合同编还规定了其他具有担保功能的合同，此即所谓的非典型担保。《民法典》不仅明确了这些合同本身具有的担保功能，而且规定了相应的公示方式及其法律效力，这是相较于《担保法》和《物权法》的重大变化。

三、裁判规则

在民间借贷中，担保制度在民间借贷中显得尤为重要，常涉及合同的效力、责任的范围、担保期限以及担保人的权利义务等多个方面。在民间借贷中，担保制度的复杂性和多样性使裁判规则在实际操作中具有很大的灵活性。法院在裁判过程中，不仅要严格遵循《民法典》的相关规定，还需要结合具体的案情、担保合同的内容以及当事人之间的权利义务进行综合判定。在司法审判实务中，法院往往会尊重合同双方的约定，但也会依据公平原则，对担保人的责任进行适当调整，以保护各方当事人的合法权益。这种裁判规则的灵活性和法律适用的准确性，确保了民间借贷活动中的担保行为在法律框架内得到有效规范和保障。除前文所述担保合同效力和担保方式的认定外，还应注意以下四个方面。

（一）担保范围的界定

1. 担保责任范围

担保的责任范围应当根据担保合同的约定来确定。如果合同中明确规定了担保的范围，如本金、利息、违约金、诉讼费等，法院将按照该约定进行裁判。如果合同未明确约定，通常会将担保责任范围解释为包括本金、正常利息及与债务人违约相关的损失。

2. 担保责任的限额

担保合同中常规定担保责任的限额。如果限额超过了合理范围，或未规定担保限额，法院通常会根据公平原则进行调整，避免担保人承担不合理的巨额责任。

（二）担保期限的确定

1. 法定与约定担保期限

根据《民法典》的规定，担保期限如果未在合同中明确约定，则法定担保期限为主债务履行期届满之日起6个月。超过这一期限，担保人不再承担保证责任。对于有明确约定的担保期限，法院通常会尊重双方的意思自治，但约定期限不应超过法律的合理界限。

2. 担保期间的免责情形

在某些情况下，担保人可以要求免责。例如，如果债权人故意拖延主债务的清偿，导致担保人承担更多责任，法院可能会根据公平原则免除部分或全部担保责任。

（三）担保责任的免除与变更

1. 未经担保人同意的合同变更

当主债务合同未经担保人同意发生重大变更（如债务金额、还款期限的延长等），担保人可以请求免除或减少担保责任。法院在审理此类案件时，会重点关注变更是否损害了担保人的利益。如果确实损害了担保人的权益，法院有可能判定担保责任不再有效。

2. 担保物权的消灭

对于物的担保，如抵押、质押等，担保物权会在债务清偿或担保期间届满后消灭。如果债权人在担保物拍卖、变卖时未按照法律程序处理，或在未通知担保人的情况下处置担保物，担保人可以申请法院宣告担保物权无效，或主张损害赔偿。

（四）担保物权的处置

1. 担保物的处置方式

在处置担保物时，必须遵循严格的法律程序，包括拍卖、变卖等公开处置方式。如果担保物被非法私下处置，担保人有权主张侵权责任。审判实务中，债权人不得擅自处置抵押物或质押物，否则将承担法律后果。

2. 物权担保的实现

当债务人无法清偿债务时，债权人可以申请法院拍卖担保物，优先获得清偿。这一过程中，应严格审查担保物的价值评估、拍卖流程的合法性，确保债权人与担保人双方的合法权益得到保护。

附：民间借贷纠纷请求权、抗辩（权）基础备考表

案由	诉讼请求	请求权基础	抗辩（权）主张		抗辩权基础
民间借贷	返还借款	《民法典》第675条	并非借贷主体	原告并非出借人	《民间借贷司法解释》第2条
				借款系夫妻共同债务（或借款非夫妻共同债务）	《民法典》第1064条
				借款人为公司时主张借款系法定代表人或负责人个人借款	《民间借贷司法解释》第22条
			未形成借贷合意	款项往来系基于其他法律关系	《民间借贷司法解释》第14条、第16条
				基于欺诈、胁迫而订立合同或交付款项	《民法典》第148条、第149条、第150条
			借款未有效交付		《民间借贷司法解释》第9条、第15条
			合同无效或可撤销	合同无效	《民法典》第144条、第145条、第146条、第153条、第154条；《民间借贷司法解释》第13条
				合同可撤销	《民法典》第147条、第148条、第149条、第150条、第151条、第152条
			借款未到期	借款期限未满	《民法典》第675条
				借款已展期	《民法典》第678条

续表

案由	诉讼请求	请求权基础	抗辩（权）主张		抗辩权基础
民间借贷	返还借款	《民法典》第675条	借款债务已消灭	借款已清偿	《民间借贷司法解释》第15条
				借款已抵消	《民法典》第568条、第569条
				债权已转让	《民法典》第545条、第546条、第547条
				债务已转移	《民法典》第551条、第552条、第554条
			超过诉讼时效		《民法典》第188条、第194条、第195条
	支付利息、逾期利息	《民法典》第674条、第676条	预先扣除利息		《民间借贷司法解释》第26条
			前期本息已并入后期借款本金		《民间借贷司法解释》第27条
			未约定利息		《民间借贷司法解释》第24条、第28条
			约定的利息过高		《民间借贷司法解释》第25条、第28条、第31条
	支付违约金	《民法典》第577条、第585条第1款	约定的违约金过高		《民间借贷司法解释》第29条
	支付其他费用（咨询费、管理费）	《民间借贷司法解释》第29条	未约定其他费用		
			约定的其他费用过高		《民间借贷司法解释》第29条
	解除借款合同、提前归还借款	《民法典》第673条、第677条	不满足合同解除的法定事由		《民法典》第563条
			双方未就合同解除形成合意		《民法典》第562条
			未在规定期限内行使解除权		《民法典》第564条

续表

案由	诉讼请求	请求权基础	抗辩（权）主张	抗辩权基础
民间借贷	对借款本金及利息损失或违约金承担担保责任	一般保证：《民法典》第686条、第687条；连带保证：《民法典》第686条、第688条；抵押担保：《民法典》第394条；质押担保：《民法典》第425条	不承担保证责任	
			未约定保证责任	《民法典》第686条；《民间借贷司法解释》第20条
			保证期间已过	《民法典》第692条
			一般保证人先诉抗辩权	《民法典》第687条
			不承担抵押担保责任	
			抵押物为禁止抵押的财产	《民法典》第399条
			动产抵押时抵押合同未生效	《民法典》第403条
			不动产抵押未登记	《民法典》第402条
			不承担质押担保责任	
			质物为禁止质押的动产	《民法典》第426条
			质押财产未交付	《民法典》第429条